Sucht: Risiken – Formen – Interventionen
Interdisziplinäre Ansätze von der Prävention zur Therapie

Herausgegeben von

Oliver Bilke-Hentsch
Euphrosyne Gouzoulis-Mayfrank
Michael Klein

Wilma Funke

Fallkonzeption und Therapieplanung

Interdisziplinäres
Fallverstehen als
Grundlage
einer erfolgreichen
Suchtbehandlung

Verlag W. Kohlhammer

Meinem Mann für das geduldige Ausharren

Dieses Werk einschließlich aller seiner Teile ist urheberrechtlich geschützt. Jede Verwendung außerhalb der engen Grenzen des Urheberrechts ist ohne Zustimmung des Verlags unzulässig und strafbar. Das gilt insbesondere für Vervielfältigungen, Übersetzungen, Mikroverfilmungen und für die Einspeicherung und Verarbeitung in elektronischen Systemen.

Die Wiedergabe von Warenbezeichnungen, Handelsnamen und sonstigen Kennzeichen in diesem Buch berechtigt nicht zu der Annahme, dass diese von jedermann frei benutzt werden dürfen. Vielmehr kann es sich auch dann um eingetragene Warenzeichen oder sonstige geschützte Kennzeichen handeln, wenn sie nicht eigens als solche gekennzeichnet sind.

Es konnten nicht alle Rechtsinhaber von Abbildungen ermittelt werden. Sollte dem Verlag gegenüber der Nachweis der Rechtsinhaberschaft geführt werden, wird das branchenübliche Honorar nachträglich gezahlt.

1. Auflage 2017

Alle Rechte vorbehalten
© W. Kohlhammer GmbH, Stuttgart
Gesamtherstellung: W. Kohlhammer GmbH, Stuttgart

Print:
ISBN 978-3-17-028763-1

E-Book-Formate:
pdf: ISBN 978-3-17-028764-8
epub: ISBN 978-3-17-028765-5
mobi: ISBN 978-3-17-028766-2

Für den Inhalt abgedruckter oder verlinkter Websites ist ausschließlich der jeweilige Betreiber verantwortlich. Die W. Kohlhammer GmbH hat keinen Einfluss auf die verknüpften Seiten und übernimmt hierfür keinerlei Haftung.

Geleitwort der Reihenherausgeber

Die Entwicklungen der letzten Jahrzehnte im Suchtbereich sind beachtlich und erfreulich. Dies gilt für Prävention, Diagnostik und Therapie, aber auch für die Suchtforschung in den Bereichen Biologie, Medizin, Psychologie und den Sozialwissenschaften. Dabei wird vielfältig und interdisziplinär an den Themen der Abhängigkeit, des schädlichen Gebrauchs und der gesellschaftlichen, persönlichen und biologischen Risikofaktoren gearbeitet. In den unterschiedlichen Alters- und Entwicklungsphasen sowie in den unterschiedlichen familiären, beruflichen und sozialen Kontexten zeigen sich teils überlappende, teils sehr unterschiedliche Herausforderungen.

Um diesen vielen neuen Entwicklungen im Suchtbereich gerecht zu werden, wurde die Reihe »Sucht: Risiken – Formen – Interventionen« konzipiert. In jedem einzelnen Band wird von ausgewiesenen Expertinnen und Experten ein Schwerpunktthema bearbeitet.

Die Reihe gliedert sich konzeptionell in drei Hauptbereiche, sog. »tracks«:

Track 1: Grundlagen und Interventionsansätze
Track 2: Substanzabhängige Störungen und Verhaltenssüchte im Einzelnen
Track 3: Gefährdete Personengruppen und Komorbiditäten

In jedem Band wird auf die interdisziplinären und praxisrelevanten Aspekte fokussiert, es werden aber auch die neuesten wissenschaftlichen Grundlagen des Themas umfassend und verständlich dargestellt. Die Leserinnen und Leser haben so die Möglichkeit, sich entweder Stück für Stück ihre »persönliche Suchtbibliothek« zusammenzustellen oder aber mit einzelnen Bänden Wissen und Können in einem bestimmten Bereich zu erweitern.

Geleitwort der Reihenherausgeber

Unsere Reihe »Sucht« ist geeignet und besonders gedacht für Fachleute und Praktiker aus den unterschiedlichen Arbeitsfeldern der Suchtberatung, der ambulanten und stationären Therapie, der Rehabilitation und nicht zuletzt der Prävention. Sie ist aber auch gleichermaßen geeignet für Studierende der Psychologie, der Pädagogik, der Medizin, der Pflege und anderer Fachbereiche, die sich intensiver mit Suchtgefährdeten und Suchtkranken beschäftigen wollen.

Die Herausgeber möchten mit diesem interdisziplinären Konzept der Sucht-Reihe einen Beitrag in der Aus- und Weiterbildung in diesem anspruchsvollen Feld leisten. Wir bedanken uns beim Verlag für die Umsetzung dieses innovativen Konzepts und bei allen Autoren für die sehr anspruchsvollen, aber dennoch gut lesbaren und praxisrelevanten Werke.

Der vorliegende Band von Professor Dr. Wilma Funke, der Track 1 (Grundlagen und Interventionsansätze) zugehörig ist, macht deutlich, dass die Grundlage einer notwendigen Fallkonzeption der Dreiklang aus Planung, Dokumentation und Evaluation vor dem Hintergrund eines prozessdiagnostischen Verständnisses in der Suchtbehandlung ist. Die Erhebung, Verarbeitung und Bewertung fallbezogener Informationen stellen einen kontinuierlichen Prozess dar, der im vorliegenden Band inhaltlich und aus der Metaperspektive zugleich betrachtet wird. Die umfassende und zielführende Fallkonzeptionierung ist eine notwendige Grundlage für gelingende und erfolgreiche Therapien: auch und gerade im Suchtbereich. Die Autorin macht dabei deutlich, welche Informationen zu berücksichtigen sind und dass die Mikroebene (z. B. die Nonverbalität des Patienten) genauso zu berücksichtigen ist wie die Makroebene (z. B. der soziokulturelle Hintergrund).

Oliver Bilke-Hentsch, Winterthur/Zürich
Euphrosyne Gouzoulis-Mayfrank, Köln
Michael Klein, Köln

Inhaltsverzeichnis

Geleitwort der Reihenherausgeber		**5**

Vorwort		**11**

1	**Womit die Reise beginnt**	**15**
1.1	Fallkonzeption und Therapieplanung als Orientierung	19
1.2	Grundüberlegungen zum Zusammenhang zwischen Fallkonzeption und Therapieplanung	27
1.3	Zur Koorientierung von Patient und Behandler	38
1.4	Reisende und ihre Ziele	44
1.5	Etappen auf dem Weg zum Ziel	50

2	**Fallkonzeption und Therapieplanung: Die Modelle von Kanfer und Grawe**		**56**
2.1	Das 7-Phasenmodell nach Kanfer		59
	2.1.1	Phase 1: Grundlagen der Arbeitsbeziehung schaffen	73
	2.1.2	Phase 2: Aufbau von Änderungsmotivation und (vorläufige) Auswahl von Änderungsbereichen	81
	2.1.3	Phase 3: Problemanalyse	89

	2.1.4	Phase 4: Vereinbaren therapeutischer Ziele	93
	2.1.5	Phase 5: Planung, Auswahl und Durchführung spezifischer Methoden	100
	2.1.6	Phase 6: Evaluation therapeutischer Fortschritte	106
	2.1.7	Phase 7: Erfolgsoptimierung und Abschluss der Therapie	109
2.2		Die neuropsychotherapeutische Perspektive nach Klaus Grawe	114

3 Die sechs Stufen der Fallkonzeption: ein pragmatischer Ansatz — 131

3.1	Der erste Eindruck	134
3.2	Das Kennenlernen	138
3.3	Die tiefere Begegnung	140
3.4	Vertrauensvolle Zusammenarbeit	145
3.5	Krisen und ihre Lösungen	148
3.6	Der Abschied	152

4 Therapieplanung — 157

4.1	Ressourcen und Defizite	160
4.2	Indikationsstellung	163
4.3	Kurskorrekturen	173

5 Dokumentation, Evaluation und Supervision therapeutischer Arbeit — 176

| 6 | Womit die Reise endet | 186 |

Literatur 189

Stichwortverzeichnis 195

Anhang 197

Vorwort

Sich mit einem Thema intensiver auseinanderzusetzen, ist wie eine Reise zu planen, zu erleben und in Gedanken die Erlebnisse und Erfahrungen zu rekapitulieren. So ist es auch mir in der Erstellung dieses Buches ergangen – es war interessant und bereichernd, manchmal beschwerlich und mühsam, im Rückblick spannend und voller guter Erfahrungen.

Wesentliche Impulse für dieses Buch ergaben sich dabei aus der Arbeit mit meinen therapeutischen Mitarbeitern[1] in den Kliniken Wied, wo ich seit nunmehr 20 Jahren als Therapeutische Leiterin wirken darf – danke. Anregungen und Reflektionsmöglichkeiten verdanke ich ebenso den Ausbildungskandiaten der Katholischen Hochschule Nordrhein-Westfalen in Köln, die ich seit Beginn des dortigen Masterstudiengangs »Addiction Treatment and Prevention« im Bereich Suchttherapie begleite. Durch meine Tätigkeit in den Vorständen und zahlreichen Arbeits- und Forschungsgruppen des Fachverbands Sucht (FVS) und der Deutschen Gesellschaft für Suchtpsychologie (dg sps) sowie in der Deutschen Gesellschaft für Suchtforschung und Suchttherapie (DG Sucht) konnte ich zusätzlich einen umfassenden Einblick in das deutsche Suchthilfesystem, seine Rahmenbedingungen und die Suchtforschung gewinnen. Zwei bis drei Seminare in der Selbsthilfe pro Jahr unterstützen mich immer in einer Sichtweise, die Betroffene in unterschiedlichen Stadien ihrer Rekonvaleszenz und Angehörige von Suchtkranken gleichermaßen in den Blick nimmt und zeigen mir wiederholt in beeindruckender Weise, welche Ressourcen in scheinbar ausweglosen Lagen Men-

---

1 Aus Gründen der besseren Lesbarkeit wird in diesem Buch das generische Maskulinum verwendet. Es schließt – soweit nicht anders vermerkt – sowohl Frauen als auch Männer ein. Alle Leserinnen werden um Verständnis gebeten.

schen beim Überleben und der Wiedererlangung eines zufriedenen Lebens aktivieren. Dabei spielt Abstinenz vom Suchtmittel eine große Rolle – aber sie alleine reicht nicht aus und ist es nicht, die das Leben sinnvoll und lebenswert macht. Meine Erfahrungen mit Betroffenen und Mitbetroffenen der Sucht zeigen mir jedoch auch häufig, mit welch anderem Blick und wie fragend diese Menschen an die Gestaltung ihres Lebens herangehen und dass sie gelernt haben, sich in besonderer Form um sich selbst zu kümmern, um ein sinnerfülltes Leben zu führen, ohne den Blick für die Gemeinschaft zu verlieren.

In meiner praktischen Tätigkeit mit Patienten sowie mit Supervisanden und auch als Coach durfte ich ebenfalls Einblicke in solch individuelle Lebensentwürfe und -herausforderungen nehmen, die meine fachliche und persönliche Entwicklung mit beeinflusst haben. In der Forschungsgruppe TRIAS (Trierer Forschungsgruppe für Abhängigkeitsstörungen und Suchtmittelmissbrauch), einem seit über 35 Jahren existierenden, losen kollegialen Verbund, wurden die wesentlichen Grundlagen meiner fachlichen Interessen und Schwerpunkte gelegt und kontinuierlich gefördert. In verschiedenen Konstellationen der vier Mitglieder dieses Netzwerks wurden viele Forschungsthemen verfolgt, vertieft und publiziert. Diese gegenseitige Bereicherung – jenseits aller funktionalen Zielsetzungen – ist etwas Wertvolles und ich danke Michael Klein (Professor an der Katholischen Hochschule NRW in Köln), Joachim Funke (Professor an der Universität Heidelberg) und insbesondere Reinhold Scheller (Professor an der Universität Trier, im Ruhestand) dafür. Allen diesen Menschen möchte ich für ihr Vertrauen und ihre Bereitschaft zur Zusammenarbeit danken, diese Erfahrungen fließen in dieses Buch mit ein und machen es in dieser Form erst möglich. Sie, lieber Leser, haben damit einen kurzen zusammenfassenden Einblick erhalten in meinen Erfahrungshintergrund und meine fachlichen Interessen und können so meine Ausführungen im Folgenden entsprechend einordnen.

Keine Leistung ist denkbar ohne Unterstützung im Alltagsumfeld: meinem Mann Michael Schwarz ein herzliches Dankeschön für seine Geduld, emotionale und alltägliche Unterstützung und die Bereitschaft, auf gemeinsame Freizeitstunden zu verzichten; Kerstin Walkenbach Dank für die tatkräftige Hilfe in der technischen Erstellung des Manuskripts und dass sie mir im Arbeitsalltag immer wieder einmal den Rücken freigehalten hat; den Mitarbeitern beim Kohlhammer Verlag und hier insbesondere Frau Anita Brutler und Frau Hanna Laux sei Dank für die freundlich-geduldige und kompetente Unterstützung. Des Weiteren gilt mein Dank den Herausgebern der Reihe Sucht: Risiken – Formen – Interventionen, die mit ihren Anregungen an einigen Stellen zur Schärfung des Textes beigetragen haben.

1
Womit die Reise beginnt

In der Reihe Sucht: Risiken – Formen – Interventionen sollen alle relevanten Themen im Umfeld der Abhängigkeitsstörungen und suchtnaher Verhaltensstörungen einschließlich der bewährten Behandlungsansätze aufgegriffen werden. Warum hier ein Band »Fallkonzeption und Therapieplanung«, und dies im Track Grundlagen? Gibt es nicht schon genügend Bücher im Rahmen der allgemeinen Psychotherapie oder der medizinischen Rehabilitation, die sich (auch) mit Methoden der Therapieplanung beschäftigen? Und gar die »Fallkonzeption«? Bedarf diese einer eigenständigen Betrachtung? Ergibt sie sich nicht quasi im Verlaufe einer Behandlung von selbst? Sind die therapieschulenspezifischen Störungs- und Behandlungsmodelle nicht die ausreichende Grundlage? Reichen das intuitive Wissen und die Erfahrung des Behandlers nicht aus, um darüber hinausgehend handlungsleitende *Bilder* von der Situation und Person des Patienten zu entwickeln? Bevor Sie weiterlesen, lieber Leser: Aus meiner Bewertung und Erfahrung heraus stellen eine durchdachte, hypothesenentwickelnde und -testende Therapieplanung sowie eine auf das Individuum bezogene, reflektierte Fallkonzeption von Anfang an Voraussetzungen einer gelingenden Intervention dar und sie ergeben sich nicht wie von alleine im Prozess. So wie sich die Arbeitsbeziehung mit dem Patienten entwickelt und zu gestalten ist, so wird auch die Fallkonzeption, d. h. die Vorstellung davon, wie Probleme sich im Leben des Patienten entwickeln konnten und sie sein Leben beeinflussen, differenzierter und aussagefähiger werden. Daraus lassen sich Notwendigkeiten und Chancen ableiten, wie eine angemessene und für den Patienten ökonomische Intervention aussehen könnte, um eine Behebung seiner Probleme oder eine Verbesserung seiner Lage und Befindlichkeit zu erzielen.

Eine schrittweise sich aus den Bedarfen, Störungsbereichen und Motivationen des Patienten aufbauende Therapieplanung beinhaltet auch, dass wir uns an vielen Stellen des Behandlungsprozesses immer wieder gemeinsam mit dem Patienten vergewissern, ob wir an den vereinbarten Zielen und mit der Absicht der Veränderung dysfunktionalen Erlebens und Verhaltens arbeiten bzw. uns mit dem Aufbau hilfreicher, für den Patienten zielführender Verhaltensweisen beschäftigen. Im Sinne eines *test-operate-test-Prozesses* (prüfen – handeln – prüfen) können so immer wieder Kurskorrekturen vorgenommen werden, Ziele eventuell angepasst und Hindernisse für das Fortschreiten erkannt und überwunden werden. Einer selektiven und differentiellen Diagnostik mithilfe objektiver, reliabler und valider Instrumente kommt dabei eine besondere Bedeutung zu. Dies erhöht die Sicherheit für Patient und Behandler, gute, belastbare und nachvollziehbare Grundlagen für die Intervention zu schaffen und beizubehalten und deren Ergebnisse im Prozess und zum Abschluss einzuschätzen.

> **Definition**
> Rekursives Vorgehen im Prozess durch *test – operate – test* (Feststellung des Ist-Zustandes – Handlung – Feststellung des Ergebniszustandes) ermöglicht Kurskorrekturen, falls erforderlich.

Auch der Therapeut selbst wird davon profitieren, immer wieder eine eigene interne Reflektion des gemeinsamen Arbeitsprozesses für sich vorzunehmen. Es wird für den Behandler nützlich sein, im Sinne der Orientierung an den Patienteninteressen und am Auftrag, aber auch in der Prüfung und gegebenenfalls Reduzierung der emotionalen Belastung für ihn selbst. Diese besteht – neben der fachlichen Herausforderung, die geeigneten Schritte mit dem Patienten zu planen, umzusetzen und diese zu begleiten – wesentlich auch darin, seine eigenen Gefühle und Empfindungen als wichtige Werkzeuge in der Interaktion mit dem Patienten wahrzunehmen und einzuordnen. Hierbei ist es wichtig, ein Gespür dafür zu behalten, die Befindlichkeit des Patienten und dessen emotionale Lage angemessen zu berücksichtigen, ohne die erforderliche Trennung zwischen eigenen Emotionen und denen des Gegenübers aufzugeben (sogenannte doppelte Emotionsregulierung; s. a. Fiehler, 1990; Witte & Petersen, 2011). Gerade in der Arbeit mit suchtkranken Menschen haben es Behandler immer wieder mit besonderen Herausforderungen zu tun, da hier erneuter Substanzkonsum, »süchtige« beziehungsgestaltende und -beeinflussende Verhaltensweisen beim Patienten und in seinem sozialen Bezugssystem, aber auch die tiefe Not und Verzweiflung von Patienten und Angehörigen angesichts oft scheinbar ausweglosen Lebenssituationen einen erheblichen emotionalen Einfluss auf den Behandler ausüben. Einem solchen Einfluss *süchtiger* Systemdynamiken sind auch Behandler in akzeptierenden Therapiekontexten ausgesetzt, wenn auch mit etwas anderen inhaltlichen Prägungen.

Eine Quelle emotionaler Belastung, Auslastung, manchmal sogar Überforderung für Behandler in psychotherapeutisch orientierten Kontexten besteht u. a. darin, dass der Therapeut zur Realisierung der hochwirksamen unspezifischen Wirkfaktoren einer therapeutischen

Intervention (z. B. Empathie, Wertschätzung und Kongruenz/Echtheit; vgl. auch Hadley & Strupp, 1983) einerseits in der Interaktion mit dem Patienten eine mitempfindende und respektvolle Haltung umsetzen muss. Dabei darf er andererseits den Blick für die Verstrickungen und Hemmnisse beim Patienten nicht verlieren und insbesondere die eigene emotionale Beteiligung bei auch für den Therapeuten relevanten Lebensthemen in die Arbeitsbeziehung nicht ungünstig einfließen lassen. Diese besondere Thematik des Schutzes vor Überlastung und Burn out des Therapeuten wird noch verschiedentlich in diesem Buch besprochen. Eine unterstützende Fallkonzeption und Sicherheit gebende Therapieplanung sowie ein kontinuierlich begleitender Evaluationsprozess sind wichtige Faktoren zum Schutz des Therapeuten und damit letztlich auch zum Schutz des Patienten. Wenn wir therapeutisch arbeiten, wird erfahrungsgemäß etwa ein Viertel der Arbeitszeit auf diese vorbereitenden und nachbereitenden Inhalte entfallen (auch im Sinne eines *briefings* bzw. *debriefings* für den Therapeuten). Daher sollten Personalberechnungen in Institutionen oder Sollstellen- und Wirtschaftsplänen immer auch diese Aspekte der therapeutischen Arbeit mit veranschlagen, um eine fachlich qualifizierte Behandlung sicherstellen zu können sowie die Psychohygiene der Mitarbeiter bzw. der Behandler ausreichend zu unterstützen.

> **Merke**
> Vor- und Nachbereitung einer therapeutischen Arbeit als »Rüstzeiten« dienen der Verlaufskontrolle und der Burnout-Prophylaxe und damit der Qualität. Sie brauchen (Arbeits-)Zeit.

Therapieplanung und Fallkonzeption erfordern je nach therapeutischer Ausrichtung verschiedene Blickwinkel, und ihre Passungen für Patient und Problem sind entscheidende Voraussetzungen zu jedem Zeitpunkt einer erfolgversprechenden therapeutischen Herangehensweise. Diese Faszination und Wertschätzung für die Bedeutung eines übergeordneten Rationalen und einer stützenden Struktur für jede therapeutische Arbeit mit einem Patienten, gleichzeitig aber auch deren Potential für eine gesunde, professionelle Haltung des Behandlers wird sich als roter Faden durch die inhaltlichen Darstellungen ziehen.

1.1 Fallkonzeption und Therapieplanung als Orientierung

Die hier verwendeten Fallbeispiele, die der Illustration dienen, werden Ihnen, wenn Sie im Suchtbereich arbeiten, sicher in ihren Konstellationen vertraut vorkommen. Es wird so vorgegangen, dass zunächst die im Überweisungskontext auftretenden Informationen gegeben werden, gefolgt von weiteren Informationen im Verlauf einer sich entwickelnden Interventionskette. So begegnen wir im weiteren Text den Patienten »wie im richtigen Leben« eines Behandlers. Allmählich werden Informationen, Fakten und Erfahrungen im Behandlungsprozess hinzukommen. In diesem Maße werden sich auch Fallkonzeption und Therapieplanung Schritt für Schritt entwickeln und verändern. Ihre gegenseitige Beeinflussung und Bedeutung füreinander kann damit besser deutlich gemacht werden (► Anhang zur Vorgeschichte der Patienten).

> Als ersten Patienten möchte ich Ulli vorstellen. Er war 24 Jahre alt und hatte bereits zwei stationäre Entwöhnungsbehandlungen absolviert, als er in die Suchtberatungsstelle seines Wohnortes kommt. Nun sitzt Ulli in der offenen Sprechstunde der Suchtberatungsstelle in O. der Beraterin gegenüber und weiß selbst nicht so genau, was er ihr sagen soll. Es geht ihm nicht so gut in den letzten Wochen, er hat in seinen Augen aber schon endlose Therapien hinter sich (zwei stationäre Entwöhnungsbehandlungen in den letzten zwei Jahren) und meint, er solle es eigentlich wissen, worauf es nun ankomme. Allerdings befürchtet er, dass er die Kraft

> nicht dauerhaft aufbringen können wird, durchzuhalten. Durchhalten heißt für Ulli, keinen Rückfall mehr zu haben. Nach der ersten stationären Therapie war er quasi schon auf der Heimfahrt rückfällig geworden, wie er auf Nachfrage, verbunden mit viel Selbstanklage, wortreich mitteilt. Damals habe er die empfohlene Adaptionsmaßnahme nicht annehmen wollen, war wieder ins Elternhaus zurückgekehrt und hatte bereits Stoff auf der Heimfahrt angeboten bekommen, gekauft und dann am ersten Abend zuhause konsumiert. Beim letzten Mal habe er im Anschluss an die stationäre Maßnahme die Adaption durchgeführt und darüber einen befristeten Arbeitsplatz aus dem Praktikum heraus erhalten. Dieser stehe jetzt auf dem Spiel, da er schon ein paar Mal krank gefeiert habe und es langsam kritisch würde. Er sei zwar noch nicht rückfällig, habe noch nicht konsumiert und auch keinen Stoff direkt verfügbar, erlebe jedoch immer wieder Suchtdruck, vor allem abends, wenn er alleine in seiner Wohnung sitze und über seine Situation nachgrüble. Ein Freund von ihm, den er in der Adaption kennen gelernt habe und mit dem er losen Kontakt in der neuen Umgebung hält, habe ihm jetzt dringend geraten, sich Hilfe zu holen.

Der erste Kontakt mit dem Patienten bietet bereits eine Fülle an Informationen über ihn und seine Motivationen und Überzeugungen an. Bevor eine konkretere Faktensammlung erfolgt, macht es in den meisten Situationen sehr viel Sinn, etwas mehr Zeit für die aktuelle Befindlichkeit und die Wünsche des Patienten aufzubringen. Dies wird in der Regel auch eine Milderung der negativen Befindlichkeiten als erste Zielsetzung umfassen, teilweise schon sogar mit anstoßen. So schlägt Kanfer in seinem 7-Phasenmodell (▶ Kap. 2.1.; Kanfer, Reinecker & Schmelzer, 2012) vor, gerade in den Beginn einer therapeutischen Arbeitsbeziehung bereits entlastende Aspekte bewusst mit einzubeziehen sowie unmittelbare Erfahrungen, die die Selbstwirksamkeitserwartung und die Hoffnung auf Veränderung beim Patienten positiv beeinflussen. Es wird im Fall von Ulli wahrscheinlich sinnvoll sein, ihn zunächst bei der Suche nach Hilfe zu unterstützen.

Wertschätzung gegenüber dem, was er in der letzten Zeit geleistet hat – die erneute Behandlung und Adaption erfolgreich abzuschließen, einen Arbeitsplatz zu bekommen und die Signale rechtzeitig aufzugreifen, dass es Schwierigkeiten geben könnte diesbezüglich – steht neben der Empathie für die Sorge und die Angst davor, das Erreichte wieder zu verlieren. Ulli benennt selbst die Rückfallangst als ein Zeichen seiner aktuellen Überforderung mit der Situation. Aus dieser anfänglichen Interaktion ergeben sich erste Veränderungsziele, zu deren Konkretisierung der Therapeut im Sinne der Unterstützung und Entlastung für den Patienten z. B. folgende Vorgehensweisen vorschlägt: Wie kann Ulli sich Klarheit verschaffen über die Situation am Arbeitsplatz (erkannte Bedrohung ist nur halb so kritisch wie vage Befürchtungen), welche Ressourcen stehen ihm zur Verfügung, um die Situation dort gut zu bewältigen und was steht dem entgegen. Wie können die Hindernisse angegangen werden, welche Vorschläge hierfür hat der Therapeut, welche Schwierigkeiten hat der Patient bei deren Umsetzung zu erwarten, gibt es Alternativen? Ein zweiter wichtiger Aspekt ist die Angst vor dem Rückfall. Was fehlt Ulli hier, wie kann kurzfristig ein schützender Umgang damit gefunden werden, wer kann Ulli in seinem Alltag dabei helfen (wie sieht sein derzeit verfügbares, unterstützendes soziales Netzwerk aus)? Wie hat er selber solche Risikosituationen bislang gemeistert (Rückgriff auf bereits erfahrene erfolgreiche Bewältigungen)? Könnte eine medikamentöse Unterstützung hilfreich sein in der akuten Krisensituation? Hierzu wäre die Expertise und Begleitung durch einen möglichst in der Suchtbehandlung erfahrenen ärztlichen Kollegen bzw. Facharzt nötig.

Im Dienste der Beziehungsentwicklung steht auch die frühzeitige Rollenklärung für Patient und Therapeut. Letzterer wird zu Beginn bestenfalls sein Repertoire in der Unterstützung des Patienten für dessen Problemlösung klar definieren, aktiver in der Beziehungsgestaltung Verantwortung übernehmen und dem Patienten die Erfahrung vermitteln, dass er erstens über Kompetenzen und die Bereitschaft verfügt, ihn zu unterstützen, und zweitens seine Loyalität im Sinne der Erreichung von Veränderungen verdeutlichen. Dies bedeutet, sich als Therapeut schon sehr frühzeitig im klaren zu sein, ob ich mit diesem Patienten voraussichtlich erfolgreich werde arbeiten können, weil ich sowohl Interventionen zur Verfügung habe, die dem Patienten bei der Veränderung helfen können, als auch eine erste Idee von der Person des Patienten sich soweit herauskristallisiert hat, dass ich Hilfe sowohl anbieten kann als auch, dass diese – zunächst ganz allgemein – angenommen werden kann. Im Falle von Ulli hat dieser mit seinem Erscheinen in der Suchtberatungsstelle seine grundsätzliche Bereitschaft, Hilfe anzunehmen, gezeigt. Allerdings ist es noch kaum einzuschätzen, zu welchen Veränderungen und damit zu welchem persönlichen Einsatz Ulli bereit ist oder sich in der Lage sieht. Wir wissen zu diesem frühen Zeitpunkt der Zusammenarbeit, dass Ulli bereits ausgeprägte Behandlungserfahrung mit Mißerfolgen und (Teil-)Erfolgen hat, sowie einen hohen Leistungsanspruch dahingehend, das umzusetzen, was er sich vorgenommen hat und dass er sich am Rande des Scheiterns sieht. Er hat mit der Adaptionsmaßnahme für sich einen Weg gewählt, sich auf (erwachsene) eigene Füße zu stellen. Er möchte Abstinenz aufrecht erhalten. Die Loslösung vom Elternhaus in Richtung Verselbständigung ist in ersten Schritten geglückt. Nach anfänglich erfolgreichen Umsetzungen (und der möglicherweise etwas euphorischen Sicht der Möglichkeiten) hat ihn der raue Alltag nun eingeholt.

> **Merke**
> Die Zusammenarbeit beginnt mit der Schaffung günstiger Rahmenbedingungen, wozu auch die Rollenklärung gehört.

Immer wieder kommen Menschen im Laufe ihres oft jahrelang andauernden Rekonvaleszenzprozesses in der Bewältigung einer so komplexen Störung wie der Suchterkrankung in solchen äußerlichen Selbstwertkrisen ins Hilfesystem zurück. Dies ist zunächst ein gutes Zeichen, belegt es doch, dass die bisherige Unterstützung angenommen und als hilfreich bewertet wurde. So kann ein Transfer aus den vorherigen, (teil-)erfolgreichen therapeutischen Erfahrungen in die aktuelle Situation erfolgen (nicht von ganz vorne anfangen müssen – auch nicht nach erneutem Konsum). Andererseits werden hier niedrigschwellige Angebote benötigt, die ein Wiederaufsuchen von spezifischer Hilfe nicht als Scheitern oder Rückschritt markieren und die einen erneuten Substanzkonsum als einen Teil der Störung begreifen können. Außerdem müssen diese Angebote so schnell zur Verfügung stehen, dass aus einer Krise keine Katastrophe entsteht. An dieser Stelle erfüllt auch die Selbsthilfe im Suchtbereich eine ganz wichtige Funktion. Allerdings erreicht sie – wie aus Nachuntersuchungen belegt ist – nur einen kleineren Teil der Behandelten gerade in den ersten Monaten nach Beendigung einer Therapie, in einer Zeit also, in der die Rückfallwahrscheinlichkeit statistisch gesehen am höchsten ist.

In der ersten Fallkonzeption wird das Bild von Ulli deutlich als ein Mensch, der in einer aktuellen Krise steckt, Hoffnungen und Erwartungen an ein Beratungs- oder Behandlungssetting knüpft und auf zahlreiche Ressourcen zurückgreifen kann. Bezüglich der Indikationsstellung geht es nun in erster Linie darum, welche Rahmenbedingungen für Ulli hilfreich sein können und auch realitätsangemessen in der Umsetzung sind.

> Nach zwei kurz hintereinander absolvierten stationären Entwöhnungsbehandlungen und dem erfolgreichen Abschluss der Adaptionsmaßnahme verfügt Ulli wahrscheinlich prinzipiell über einiges an Veränderungswissen und wird auch über seine Probleme sprechen können. Ein Arbeitsplatz ist vorhanden, wenn auch befristet und aktuell nicht stabil gesichert. Das soziale, unterstützende Netz von Ulli ist vergleichsweise klein, da er den Lebensmittelpunkt verändert hatte, auch, um einen neuen – und ersten selbständigen – Anfang zu machen. Diese Überlegungen zusammengenommen, könnten dafür sprechen, zunächst eine ambulante Unterstützung anzubieten. Dies kann entsprechend der Indikationskriterien der medizinischen Rehabilitation z. B. eine ambulante Rehabilitationsmaßnahme sein, die es Ulli erlaubt, weiterhin berufstätig zu sein und dennoch eine abhängigkeits-

> spezifische Unterstützung etwa zweimal pro Woche zu erhalten (störungsspezifische Aspekte berücksichtigende Gruppen- und Einzelgespräche). Vorteilhaft wirkt hier auch die Einbindung in eine Behandlungsgruppe, die in eine Erweiterung des sozialen Stützsystems für Ulli münden kann und deren Wirkungsweise er bereits kennt.

Diese ambulanten Maßnahmen mit der Zielsetzung der Vermeidung bzw. Reduktion von Einschränkungen der Erwerbsfähigkeit, der verstärkten Integration im Beruf, am Arbeitsplatz und im gesellschaftlichen Leben haben zur Zeit eine Regeldauer von sechs bis neun Monaten, je nach Intensität und Erforderlichkeit der Leistungen. Wird die aktuelle Rückfallgefährdung von Berater und Klient als sehr hoch eingeschätzt, kann es auch sinnvoll sein, zunächst mit einer (kürzeren) stationären Maßnahme als Auffangbehandlung (in der Regel derzeit bis zu acht Wochen bei Alkohol- und Medikamentenabhängigkeit bzw. bis zu 13 Wochen bei Abhängigkeit von illegalen Drogen) zu beginnen, um dann am Wohnort eine längerfristige ambulante Maßnahme anzuschließen. Sogenannte Kombinationsbehandlungen bei Abhängigkeitsstörungen, die bei vorliegender Gefährdung oder Beeinträchtigung in Arbeitsleben, Beruf und gesellschaftlicher Integration als medizinische Rehabilitationsmaßnahme durchgeführt werden können, beginnen in der Regel mit einer stationären Behandlung von acht (bei Drogenabhängigkeit derzeit 12–14) Wochen und einer anschließenden ambulanten Fortführung von sechs bis neun Monaten (s. a. Indikationsempfehlungen der Deutschen Rentenversicherung und der Gesetzlichen Krankenversicherung, Anlage 3 der Vereinbarung »Abhängigkeitserkrankungen« vom 04.05.2001, www.deutsche-rentenversicherung.de).

Zwar berichtet Ulli von Suchtdruck und der Angst vor einem Rückfall, wobei er hier sicher auch einer auf seinen Kenntnissen aufbauenden Maßnahme zur Rückfallprophylaxe bedarf. Seine dahinterliegende Problematik schildert er allerdings eher in Form der Überforderung, mit seinen negativen Befindlichkeiten, sozialen, stressauslösenden Ereignissen am Arbeitsplatz und seinem

1.1 Fallkonzeption und Therapieplanung als Orientierung

Kränkungserleben zurecht zu kommen. Je nachdem, wie diese akute Befindlichkeitsstörung von Ulli einzuschätzen ist, kann sie auch Hinweise auf eine andere, nicht unbedingt suchtspezifische Möglichkeit der Intervention geben. Diese besteht in der ambulanten psychotherapeutischen Versorgung in Form der Durchführung einer Behandlung durch niedergelassene ärztliche oder psychologische Psychotherapeuten und wird als Krankenbehandlung von der zuständigen Krankenkasse nach Sozialgesetzbuch V bezahlt. Hier ermöglicht der Leistungskatalog bis zu zehn Behandlungsstunden (in der Regel einmal pro Woche) verhaltenstherapeutisch oder tiefenpsychologisch orientiert bis zur Stabilisierung der Abstinenzfähigkeit (unter Einhaltung von Konsumkontrollen über den Hausarzt o. ä. und deren negativem Befund im Sinne der Konsumfreiheit). Währenddessen und in Folge kann in einer regulären Weiterbehandlung die psychische Problematik bzw. die einer Rückfallgefährdung zugrunde liegende psychische Störung behandelt oder bei nicht stabiler Abstinenzsicherung eine suchtspezifische medizinische Rehabilitationsmaßnahme eingeleitet werden. Leider gibt es zurzeit in Deutschland häufig lange Wartezeiten auf einen ambulanten Psychotherapiebehandlungsplatz und zum Teil ausbaufähige Fachkenntnisse über die Behandlung von komorbiden Störungen unter Einbeziehung der Abhängigkeitsstörung bei niedergelassenen Psychotherapeuten. Für Ulli wird es hilfreich sein, verschiedene Alternativen mit Für und Wider abzuklären und dann eine Wahl zu treffen sowie Schritte zur Umsetzung einzuleiten. In seinem Fall schlägt die Beraterin in der Suchtberatungsstelle eine Indikationsklärung über einen kooperierenden Psychologischen Psychotherapeuten vor und regt Ulli an, sich zu überlegen, ob er zur Unterstützung für eine gewisse Zeit die in der Beratungsstelle sich regelmäßig treffende Selbsthilfegruppe besuchen möchte. Gleichzeitig bietet sie sich als Fallmanagerin für Ulli an, er kann sie sowohl bezüglich möglicher Unterstützungsangebote als auch im Hinblick auf u. U. erforderliche Beantragung von Leistungen um Rat fragen, und sie wird ihn hierin im Verlauf weiter unterstützen.

> **Merke**
> Behandlung der Suchtstörung und komorbider Störungen als ambulante Psychotherapie setzt eine stabile Abstinenzfähigkeit spätestens nach zehn Behandlungsstunden voraus.

Aufgrund der therapeutischen Vorerfahrungen von Ulli gelang es diesem recht schnell, sich auf die Angebote der Beraterin einzulassen und gemeinsam eine Abwägung seiner Situation und die daraus folgenden Gedanken zu sinnvollen Interventionen vorzunehmen. Ein Patient, der zum ersten Mal hilfesuchend aufgrund einer mit Suchtmittelkonsum verknüpften Problematik ins Versorgungssystem kommt, wird dies häufig nicht bei einem auf Suchtmittelabhängigkeiten spezialisierten Berater oder Behandler tun. Umso wichtiger sind die Kenntnis über diese und der wache Blick der Behandler im Primärversorgungssystem der Krankenbehandlung auf mögliche konsumassoziierte Beeinträchtigungen oder Folgen. Nur so können lange Erkrankungsdauern mit entsprechenden psychischen, körperlichen und sozialen Schäden und eine lange Geschichte von Fehlbehandlungen vermieden werden. Dies betrifft insbesondere die in Deutschland legalisierten Substanzen Alkohol, Tabak und psychotrope Medikamente, da sie die größte Verbreitung haben und aufgrund der legalen Beschaffungs- und Konsumbedingungen nicht wie bei illegalisierten Substanzen allein deswegen schon justiziabel in Erscheinung treten. Auch zu jeder Krankheits- und Behandlungsanamnese bei anderen psychischen Störungen gehört die Erfassung von Konsumgewohnheiten bezüglich psychotroper Substanzen inzwischen zwingend dazu. Oft sind beginnende oder bereits manifeste Abhängigkeitsstörungen nicht leicht als solche zu identifizieren und werden von den Betroffenen, die eine ärztliche oder psychotherapeutische Behandlung suchen, nicht als solche angegeben oder erkannt.

1.2 Grundüberlegungen zum Zusammenhang zwischen Fallkonzeption und Therapieplanung

Das Thema Therapieplanung macht es unumgänglich, auch Überlegungen zur sogenannten Fallkonzeption einzubeziehen. Unter Fallkonzeption verstehen wir den Blick auf den ganzen Menschen, der aufgrund einer psychischen Störung (z. B. Sucht/Abhängigkeitserkrankung) oder von Verhaltensauffälligkeiten (z. B. dysfunktionale Lebensgestaltung oder auffällige Verhaltensweisen im persönlichen, sozialen und/oder beruflichen Kontext) Hilfe sucht. So wie sich der Behandler an die jeweilig individuellen Aspekte einer Erkrankung, Störung oder Beeinträchtigung diagnostisch herantastet, so wird die Fallkonzeption als Grundlage jeder Behandlung von Schritt zu Schritt und in dem Maße, wie er seine Patienten/Klienten und ihr Umfeld besser kennen lernt, immer komplexer, vielschichtiger und realitätsnäher werden. Da es kaum theorie- oder annahmefreies therapeutisches Arbeiten geben dürfte, ist der Sichtbarmachung und Reflektion der therapeutischen Grundannahmen eine hohe Bedeutung zuzumessen. In der Konzeption einer behandlungsbedürftigen, krankheitswertigen Störung liegen andere Implikationen für die Arbeit mit dem Patienten als unter der Annahme einer sozialen Auffälligkeit, einer Entwicklungsverzögerung oder einer primär somatischen Erkrankung. Eine wesentliche Aufgabe der Dokumentation – neben der rechtlichen Absicherung des therapeutischen Handelns in Form des Nachweises der Interventionsschritte und Reaktionen des Patienten hierauf – ist eben auch diese tiefergehende konzeptuelle Einordnung in Form der Bearbeitung/Nacharbeit des Therapeuten in für ihn selbst und andere (Mit-)Behandler nachvollziehbarer schriftlicher bzw. visualisierter Form. Diese hilft dabei, die Konzeption der Arbeit mit dem Patienten zu reflektieren und zu bewerten und führt dadurch zu mehr Klarheit und Verhaltenssicherheit des Therapeuten. Hierzu gehören als Voraussetzungen ein gutes Wissen um die eigene Rolle, die Verantwortlichkeiten und Grenzen innerhalb der Rahmenbedingungen und die Kenntnis des Versorgungssystems und seiner Mitspieler insgesamt.

> **Merke**
> Fallkonzeption beinhaltet den Blick auf den ganzen Menschen und sein Gewordensein.

Die Therapieplanung und individuelle Indikationsstellung unterschiedlicher Behandlungs- und Interventionsmethoden müssen sich letztlich aus der jeweiligen Fallkonzeption ableiten lassen bzw. mindestens durch diese begründbar und mit ihr kompatibel sein. Die Überlegung, den Patienten da abzuholen, wo er steht, impliziert, dass sich der Behandler zunächst genau dort hinbewegen muss, zumindest gedanklich. Dies bedeutet, ein Verständnis für die Situation und den Lebenskontext eines Patienten zu entwickeln, wie ihn Fiegenbaum (1985; Fiegenbaum, Freitag & Frank, 1992; Lang & Fiegenbaum, 2010) als »persönliches Referenzsystem« des Patienten bezeichnet hat, das eine wichtige Grundlage für die Behandlung und deren Wirksamkeit darstellt. Da wir hier als menschliche Behandler unseren eigenen Wahrnehmungs- und Bewertungsschemata unterliegen, gilt es, diese durch Inter- und Supervision möglichst offen und relativ vorurteilsfrei zu halten. Dies wird mit steigender Praxiserfahrung immer wichtiger werden, da sich Prototypisierungen verfestigen können, weswegen berufslebenslange Fortbildung in den Behandlungsprofessionen der Ärzte und Psychotherapeuten unabdingbar und sogar berufsrechtlich verankert ist. Genauso wichtig ist es, die den Vorgehensweisen zugrunde liegenden theoretischen Modelle und Annahmen nicht mit der Wirklichkeit des Patienten zu verwechseln, sondern sie als das zu begreifen, was sie nur sein können: eine Hypothese und ein Hilfsmittel zur Verbesserung der Orientierung des Behandlers.

> **Merke**
> Therapieplanung und Fallkonzeption müssen kompatibel sein. Wichtig ist die Beachtung des persönlichen Referenzsystems des Patienten.

Aus der Theorie und Erfahrung bezüglich Suchtstörungen ergibt sich, dass jeder Mensch, der mit einer entsprechenden Beeinträchtigung in ein Behandlungssetting kommt, individuell zu sehen, zu beraten und zu behandeln ist. Es ist allgemeines Behandlerwissen, dass Suchtstörungen komplexe Krankheitsbilder sind, bei denen durch die biopsychosoziale Brille betrachtet auf verschiedenen Ebenen Probleme, Schäden und Defizite auftreten können und daher im diagnostischen Blick zu halten sind. Entsprechend setzen auch die Hilfsangebote und Behandlungsmodelle auf verschiedenen Ebenen an. Ein wesentlicher Bestandteil für die Planung von Maßnahmen oder Interventionen ist jedoch die Bereitschaft und Möglichkeit des Patienten, sich auf die Hilfsangebote und Behandlungsbausteine einzulassen. Ein Mensch, der nicht weiß, wovon er im nächsten Monat seine Miete oder die nächste Rate einer Schuldentilgung bezahlen soll, ist schwerlich in der Lage, sich auf ein Gespräch über dysfunktionale kognitive Schemata oder Pläne einzulassen. Genau so wenig mag es bei einem anderen Patienten angemessen sein, in einer akuten psycho-emotionalen Krise ausführliche Analysen der Zusammenhänge seines Verhaltens mit seiner Lern- und Beziehungsgeschichte zu erforschen oder gar einen entsprechenden, umfassenden Erklärungsansatz zu erarbeiten. Beide methodischen Ansätze (Analyse kognitiver Schemata und individuelle Lern- und Beziehungsentwicklung) sind wirksame und nicht nur diagnostische Instrumente in der verhaltenstherapeutisch orientierten psychotherapeutischen Behandlung. In einer existenzbedrohlichen Situation (sei sie physisch, psychisch, sozial oder alles drei zusammen) sind jedoch absichernde und stabilisierende Interventionen von Nöten. Lebensrettung geht vor Etablierung eines möglichst gesunden Überlebens, was wiederum Voraussetzungen für die Entfaltung eigener Potentiale und das Streben nach Zufriedenheit, Anerkennung und Glück sind. Erst dann, wenn (möglichst gesundes) Überleben und Existenz einigermaßen gesichert sind, wird der Behandler in der Lage sein, gemeinsam mit dem Patienten die Reise in Richtung Veränderung seines Verhaltens und/oder seiner Einstellungen zu beginnen mit Aussicht auf entsprechenden Erfolg – und damit im engeren Sinne sucht- oder psychotherapeutisch tätig werden.

> **Merke**
> Zielhierarchie: Überleben – gesundes Überleben – Entfaltung eigener Potentiale

Es wird im Folgenden vorrangig um die die sozial- und psychotherapeutische Behandlung von Abhängigkeitsstörungen gehen, zu denen nach DSM 5 auch das pathologische Glücksspiel gehört. Wie sich die im Jahr 2018 zu erwartende ICD 11 (International Classification of Diseases) dazu stellen wird, scheint zum jetzigen Zeitpunkt noch nicht entschieden zu sein. Die für die deutsche medizinische und psychotherapeutische Diagnostik verbindliche ICD ordnet nichtstoffgebundene Süchte noch nicht unter das Kapitel F1 (»Psychische und Verhaltensstörungen durch psychotrope Substanzen«) ein, wo sie nach dieser Definition auch nicht hingehören würden, sondern in das Kapitel F6 (»Persönlichkeits- und Verhaltensstörungen«) unter F63 »Abnorme Gewohnheiten und Störungen der Impulskontrolle«. Die Essstörungen werden im Kapitel F50 unter »Verhaltensauffälligkeiten in Verbindung mit körperlichen Faktoren und Störungen« subsummiert. Für die ICD 11 als Fortschreibung und Aktualisierung der derzeit gültigen ICD 10 gehen wir von folgender Zeitschiene aus:

> »Aktuell plant die WHO die Verabschiedung durch die World Health Assembly (WHA) für 2017, eine Implementierung soll ab 2018 möglich sein. Über den Zeitpunkt einer möglichen Einführung der ICD-11 in Deutschland sind noch keine Aussagen möglich.« (https://www.dimdi.de/static/de/klassi¬aktuelles/news_0380.html_319159484.html Zugriff am 05.09.2016)

1.2 Grundüberlegungen

De facto treten Behandler in der Sozial- und Psychotherapie bei Abhängigkeitsstörungen nach bzw. parallel zur medizinischen Behandlung auf, da die substanzbezogenen Abhängigkeitssyndrome zumindest der somatischen Statusüberprüfung, in der Regel jedoch auch der Mitbehandlung von Folge- und Begleiterkrankungen sowie des Entzugssyndroms durch medizinische Behandlungsmaßnahmen bedürfen. Hierbei kann auch die Substitution oder medikamentöse unterstützende Behandlung eine Rolle spielen. Diese ist jedoch als adjuvante Therapie einzuordnen und stellt das körperlich möglichst gesunde (Über-)Leben sowie eine Stabilisierung von sozio- oder psychotherapeutischer Behandlungsfähigkeit sicher. Lebenslange Substitution mit einem als Medikament anzusehenden Wirkstoff wird in besonders sorgfältig diagnostizierten und begleiteten Fällen unumgänglich sein. Das Recht auf den Konsum psychotroper Substanzen in einem legalen Kontext ist in unserem gesellschaftlichen und rechtlichen System verbrieft. Die Befähigung zur Konsumkontrolle ist ein individuelles Merkmal, das nicht für jeden Menschen zu jedem Zeitpunkt ausreichend ausgeprägt ist. Die Debatten um den sogenannten kontrollierten oder reduzierten Konsum spielen sich in diesem Spannungsfeld ab und werden in der Regel nicht ideologiefrei geführt. Für den Behandler sind in jedem Fall Rahmenbedingungen sozial- und leistungsrechtlicher sowie ethischer Art vorgegeben. Deren grundsätzliche Diskussion und gegebenenfalls Veränderung muss auf einer anderen Ebene erfolgen, da der Behandler dem Wohl und den Zielen seines Patienten verpflichtet ist sowie seinen berufsethischen Prinzipien der Nichtschädlichkeit und der Nützlichkeit. Im individuellen Behandlungsansatz können alternative Zielsetzungen nicht nur theoretisch möglich, sondern praktisch sinnvoll in der Entwicklung einer von Patient und Behandler gleichermaßen getragenen Strategie sein.

Ich möchte Ihnen als Beispiele praxisorientierter und vielfach empirisch überprüfter Modelle für die sozio- und psychotherapeutische Fallkonzeption und Therapieplanung in der Suchtbehandlung sowie zur Illustration von deren Verschränkung zwei ausgewählte, in der Praxis bewährte theoretische Konzeptionen umreißen und in Bezug zur Behandlung süchtigen Verhaltens setzen. Hierbei handelt es sich um das 7-Phasen-Modell des Selbstmanagementansatzes nach Kanfer (Kanfer, Reinecker und Schmelzer, 2012) und des Weiteren als umfassendes Metamodell für die Verortung verschiedener therapeutischer Blickwinkel um den neuropsychotherapeutischen, integrativen Behandlungsansatz nach Grawe (2004). Letzterer basiert auf Grawes integrativem Modell der Psychologischen Therapie, das er später um den neuropsychologischen Blickwinkel erweitert hat. Beide Ansätze halten wichtige Aspekte für eine professionelle und unterstützende Fallkonzeption und Therapieplanung in der Behandlung von Abhängigkeitsstörungen, deren psychischer Ursachen und Folgen bereit, die auch schulenübergreifend fruchtbar waren und sind. Beide Konzeptionen sind von Wertschätzung gegenüber dem Patienten und seiner Wünsche und Ressourcen geprägt.

Ziel aller psycho- und suchttherapeutischen Interventionen ist die Befähigung und Ermutigung des Patienten, sein individuelles Glück zu verfolgen und seine Lebenszufriedenheit in den Mittelpunkt zu stellen. Dies in einer sozial verantwortlichen und angemessenen Form zu tun, sichert den Erfolg und die Nachhaltigkeit des Erreichten. Daher muss auch jede sucht- oder psychotherapeutische Behandlung einen Blick in die Zukunft tun, um im Hier und Jetzt zu einer Analyse, der Feststellung eines Ist-Zustandes zu kommen, um in Folge die Abweichung vom individuell gewünschten Sollstand zu erkennen/zu benennen. Darauf aufbauend lassen sich konkrete Ziele entwickeln, die einer suchttherapeutischen Intervention auf psychotherapeutischer Basis zugänglich sind und deren Erreichung vor allem auch im Einflussbereich des Patienten liegen. Eine Analyse vergangener Entwicklung – quasi als Bestandserhebung – wird sich sinnvollerweise nicht nur an den Misserfolgen, sondern gerade auch an den Ausnahmen, den Erfolgen orientieren. Ein Patient, der unter sehr starken Befindlichkeitsstörungen, Ängsten und Sorgen leidet, wird für diese Ausnahmen allerdings zunächst noch kaum einen Blick haben können.

> So wird es für Ulli vorrangig erst einmal sehr wichtig sein, dass konkrete Veränderungsziele sich auf die Vermeidung weiterer Probleme am Arbeitsplatz beziehen und dass er sich eine für ihn unterstützende Vorgehensweise zum Umgang mit seinen Rückfallängsten und dem erlebten Suchtdruck erarbeitet.

Hierzu ist es aus meiner therapeutischen Erfahrung heraus in der Regel hilfreich, verschiedene Alternativen zu erarbeiten, damit der Patient nach der Abschätzung von Kosten und Nutzen sowie der Wahrscheinlichkeit eines möglichen Erfolgs für sich entscheiden kann, was für ihn oder sie der beste Weg sein könnte. Um eine Entscheidung wirklich als solche wahrzunehmen und zu erleben, lehrt uns die systemische Sichtweise und die psychologische Grundlagenforschung im Bereich von Entscheidungsfindung und Wahlverhalten, dass es zur subjektiven Bewertung als eine echte Wahlmöglichkeit gehört, mindestens drei und höchstens etwa fünf bis sechs Alternativen zur Verfügung zu haben. Gibt es nur eine Möglichkeit, so wirkt das sogenannte Friss-oder-stirb-Prinzip im Sinne einer Alternativlosigkeit. Dies wird häufig der Abstinenzorientierung bei Behandlern unterstellt, die keinen Blick mehr auf Zwischenziele oder Alternativen zur Abstinenz zulasse. Bei zwei Alternativen entsteht oft ein Dilemma, weil Anreize, Gewinne und Kosten in beiden Alternativen zu finden sein werden, wenn es sich um echte Möglichkeiten handelt. Ab der dritten Wahlmöglichkeit verteilen sich diese Pro- und Kontra-Argumente in der Regel nicht mehr gleichrangig auf die Varianten. Mehr als fünf bis sechs Wahlmöglichkeiten werden unsere kognitive Verarbeitungskapazität aber überschreiten, weil dann zu viele Möglichkeiten sowie Vor- und Nachteile im Blick zu behalten sind. In seiner (vorläufigen) Festlegung möchte Ulli sich um einen ambulanten Psychotherapieplatz bemühen, ein klärendes Gespräch mit seinem Vorgesetzten führen und die Selbsthilfegruppe in der Suchtberatungsstelle einmal in der Woche aufsuchen. Außerdem bietet die Suchtberatungsstelle ein Training zur Abstinenzsicherung an, dass aus sechs abendlichen Gruppenstunden innerhalb von sechs Wochen besteht und dass in der übernächsten Woche mit einem neuen Zyklus beginnt. Zu seiner Unterstützung will er in der Wartezeit auf das Training in der nächsten Woche noch einen halbstündigen Termin bei der Suchtberaterin wahrnehmen.

> **Merke**
> Eine Wahl setzt echte Alternativen voraus, am besten drei bis fünf.

Wie wissen wir als Berater und Behandler eigentlich, was wir einem Patienten als vermutlich effektive Maßnahme empfehlen können? Im Verlauf dieses Buches möchte ich Ihnen aus verhaltenstherapeutischer und systemischer Sicht Vorschläge für entsprechende Vorgehensweisen und Anhaltspunkte auf der zu planenden, gemeinsamen Reise mit dem Patienten unterbreiten und dabei verschiedene theoretische Hintergründe, Modelle und Forschungsergebnisse nutzen, die sich in der allgemeinen Psychotherapie als nützlich erwiesen haben und die auch für den suchttherapeutischen Zugang eine gute Orientierung bieten können. Einige dieser Erkenntnisse sind z. B. auch in den S3-Leitlinien der AWMF (Arbeitsgemeinschaft wissenschaftlich-medizinischer Fachgesellschaften, 2015) aufgeführt. Hier werden insbesondere die Interventionsmethoden verhaltenstherapeutischer Provenienz zum Erscheinungszeitpunkt der Leitlinien als evidenzbasiert und gesichert effektiv benannt, so z. B. motivationale Interventionen oder die Behandlungsansätze der kognitiven Verhaltenstherapie. Behandlungsleitlinien orientieren sich jedoch zum Entwicklungs- bzw. Überarbeitungszeitpunkt immer am aktuellen Stand der empirischen Befundlage und Forschung. Daher müssen sie auch mindestens alle fünf Jahre überarbeitet werden, damit sie ihre Gültigkeit als Leitlinien nicht verlieren. Dann können inzwischen publizierte Erkenntnisse wiederum einbezogen werden. Aber auch die Behandlungsleitlinien angrenzender oder häufiger komorbider Störungen sollten in der Suchtbehandlung zur Kenntnis und Anwendung gebracht werden, wie z. B. die Behandlungsleitlinien für Depression oder Angsterkrankungen, die häufig mit Suchtstörungen vergesellschaftet auftreten.

1.2 Grundüberlegungen

Leitlinien sind (bei all ihrem Wert nur) Orientierungshilfen und verstehen sich nicht als Richtlinien in der Entscheidung angemessener Interventionen im Einzelfall. Diese Verantwortung bleibt beim jeweiligen Behandler im informierten Konsens mit seinem Patienten. Als Fundament für diese erforderliche, interaktionelle Abwägung kommt – unabhängig von der jeweiligen therapeutischen Ausrichtung – in allen Schritten der Qualität der therapeutischen Arbeitsbeziehung eine entscheidende Rolle zu. Eine wesentliche Eigenschaft, die diese fördert, ist die Umsetzung von Transparenz (der Patient erhält alle Informationen darüber, warum etwas wie erfolgen sollte, über mögliche Nebenwirkungen und alternative Vorgehensweisen). Die Begegnung mit ihm ist geprägt durch Wertschätzung und Respekt vor der Person des Patienten und seiner bisherigen Lebens- und Bewältigungsleistung (trotz des aktuellen Leidens und Scheiterns). Der Therapeut zeigt eine zugewandte Aufmerksamkeit und vermittelt dem Patienten von Anfang an seine Loyalität im Hinblick auf angestrebte Veränderungen sowie Empathie (im Sinne der Perspektivübernahme und des Mitempfindens, des Verständnisses für die Sicht- und Erlebensweise des Patienten). Unschwer sind hier die therapeutischen Grundhaltungen nach Rogers (1976; 1981) zu erkennen, die u. a. einen wesentlichen Anteil am Gelingen einer Therapie haben (sogenannte unspezifische Faktoren des Therapieerfolgs). Diese therapeutische Grundhaltung ist vom ersten Moment der Begegnung an wichtig. Kann ich diese als Therapeut nicht sicherstellen, etwa weil ich mich der Problematik des Patienten nicht gewachsen fühle (dies wird dann ein Thema für die Fortbildung oder Selbsterfahrung sein können) oder weil ich mit der Person des Patienten nicht zurecht komme (dies wird ein Thema für die Selbsterfahrung und eventuell die Supervision sein können), kann ich für den Therapieerfolg maßgebliche Bedingungen in der Beziehung zum Patienten nicht umsetzen. In solchen Fällen, in denen meine loyalitätsgetragene Beziehungsgestaltung zum Patienten in Frage steht oder nicht in kurzer Zeit herstellbar erscheint, ist es meine ethische Verantwortung als Behandler, die Behandlung abzulehnen und den Patienten in einen anderen Kontext zu überweisen bzw. ihm eine andere Vorgehensweise zu empfehlen. Für eine solche Entscheidung sollte sich der Therapeut die nötige Zeit nehmen, aber diese Entscheidung auch nicht zu lange hinauszögern, denn sie bedeutet für den Patienten wiederum einen Abschied und eine erneute Kontakt- und Beziehungsaufnahme mit einem aus der vorangegangenen Erfahrung auch erhöhten Risiko des Scheiterns.

> **Merke**
> S3-Leitlinien und therapeutische Beziehungsgestaltung: zwei bedeutsame »Partner« in der Therapieplanung und -umsetzung

Der bereits angesprochenen Orientierung am individuellen Referenzsystem des Patienten wird ebenfalls eine hohe Bedeutung am Gelingen der Zusammenarbeit zukommen. Ohne ausreichende Kenntnis des Gewordenseins, seiner individuellen Denk- und Verhaltenspräferenzen und der sozialen Einbindung eines Patienten müssen Hilfs- und Interventionsmethoden an der Oberfläche bleiben. Dann ist es fraglich, welcher Effekt letztendlich mit den eingesetzten Interventionen erzielt werden kann – vielleicht wird gar ein (weiterer) Misserfolg für den Patienten in Kauf genommen – und wie nachhaltig dieser Effekt ist. Ob es zu einer rein mechanischen Reparatur oder tatsächlich zu einer Verbesserung der Integration, der Entscheidungsfähigkeit, der Lebensfreude und der zufriedenen Gesundheit des Patienten kommen kann oder ob es lediglich sporadisch wirksame Anpassungsbemühungen sind, entscheidet mit über langfristigen und überdauernden Behandlungserfolg. Je mehr dabei gemeinsam mit dem Patienten sein persönliches Umfeld, seine relevanten Bezugspersonen und seine Ziele und Beweggründe im Fokus stehen, umso wirksamer können in der Behandlung erzielte und erprobte Veränderungen in diesem Bezugssystem des Patienten etabliert werden.

Diese Transferleistung in den Alltag des Patienten stellt letztlich das endgültige Ziel therapeutischer Bemühungen dar. Im Falle der medizinischen Rehabilitation bei Abhängigkeitsstörungen – der in

Deutschland gut etablierten Interventionsform in stationärer, ambulanter oder ganztags ambulanter (tagesklinischer) Form – orientiert sich dieser Transfer am übergeordneten Auftrag der Solidargemeinschaft, deren Statthalter im Rahmen der Rehabilitation in Deutschland in der Regel die Gesetzliche Rentenversicherung gemäß ihrem Auftrag ist. Diese fokussiert die (Re-)Integration in Arbeit, Beruf und soziale Gemeinschaft als übergeordnete Zielsetzung und finanziert hierzu erforderliche Leistungen für den Rehabilitanden aus den Geldern der Solidargemeinschaft. Das sich daraus ergebende übergeordnete Ziel ist es, den Patienten wieder in den Stand zu setzen, gemäß seiner Möglichkeiten produktives Mitglied dieser Solidargemeinschaft zu werden oder zu bleiben. Allerdings muss der Therapeut darüber hinaus aufgrund seiner beruflichen Ethik eine loyale Koalition mit dem Patienten eingehen und dessen Interessen, Fähigkeiten und Wohlergehen in den Mittelpunkt stellen, auch wenn diese sich zunächst oder vordergründig nicht direkt auf den übergeordneten Auftrag beziehen mögen oder gar diesem entgegen zu laufen scheinen. Dies ist ein nicht immer einfacher Spagat für den professionell Tätigen in der Suchtrehabilitation. Hierfür ist ein entsprechend schützendes therapeutisches Setting erforderlich, das diese ambivalenten Bewertungen ausreichend lange mitträgt und auch im Einzelfall konstruktiv zu hinterfragen hilft. In der ambulanten oder stationären Psychotherapie im Sinne der (Wieder-)Herstellung der Gesundheit und damit der Krankenbehandlung im engeren Sinne der Gesetzlichen Krankenversicherung steht ebenfalls nicht nur die Symptomfreiheit im Mittelpunkt. Das moderne Verständnis von Gesundheit impliziert auch, dass der Patient im besten Fall in die Lage versetzt wird, sein Leben erfolgreich und für ihn zufriedenstellend zu gestalten. In der Primärversorgung existiert in der Beziehungsgestaltung jedoch kein sogenanntes sozialrechtliches Dreiecksverhältnis wie in der medizinischen Rehabilitation. Insofern können Psychotherapeuten unmittelbarer, aber von der gleichen beruflichen Ethik getragen mit dem Patienten dessen Interessen verfolgen und ihm dabei helfen, sie angemessen und sozial verträglich umzusetzen.

1.3 Zur Koorientierung von Patient und Behandler

Wie weitreichend solche unterschiedlichen Zielorientierungen und Erwartungen an den Erfolg der Zusammenarbeit zwischen Patient und Therapeut diese beeinflussen können, wird vielleicht deutlicher durch eine konkrete Fallkonstellation.

> Sonja ist 56 Jahre alt. Sie hat sich aufgrund der Empfehlung ihres Hausarztes und mit Unterstützung ihrer bereits erwachsenen Kinder um eine stationäre medizinische Rehabilitationsmaßnahme bemüht. Eigentlich wollte sie eine psychosomatische Rehabilitation zur Behandlung ihrer Depressionen antreten, wie auch ursprünglich vom Hausarzt empfohlen. Aufgrund kritischer Laborbefunde und anderer Indizien war sie jedoch vom zuständigen Rentenversicherer in eine Einrichtung zur Suchtrehabilitation zugewiesen worden, mit einer vorläufigen stationären Behandlungsdauer von acht Wochen (Kurzzeitbehandlung).

Der Auftrag der medizinischen Rehabilitation ist klar definiert durch die Verbesserung der Chancen des Rehabilitanden, sich weitgehend und gemäß seiner Möglichkeiten in ein berufliches Setting und an einem Arbeitsplatz zu integrieren sowie am gesellschaftlichen/sozialen Leben in der Gemeinschaft möglichst umfassend teilhaben zu können. Hierzu erforderlich sind physische, psychische und soziale Voraussetzungen zur Nutzbarmachung von Ressourcen und dem Ausgleich von Defiziten oder Handicaps. Unter der Voraussetzung einer diesbezüglich günstigen Prognose ist Sonja die Reha-Maßnahme bewilligt worden, und sie ist aufgrund des als solches bewerteten Handicaps einer (vermuteten) Alkoholabhängigkeit einer Einrichtung der medizinischen Rehabilitation mit dem Schwerpunkt Abhängigkeitserkrankungen zugewiesen worden. Im vorliegenden (günstigen) Fall wurde dies mit ihr insofern vorbesprochen, als sie mit

1.3 Zur Koorientierung von Patient und Behandler

ihrem Hausarzt die Aufnahme und Behandlung in der vorgesehenen Einrichtung diskutiert hatte und dieser einer Suchtmitteldiagnose (ICD 10: F10.1 als schädlicher Konsum oder F10.2 als Abhängigkeitsstörung) nicht grundsätzlich ablehnend gegenüber stand. Auch hatte der Arzt ihr empfohlen, sich erst einmal auf den Aufenthalt einzulassen, da ihre persönliche Situation dringend veränderungsbedürftig sei und gesundheitliche Folgen ebenso dringend abzuwenden seien. Dies kann als eine günstige, unterstützende Intervention des ärztlichen Kollegen angesehen werden, der im Sinne der motivierenden Gesprächsführung Sonja begleiten konnte in ihrer Entscheidung, überhaupt erst einmal Hilfe in einem stationären Rahmen sowie einer schützenden Umgebung in ihrer aktuell recht desolaten und gefährdenden Lebenssituation anzunehmen.

Menschen, die auf kurzem Weg in die nachweislich effektive medizinische Rehabilitation bei Abhängigkeitsstörungen kommen, sind jedoch, trotz oftmals längerer Vorbereitungszeit unterschiedlich auf den übergeordneten Behandlungsauftrag der Reintegration in Beruf, Arbeit und Gesellschaft eingestellt. Sie kennen diesen Auftrag manchmal nicht ausreichend oder können die Implikationen für das Behandlungssetting nicht abschätzen. Sie haben in ihren Notlagen manchmal keine ausreichende Aufnahme- oder Verarbeitungskapazität, um diese Besonderheiten zu reflektieren oder verstehen den Zusammenhang nicht oder in anderer Weise als der Behandler. Die persönlichen, subjektiven Zielsetzungen können jedoch als Unterziele unter diesen übergeordneten Auftrag subsummiert werden. Damit kann dann eine schrittweise Annäherung an die gemeinsame Beauftragung erfolgen.

> So beschäftigen auch Sonja zu Beginn ihrer stationären Erstbehandlung zunächst ganz andere Sorgen als eine (Re-)Integration bezüglich eines Arbeitsplatzes oder eine Wiederherstellung ihrer Erwerbsfähigkeit. Ihr Arzt hat sie darauf hingewiesen, dass ihre Gesundheit bereits beeinträchtigt ist durch ihren depressiven Lebensstil und hatte auch ihren Alkoholkonsum anhand der Laborbefunde als kritisch bewertet. Ihre Kinder sind in Sorge, dass ihre

1 Womit die Reise beginnt

Mutter sich bald nicht mehr wird verantwortlich selbst versorgen können und drängen auf Veränderung. Sonja hat ihren Lebensmut und ihre Tatkraft mit der für sie plötzlichen und unerwarteten Trennung ihres Mannes, der sie wegen einer anderen Frau vor drei Jahren verlassen hatte, verloren und sich immer mehr abgekapselt und selbst vernachlässigt. Alkoholkonsum gehörte dabei anfänglich zu ihrer Entlastungsstrategie – Sonja konnte ihre Sorgen und ihre negativen Gefühle für die kurze Zeit der Wirkungsdauer vergessen. Aus dem gelegentlichen Entlastungstrinken wurde ein regelmäßiger Konsum, der schließlich bereits morgens begann und über den Tag anhielt. Ihren Nachschub ließ sie sich oft über Wein- und Sektpakete über den Internetversand liefern. Trinkpausen waren nur noch hin und wieder eingestreut, v. a. wenn ein Arztbesuch anstand oder sie aus anderen Anlässen das Haus verlassen musste. So fanden sie ihre Kinder bei gelegentlichen Besuchen immer häufiger in desolater Verfassung vor – alkoholisiert, depressiv und im Entzug. Inzwischen ist es Sonja zwar deutlich geworden, dass es so nicht weitergehen kann. Allerdings hat sie noch sehr vage Vorstellungen davon, was eigentlich ihre Probleme sein könnten. Sie sieht sich als Opfer ihres Mannes und ihres Schicksals, allein gelassen und ungerecht behandelt. Zwar weiß sie, dass ihr Rentenversicherer ihr statt einer beantragten achtwöchigen psychosomatischen Reha – von der sie eine ungefähre Vorstellung hatte, weil eine Freundin eine solche vor einigen Jahren absolviert hatte – eine Rehabilitation für Abhängigkeitserkrankte genehmigt hat. Die Aufnahme ging sehr zügig, ihre Tochter hatte sie in die Fachklinik gefahren und dort in ihrer eigenen Not schnell abgegeben in der Hoffnung, dass von dort Hilfe komme. Sie und ihr Bruder waren erst einmal froh, die Mutter unter ärztlicher und therapeutischer Aufsicht zu wissen. So hat Sonja sich zunächst, etwas verunsichert, auf die Aufnahme in der Fachklinik in G. eingelassen.

In der anfänglichen Begegnung mit Sonja kristallisiert sich heraus, dass es für die Patientin zunächst wichtig sein könnte, sich eine

Orientierung über ihre gesamte Situation zu verschaffen und ob das Angebot einer Suchtbehandlung ein guter Anfang für eine Unterstützung und Veränderung sein könnte. Ihre Vorstellungen von Menschen mit Alkoholproblemen liegen weit von dem entfernt, was sie zurzeit für sich selbst erlebt. Daher benötigt sie sogenannte Brücken in Form von Informationen, diagnostischer Rückmeldung, Selbst- und Fremdeinschätzung, auch der Austausch in einer Gruppe mit gleichermaßen Betroffenen kann sich als sehr hilfreich und entstigmatisierend erweisen. In dieser Anfangsphase spielen ambivalente Gefühle und Bewertungen eine große Rolle, so dass hier Interventionsmethoden zur Ambivalenzklärung und Entscheidungsfindung bedeutsam sind, wie sie z. B. als Elemente der motivierenden Gesprächsführung beschrieben werden (Miller & Rollnick, 2012).

Eine bedeutsame Rolle in der Suchtkrankenbehandlung spielen Schuld- und Schamgefühle, die die Betroffenen anfänglich hindern können. Mit diesen zu rechnen und sie angemessen in die Beziehungsgestaltung mit einzubeziehen, trägt zur Stabilisierung der Zusammenarbeit bei. So gehören auch die Entstigmatisierung bezüglich eines Störungsbildes, das in der Gesellschaft allgemein nicht als krankheitswertig beurteilt wird, sowie eine Aufklärung über mögliche Behandlungen und deren Rahmenbedingungen in den Maßnahmenkatalog. Sonja benötigt z. B. ein für sie schlüssiges Störungsmodell, warum für eine tiefergehende Behandlung eine Punktabstinenz für die Dauer der Reha-Maßnahme erforderlich und sinnvoll ist und welche Risiken sich mit dem weiteren Konsum für ihre gesundheitliche, aber auch psychische und soziale Situation ergeben können. Sie erhält sinnvollerweise Informationen über die Zusammenhänge zwischen Alkoholkonsum und depressiven Befindlichkeiten und anderen Krankheitsbildern sowie deren gegenseitige Beeinflussung. Um eine sichere Entscheidungsgrundlage zu schaffen, wird eine gewisse Dauer der Abstinenz von Alkohol angeraten und damit ihr Überblick über ihre Situation und verschiedene Alternativen sowie ihre Entscheidungsfähigkeit gestärkt. Zur Aufklärung gehören auch Informationen zu möglichen Behandlungszielen zeitnah und im weiteren Verlauf wie die Aufrechterhaltung einer dauerhaften Abstinenz, ein kontrollierter/reduzierter Konsum, Zusammenhänge zwischen dem Konsum und der Beeinflussung komorbider Beeinträchtigungen wie etwa Depression oder Angst, das Risiko einer sogenannten Suchtverlagerung, die Gegenstand der psychoedukativen Bausteine, aber auch der gruppen- und einzeltherapeutischen Maßnahmen sind.

> **Definiton**
> Selbstdiagnose: Der Therapeut bespricht mit dem Patienten alle relevanten Informationen und psychometrischen Befunde, damit dieser sich ein Bild über das Ausmaß seiner Beeinträchtigung machen kann.

Im Sinne einer Selbstdiagnose verhilft der Therapeut dem Patienten über geleitetes Entdecken, Informationsvermittlung und Auswertung von diagnostischen Ergebnissen sowie eine Analyse bisheriger Erfahrungen dazu, dass sich Sonja ein Krankheitsverständnis erarbeiten und eine emotionale Annäherung im Sinne eines Betroffenfühlens erlauben kann. Dies gelingt verlässlich nur unter der Voraussetzung einer prinzipiellen Annahme des Patienten als Person mit Wertschätzung für seine Sichtweisen. Hilfreiche (psycho-)diagnostische Instrumente in dieser frühen Phase der Behandlungsplanung sind z. B. der Münchner Alkoholismustest (MALT; Feuerlein et al., 1979/1999), der trotz seines Alters häufig eingesetzt wird und den Vorteil hat, aus einem Selbstbeurteilungsteil und einer medizinischen Fremdbeurteilung zu bestehen. Einzeln und in Kombination können dann die Ergebnisse mit dem Patienten diskutiert werden. Für Screeningzwecke wird auch der AUDIT seitens der Weltgesundheitsorganisation und der S3-Leitlinien Alkoholabhängigkeit empfohlen (Babor et al., 1992; ▶ Anhang 2: AUDIT = Alcohol Use Disorders Identification Test; hier in der Version des Suchtforschungsverbunds Baden Württemberg, Universitätsklinik Freiburg), der vom Patienten ausgefüllt wird und ab sieben (Frauen) bzw. acht Punkten (Männer) bei zehn Fragen zu

Häufigkeit und Menge des Alkoholkonsums sowie dessen Folgen und Motiven im Ergebnis auffällig wird. Mit einem auffälligen AUDIT-Befund sollten Verhaltensänderungen und/oder Behandlungen angedacht werden, die einen möglicherweise riskanten, schädlichen oder bereits abhängigen Konsumstil verändern. Den AUDIT gibt es auch in einer Kurzversion (AUDIT-C) mit nur drei Fragen, die für Screeningzwecke als ausreichend angesehen werden (wie oft, wie viel pro Konsumgelegenheit und wie oft mehr als sechs alkoholische Getränke pro Tag in definierten Zeiträumen). Vorbild dieser konsumbezogenen Screeningverfahren ist der von Mayfield und Kollegen (Mayfield, McLeod & Hall, 1974) vorgeschlagene CAGE-Test. Hinter dem Akronym verbergen sich die vier Items C = Control (Kontrollversuche bezüglich Menge und Häufigkeit), A = Anger (Verärgerung Anderer über den Konsum und seine Folgen), G = Guilt (Schuldgefühle wegen des Konsums oder seiner Folgen) und E = Eye-Opener (Konsum nach dem Aufstehen/am Morgen), die vier klassische Symptome einer Abhängigkeitsentwicklung abfragen und bei zwei bzw. drei positiven Antworten den Verdacht einer entsprechenden assoziierten Störung nahelegen. Die Diagnose einer Suchtmittelabhängigkeit nach ICD 10 ist dann zu stellen, wenn während des letzten Jahres mindestens drei der folgenden acht Kriterien erfüllt waren:

1. ein starker Wunsch oder eine Art Zwang, die Substanz zu konsumieren,
2. eine verminderte Kontrollfähigkeit bezüglich des Beginns und der Beendigung sowie der Menge des Substanzkonsums,
3. Substanzkonsum zur Behebung von Entzugssymptomen,
4. das Auftreten eines körperlichen Entzugssymptoms (in Abhängigkeit von der konsumierten Substanz unterschiedliche Erscheinungen; oft Angst, Depression und Schlafstörungen),
5. Toleranzentwicklung, so dass eine höhere Dosierung zur Erreichung der gewünschten Wirkung erforderlich ist,
6. negative Veränderung des Lebensstils zur Sicherstellung des Konsums (Einengung des Verhaltensrepertoires),

7. fortschreitende Vernachlässigung von Interessen und Verpflichtungen zugunsten des Substanzkonsums oder
8. anhaltender Substanzkonsum trotz nachweislicher schädlicher Folgen körperlicher, psychischer oder sozialer Art.

Die Einschätzung dieser Symptome erfordert neben der aussagefähigen Suchtanamneseerhebung gemeinsam mit dem Patienten möglichst auch fremdanamnestische Daten und die Unterstützung durch testpsychologische und medizinische Befunde. Differentialdiagnostische Möglichkeiten, die der adaptiven Indikationsstellung im Prozess hilfreiche Hinweise liefern können, werden weiter unten aufgeführt.

Wenn sozusagen die Ausgangslage beschrieben ist und die wichtigen Fundamente einer tragfähigen Arbeitsbeziehung gelegt sind, können die Planungen für eine »gemeinsame Reise« in der Erarbeitung von konkreten Perspektiven, Lösungs- und Veränderungsansätzen beginnen.

1.4 Reisende und ihre Ziele

Wenn wir eine Reise planen, benötigen wir zunächst ein Ziel. Die erste und auch im Verlauf weiter zu beachtende Zielsetzung bringt der Patient mit. Er kommt mit Erwartungen und Wünschen, die als Ausgangspunkt der gemeinsamen Reise miteinander thematisiert werden. Daher ist es erforderlich, in das Kennenlernen der Vorstellungen und Ideen des Patienten Offenheit und Zeit zu investieren. Diese sind aus Sicht des Patienten sinnvolle Ausgangs- und Zielpunkte. Der Therapeut, der ein theoretisches Wissen und eine Vorstellung über Gesundheit und (Wieder-)Herstellung von Selbstbestimmung mitbringt, muss quasi gedanklich und emotional einsteigen in die individuelle Welt des Patienten. Fiegenbaum (1985) nennt dies – wie bereits oben beschrieben – das persönliche Referenzsystem des Patienten, das nach ganz anderen Regeln funktionieren kann als das des Therapeuten. Hierfür sind nicht nur geschlechts- und altersspezifische Faktoren mitverantwortlich, sondern auch z. B. (sozio-)kulturelle, politische, entwicklungsgeschichtliche Aspekte. Darüber hinaus moderieren weitere Faktoren die subjektive Sicht der eigenen Position und ihrer Bedeutung in der Welt. Werte und Überzeugungen zu sich selbst, relevanten Anderen und der Welt bis hin zu Sinn- und Glaubensfragen bilden den Hintergrund für die Behandlung und moderieren diese sowie ihre möglichen Effekte mit. Da wir am Beginn der gemeinsamen Reise noch nicht wissen können, welche Fakten und Informationen wichtig sein können auf dem Weg, werden Therapeuten zu Beginn hauptsächlich Fragende sein und sich zunächst mit dem Patienten gemeinsam darum bemühen, dass Freiräume für die kritische Reflektion unterschiedlicher Vorstellungen und Sichtweisen vorhanden sind.

Das diagnostische Wissen und seine Erfahrung als Behandler ermöglicht dem Therapeuten, die erhaltenen Informationen in ein System einzuordnen, das hilft, sowohl kritische, problemverstärkende als auch lösungsunterstützende Elemente zu erkennen. So bildet sich ein zunehmend größer und umfangreicher werdender Pool an Kenntnissen, aus der die Fallkonzeption heraus sich ständig weiterentwickelt und an Form und Gestalt gewinnt.

Eine hilfreiche Methode ist das relativ zu Beginn bereits erhobene, orientierende Geneogramm der aktuellen, elterlichen und eventuell großelterlichen sozialen Bezüge des Patienten (vgl. auch Zarbock 2008), das in Folge immer differenzierter ausgestaltet werden kann. Wir werden später sehen, wie hilfreich dieser Ansatz unter unterschiedlicher Perspektive in den verschiedenen Phasen der therapeutischen Arbeitsbeziehung sein kann. Ein solches Geneogramm wächst mit der Fortführung der gemeinsamen Arbeit stetig an. Verschiedene Fragestellungen können hierüber visualisiert in den Fokus genommen werden. Dies ist nicht nur hilfreich für die Strukturierung der Informationen in der therapeutischen Akte. Gemeinsam mit dem Patienten können interessante Hypothesen entwickelt werden, sein Eingebundensein in einen historischen und sozialen Kontext kann hierüber transparent, nachvollziehbar und entlastend genutzt werden.

1 Womit die Reise beginnt

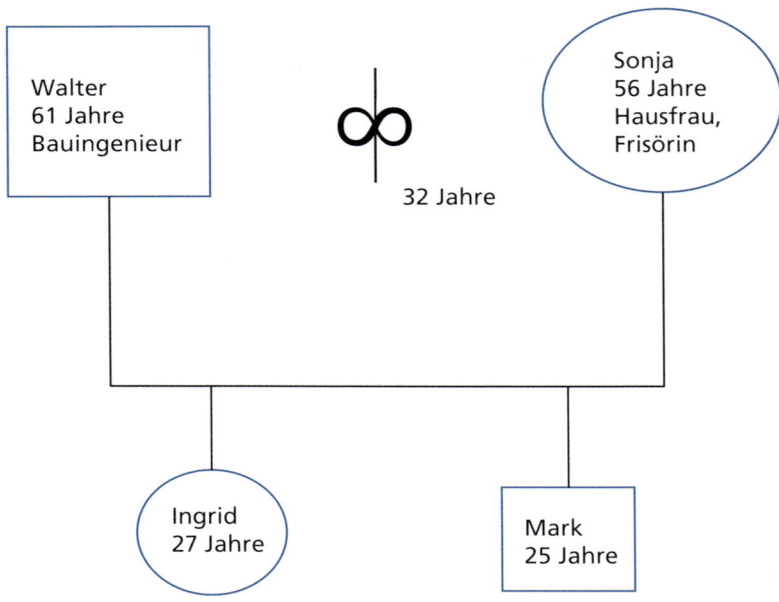

Abb. 1.1: Das Geneogramm als Orientierungshilfe und visuelle Unterstützung einer Hypothesenbildung (Beispiel Sonja)

Manche Therapeuten haben gerade zu Beginn ihres beruflichen Wirkens häufiger Vorbehalte oder Skrupel, den Patienten offen und nachgehend zu befragen. Die allermeisten Patienten empfinden diese Haltung jedoch als Interesse an ihrer Person, als Sorgfalt und Professionalität seitens des Therapeuten. Als Grundrezept gerade in den ersten Begegnungen und zum Aufbau einer tragfähigen Arbeitsbeziehung gilt demzufolge: Fragen, fragen und nochmals fragen. Auch Behandler sind nicht vor der allgemein menschlichen Neigung geschützt, sich aufgrund weniger Informationen schnell ein Urteil zu bilden und zu glauben, den anderen verstanden zu haben. Die kleine Pinguingeschichte von Eckhart von Hirschhausen illustriert die viel beforschte und häufig belegte Vor-Urteilsbildung, vor der auch Experten nicht gefeit sind. Diese schnelle Beurteilung einer Situation oder Person ist – evolutionär gesehen – die sparsamste Variante der Informationsverwertung, da sie auf relevanten und häufigen, daher wahrscheinlichen Zusammenhängen beruht. Gerade in Situationen der Bedrohung von Leib und Leben können alternative Interpretationen – und damit verbundene »lange« Denkarbeit – jedoch genau dieses kosten. Daher bevorzugen wir schnelle und implizite Urteile und es bedarf der willentlichen Anstrengung, sich Alternativen anzuschauen (vgl. Kahnemann, 2011: »Schnelles Denken – langsames Denken«). Je fortgeschrittener die fachliche Expertise, desto wichtiger ist die eigene Disziplinierung zur Reflektion und Infragestellung. Hilfreiche Leitfragen können hierbei z. B. sein: Was sehe ich auf den zweiten Blick? Woran erinnert mich das, was ich sehe? Gibt es alternative Ideen, Hypothesen, Konzepte zum Patienten und seiner Geschichte? Stecken in den wahrgenommenen oder geäußerten Problemen des Patienten auch Ressourcen? Welches sind die aktuellen (Über-)Forderungen des Patienten? Wenn ich dem Patienten zufällig in einem nicht-therapeutischen Kontext begegnet wäre, was würde mir an ihm besonders auffallen?

Vertiefung
E. von Hirschhausen: Die Pinguingeschichte oder: Wie man sich in seinem Element fühlt.
»Diese Geschichte ist mir tatsächlich passiert. Ich war als Moderator auf einem Kreuzfahrtschiff engagiert. Da denkt jeder: ›Mensch toll!! Luxus!‹ Das dachte ich auch. Bis ich auf dem Schiff war. Was das Publikum angeht, war ich auf dem falschen Dampfer. Die Gäste an Bord hatten sicher einen Sinn für Humor, ich hab ihn nur in den zwei Wochen nicht gefunden. Und noch schlimmer: Seekrankheit hat keinen Respekt vor der Approbation. Kurzum: Ich war auf der Kreuzfahrt kreuzunglücklich.

Endlich! Nach drei Tagen auf See, fester Boden. ›Das ist wahrer Luxus!‹ Ich ging in einen norwegischen Zoo. Und dort sah ich einen Pinguin auf seinem Felsen stehen. Ich hatte Mitleid: ›Musst Du auch Smoking tragen? Wo ist eigentlich deine Taille? Und vor allem: hat Gott bei dir die Knie vergessen?‹ Mein Urteil stand fest: Fehlkonstruktion.

Dann sah ich noch einmal durch eine Glasscheibe in das Schwimmbecken der Pinguine. Und da sprang »mein« Pinguin ins Wasser, schwamm dicht vor mein Gesicht. Wer je Pinguine unter Wasser gesehen hat, dem fällt nix mehr ein. Er war in seinem Element! Ein Pinguin ist zehnmal windschnittiger als ein Porsche! Mit einem Liter Sprit käme der umgerechnet über 2.500 km weit! Sie sind hervorragende Schwimmer, Jäger, Wasser-Tänzer! Und ich dachte: ›Fehlkonstruktion!‹

Diese Begegnung hat mich zwei Dinge gelehrt. Erstens: wie schnell ich oft urteile, und wie ich damit komplett danebenliegen kann. Und zweitens: wie wichtig das Umfeld ist, ob das, was man gut kann, überhaupt zum Tragen kommt.

Wir alle haben unsere Stärken, haben unsere Schwächen. Viele strengen sich ewig an, Macken auszubügeln. Verbessert man seine Schwächen, wird man maximal mittelmäßig. Stärkt man seine Stärken, wird man einzigartig. Und wer nicht so ist, wie die anderen, sei getrost: Andere gibt es schon genug! Immer wieder werde ich gefragt, warum ich das Krankenhaus gegen die Bühne getauscht habe. Meine Stärke und meine Macke ist die Kreativität. Das heißt, nicht alles nach Plan zu machen, zu improvisieren, Dinge immer wieder unerwartet zusammen zu fügen. Das ist im Krankenhaus ungünstig. Und ich liebe es, frei zu formulieren, zu dichten, mit Sprache zu spielen. Das ist bei Arztbriefen und Rezepten auch ungünstig. Auf der Bühne nutze ich viel mehr von dem, was ich bin, weiß, kann und zu geben habe. Ich habe mehr Spaß, und andere haben mit mir mehr Spaß. Live bin ich auch in meinem Element, in Flow! Menschen ändern sich nur selten komplett und grundsätzlich. Wenn du als Pinguin geboren wurdest, machen auch sieben Jahre Psychotherapie aus dir keine Giraffe. Also nicht lange hadern: Bleib als Pinguin nicht in der Steppe. Mach kleine Schritte und finde dein Wasser. Und dann: Spring! Und schwimm!«

(aus Hirschhausen von, E. (2011). Das Glück kommt selten allein. Das Pinguin-Prinzip. Unter: http://www.hirschhausen.com/glueck/die-pinguingeschichte.php)

Die Pinguingeschichte zeigt auf, wie schnell uns unsere intuitive Urteilsbildung zu einer Einschätzung verleitet, sprich: wie solche schnellen, quasi automatischen Bewertungen von unserer Befindlichkeit, dem Ausmaß der erlebten Selbstwertbedrohung und ähnlichen Grundbedürfnissen abhängen können. Dies ist in der Sprache Kahnemanns das System 1, das funktional und nahezu autonom »entscheidet« im Hinblick auf somatisches, psychisches und soziales »Überleben« (Kahnemann, 2011). Es bedarf besonderer psychischer Anstrengung und mehr Zeit, unser System 2 auf den Plan zu rufen, um neuartige Informationen oder besondere, von der Regel abweichende Situationen angemessen zu bewerten und verhaltensrelevant zu nutzen. Diese kognitive Arbeit unterscheidet uns in der Begegnung mit unseren Patienten von anderem, alltäglichem, zufälligem oder privatem interaktionellem Austausch. Insbesondere in Supervision und Selbsterfahrung lernen Behandler mehr über sich selbst, darüber, wie das System1 die Wahrnehmung therapeutischer Beziehungsgestaltung mit beeinflusst. Alle konkreten Ansätze der Verlangsamung im Denken ermöglichen es, das System 2 nutzbringend einzusetzen in der Zusammenarbeit mit dem Patienten.

In der Anfangsphase der therapeutischen Arbeitsbeziehung geht es darum,– neben der Erfassung der für die Problemstellung relevanten Informationen – einerseits Raum für die positive Selbstpräsentation des Patienten zu lassen (zur Befriedigung der Bedürfnisse nach Kontrolle, Selbstwertstabilisierung und auch nach Zugehörigkeit und Bindung des Patienten) als andererseits auch den frühen Blick auf Ressourcen zu lenken. Zwar ist die Arbeitsbeziehung zwischen Patient und Therapeut keine, die nach alltäglichen Regeln der Interaktion und Kommunikation funktionieren kann, dennoch bleibt sie nicht unbeeinflusst von diesen, die sowohl aus der Lebenswelt des

Therapeuten, aber insbesondere auch aus der des Patienten mit in die Beziehung eingebracht werden. Die freundliche Zurückhaltung in allzu persönlichen Themen des Gegenübers im allgemeinen Konsens unserer sozialen Regelwerke gilt hier für den an Professionalität und Effizienz orientierten Therapeuten nicht und ist sogar eher kontraindiziert. Viele Klienten kommen mit sogenannten Sprechverboten zu vermeintlich brisanten Themen in die Beratung und Behandlung. Hier ist eine offene und ungezwungene Herangehensweise des Therapeuten nicht nur erlaubnisgebend, sondern auch modellhaft wirkend für den Patienten. Er kann die Erfahrung machen, dass in einer vertrauensvollen Beziehung zu einem belastbaren Gegenüber in Person des Therapeuten auch schwierige Themen einen Platz haben, ohne die Beziehung in ihrem Bestand zu gefährden.

> **Merke**
> Therapie ist keine alltägliche Begegnung und die Kommunikation funktioniert nach anderen Regeln.

1.5 Etappen auf dem Weg zum Ziel

»Eine Reise von tausend Meilen beginnt mit dem ersten Schritt« (Konfuzius, chinesischer Philosoph, 551–479 v. Chr.).

Wie bei jeder therapeutischen Reise ist die Etappenzielplanung auch in der Behandlung von Suchterkrankungen wichtig. Diese wird zunächst in einer groben Übersichtsplanung bestehen und vorrangig selektive Indikationsentscheidungen betreffen: Ist eine Entgiftung (körperliche Behandlung des Entzugs und seiner Folgen) oder eine Entzugsbehandlung (mit klinischen, psychometrischen oder differentialdiagnostischen Einschätzungen der psychischen und/oder sozialen Folgen bzw. eventuell vorliegenden komorbiden psychischen Erkrankungen sowie motivationalen und psychodedukativen Bestandteilen) erforderlich? Können diese ambulant oder sollten sie stationär erfolgen? Letztere Frage wird sich auch daran entscheiden müssen, ob der Patient ein unterstützendes soziales Netzwerk hat und ob er in der Lage ist, allein oder mit dessen Hilfe, eine risikoarme Lebensführung bezüglich Umgang mit Entzugserscheinungen, regelhafter Einnahme eventuell erforderlicher Medikamente und Unterstützung in der punktuell abstinenten Lebensführung umsetzen kann. Hierzu gehört auch die Überprüfung, ob der Patient in einer entsprechenden Beratungsstelle und/oder einer Selbsthilfegruppe angebunden ist, die diese kritische Phase gut begleiten können. Auch in einer betrieblichen Sozialberatung oder einem betriebsärztlichen Dienst sind oft gute Ressourcen vorhanden, den Patienten in seiner weiteren Vorgehensweise motivierend, stabilisierend und mit faktischer Unterstützung in den erforderlichen Schritten zu begleiten. Im Unterschied zu professionellen Hilfsangeboten bietet die Selbsthilfe niedrigschwellige Alltagshilfen Gleichbetroffener an.

> **Merke**
> Selbsthilfe findet zwischen Betroffenen statt. Sie erfüllt keine therapeutischen Aufgaben, sondern hilft durch gegenseitige Unterstützung in der Alltagsbewältigung und der Rückfallprophylaxe: Sie schafft einen vertrauensvollen Rahmen für Selbstöffnung unter Gleichen und wirkt somit entstigmatisierend.

In der ambulanten oder stationären Psychotherapie aufgrund einer psychischen Störung wird durch eine leitliniengerechte Anamnese- und Statuserhebung ebenfalls eine mögliche Konsumproblematik bereits frühzeitig erkennbar sein können. Auch hier besteht die Möglichkeit – und in der Regel die Vertrauensbasis – eventuell erforderliche weitere Schritte in eine suchtspezifische Weiterbehandlung zu begleiten. Hinweise für Früherkennung und Frühintervention bei z. B. einer Alkoholkonsumproblematik – die nach der Tabakabhängigkeit häufigste Form der Suchtmittelabhängigkeit – sind in den entsprechenden Kapiteln der aktuellen Leitlinien (S3-Leitlinien Alkoholabhängigkeit, s. u.; AWMF, 2015) zu finden.

Der nächste Schritt in der Etappe wird die Überprüfung der Notwendigkeit einer spezifischen psychotherapeutisch orientierten Behandlung zur Stabilisierung der Abstinenzfähigkeit (zumindest einer vorübergehenden Konsumeinstellung) und der Bearbeitung zugrunde liegender komorbider oder psychischer Folgeerkrankungen sein. Diese kann im sehr differenzierten Behandlungsangebot in Deutschland stationär, ambulant oder ganztags ambulant erfolgen – als medizinische Rehabilitationsmaßnahme oder als vorwiegend psychotherapeutisch orientierte Behandlung im Versorgungsbereich der Gesetzlichen Krankenversicherung (GKV). In der Krankenbehandlung der GKV ist innerhalb der ersten zehn ambulanten psychotherapeutischen Behandlungsstunden Abstinenz zu erreichen, da ansonsten eine suchtspezifische Behandlung als Grundlage für weitere psychotherapeutische Maßnahmen vorausgesetzt wird.

Flächendeckend haben die Selbsthilfegruppen in unterschiedlicher Orientierung einen großen Anteil an den eher niedrigschwelligen Angeboten zur Information, Motivationsklärung und Begleitung. Viele Menschen an der Schwelle oder zu Beginn einer Abhängigkeitsstörung haben jedoch Vorbehalte, sich hierauf einzulassen. Sätze wie »Ich bin doch noch nicht soweit« über »Meine Probleme liegen ganz woanders als beim Konsum« bis hin zu fehlender Kenntnis über Ziele und Arbeitsweisen der Selbsthilfe verhindern oft einen frühzeitigen Zugang. Manchmal ist es ein Angehöriger (Partner oder erwachsene Kinder), der den ersten Schritt in Richtung Suchthilfesystem unternimmt und damit aus der co-abhängigen Position heraustreten kann.

Eine zentrale Schlüsselposition in der Weichenstellung für den Betroffenen kann häufig der Hausarzt einnehmen, wenn er die Symptome entsprechend einordnet, den Patienten bei oft jahrelanger Betreuung gut kennt, somit ansprechen könnte und sich im Suchthilfesystem in Deutschland orientierend auskennt. Leider werden der »sprechenden« Medizin immer noch zu wenige Ressourcen in Zeit und Geld zugeordnet, so dass eine gute Möglichkeit der frühen Erkennung einer konsumbezogenen Thematik sowie eine zügige Einordnung in die Behandlungsangebote oft nicht genutzt wird oder werden kann. In der Fachkunde Sucht, die es für Ärzte und Psychotherapeuten als Fortbildungsangebot gibt, sind auch Elemente der Motivierenden Gesprächsführung (Miller & Rollnick, 2012) enthalten, die dabei helfen, Gesprächsbarrieren zu umgehen und die Reflektionsbereitschaft und kritische Situationsbewertung beim Patienten zu stärken, ohne Diagnosen oder Etiketten vergeben zu müssen, die den Patienten in einem ersten Schritt abschrecken könnten bzw. Ablehnung hervorrufen aufgrund der damit verbundenen, gefühlten Stigmatisierung.

> **Merke**
> Die Motivation des Patienten, Hilfe anzunehmen, bedeutet noch nicht, dass dieser veränderungsbereit ist. Aber sie ist der Beginn der Behandlung.

Eine erste Zielerfassung beim Patienten wird sich in der Regel eher auf die vordergründigen Themen beziehen, z. B. die Reduktion gesundheitlicher Beeinträchtigungen, eine Milderung negativer psychischer Befindlichkeiten, eine Behebung oder Milderung aktueller sozialer Belastungen in der Lebensführung und in den zentralen Beziehungen. Wenn Menschen in den rehabilitativen oder psychotherapeutischen Behandlungskontext kommen, sind diese Bedürfnisse des Patienten mehr oder weniger gut gelöst bzw. auslösend für eine (ansatzweise) Veränderungsbereitschaft. Diese Anfangssituation beeinflusst die Beziehungsgestaltung zwischen zuständigem Behandler und Patient jedoch entscheidend mit. Hier werden die Grundlagen dafür gelegt, dass sich der Patient verstanden und gut aufgehoben fühlt, er Vertrauen in das Gegenüber aufbauen kann und die Zuversicht, dass es hier um die Lösung seiner Probleme und eine Verbesserung seiner Befindlichkeiten geht. Lange Wartezeiten, auch ein oft ritualisierter Spruch im stationären Bereich wie »Kommen Sie erst einmal an, dann sehen wir weiter«, ein zu frühzeitiger Verweis auf Selbsthilfe im Sinne von »Ihre Probleme werden nur Sie selbst lösen können« oder ähnliche Floskeln sind nicht hilfreich und verwirren bzw. verärgern den Patienten, der sich als Hilfesuchender nicht angenommen fühlen wird.

Diese konkrete und entscheidende Bedeutung des Aufbaus einer gelingenden Arbeitsbeziehung hat folgerichtig in beiden nun ausgeführten Rahmenmodellen zur Fallkonzeption und Therapieplanung jeweils einen besonderen Stellenwert. Beide Konzepte stammen dabei aus der verhaltenstherapeutischen Orientierung. Sie lassen sich jedoch therapieschulenübergreifend einsetzen mit geringen sprachlichen und konzeptionellen Modifikationen. Während das 7-Phasenmodell von Kanfer und Kollegen einen Metarahmen für die Behandlungs- und Prozessplanung vorhält, stellt der integrative Ansatz von Grawe durch seine Betonung der Grundbedürfnisse eines Menschen – die natürlich auch im therapeutischen Setting beim Patienten wie beim Therapeuten wirksam sein werden – und der verschiedenen hilfreichen Perspektiven während einer Behandlung ein Modell zur Verfügung, das sich in Planung, Umsetzung, Evaluation und Umgang mit Störungen im Fortgang einer Behandlung als hilfreich erweisen kann. Beiden gemeinsam ist die sorgfältige Auswahl, Konkretisierung und Operationalisierung von Behandlungszielen. Dabei kommen nur solche Ziele in Frage, die mit den psychotherapeutischen oder soziotherapeutischen Mitteln verfolgbar und erreichbar sind. Die übrigen Problemkonstellationen – die häufig einen Einstieg in die Selbstmodifikation erschweren können – sind über (sozial)beraterische oder im weiteren Sinne medizinische Behandlungsbausteine anzugehen. Auch hierfür kann im Sinne der Behandlungskoordination eine Unterstützung aus dem psychotherapeutischen Bereich angeboten werden, etwa wenn es um die Adhärenz bezüglich einer Medikamenteneinnahme oder eine Unterstützung bei psychohygienischen Maßnahmen wie z. B. des gesundheitsfördernden Schlafverhaltens oder der Entspannungsfähigkeit geht oder die Planungs- und Problemlösefähigkeiten des Patienten gestärkt werden sollen, um etwa eine Schuldenregulierung erfolgreich anzugehen oder ein anstehendes Gerichtsverfahren gut zu absolvieren. Dies alles sind Zielsetzungen, bei denen es für den Patienten günstig ist, Bewältigungsstrategien und Fähigkeiten der Problemlösung ausreichend zur Verfügung zu haben. Die Unterstützung hierbei verhilft dem Patienten auch zu einer gesteigerten Selbstwirksamkeitserwartung und zu einem erhöhten Vertrauen in die Fähigkeiten und die Loyalität seines Behandlers.

2

Fallkonzeption und Therapieplanung: Die Modelle von Kanfer und Grawe

Die moderne Verhaltenstherapie ist im Wesentlichen in drei entscheidenden konzepuellen Erweiterungen entwickelt worden von einer gezielt auf das beobachtbare Verhalten begrenzten Herangehensweise über die Berücksichtigung kognitiver (und damit inhärent auch emotionaler) innerer Verhaltensweisen und Einstellungen bis hin zur Integration von Modellen, die innere Bereitschaften, Wollen und Wünschen als motivationale Verhaltenssteuerungsdeterminanten einbeziehen sowie systemische Aspekte berücksichtigen. Dabei waren und sind die verhaltenstherapeutischen Behandlungsrationale immer auch – entgegen anderslautender »Unterstellungen« – sowohl historischen Aspekten (z. B. der individuellen Lerngeschichte) als auch sozialen Interaktionen und Beeinflussungen (z. B. interpersonelle Verstärker, Shaping als schrittweise Annäherung an ein Verhalten und Modelllernen im Sinne sozialer Beeinflussung der Entwicklung insbesondere kulturell geprägter Verhaltensweisen und Rollenaspekte) gegenüber nicht nur offen. Diese sind vielmehr integraler und unverzichtbarer Baustein auch in der Analyse eines Verhaltens und bilden damit Prüfsteine für die Angemessenheit von Zielen. Die Aufgaben des (verhaltenstherapeutisch orientierten) Behandlers sind dabei phasenübergreifend klar definiert:

1. Der Therapeut hat die Aufgabe, günstige Bedingungen für Änderungsprozesse des Patienten zu schaffen. Dies bedeutet, eine Atmosphäre in der Zusammenarbeit herzustellen und zu sichern, die günstig für Lernprozesse ist (angemessene Sprache, individuelles Eingehen auf Zweifel oder Umsetzungsprobleme, ausreichend Zeit orientiert am Fortschritt des Patienten usw.) und in der Beziehungsgestaltung mit Empathie, Wertschätzung und Respekt und Authentizität aufzutreten.
2. Der Therapeut findet bzw. verstärkt überzeugende Gründe für Änderungen. Dies beinhaltet sowohl die Stabilisierung von Veränderungsmotivation als auch die Begleitung bei Motivationseinbrüchen und die Unterstützung bei deren Überwindung.
3. Der Therapeut unterstützt aktiv die Umsetzung in konkretes Verhalten (nach dem Prinzip Fordern, Fördern und Zutrauen; z. B. über Rollenspiele, Verhaltensübungen in sensu und in vivo, Hausaufgaben).
4. Der Therapeut unterstützt in der Beibehaltung und Stabilisierung gewünschter Veränderungen, insbesondere bezüglich des Transfers in den Lebensalltag des Patienten und fördert die Generalisierung des Erlernten/Veränderten auf andere Lebensbereiche im Sinne der Erhöhung der Autonomie des Patienten und der Rückfallvorbeugung.

Über I. Pawlow, B. F. Skinner, A. Bandura, M. Mahoney und D. Meichenbaum – um nur einige Wissenschaftler und Forscher zu nennen, die die Entwicklung der verhaltenstherapeutischen Theoriebildung und die daraus abzuleitenden Interventionen entscheidend mit beeinflusst haben – führt die geradlinige Weiterentwicklung der immer komplexer werdenden Modelle auch zu Frederik H. Kanfer. Dieser hat mit seinem Selbstmanagementansatz und dem daraus abgeleiteten 7-Phasenmodell des Behandlungsverlaufs ein Konzept zur Fallkonzeption vorgelegt (Kanfer, Reinecker & Schmelzer, 2012), das in Folge sehr fruchtbare Weiterentwicklungen angeregt hat. Klaus Grawes Verdienst ist es dann in seinen beiden wegweisenden Lehrbüchern »Psychologische Therapie« (1998) und »Neuropsychotherapie« (2004) die Theorienbildung und Forschung aus den Fächern der Allgemeinen Psychologie (Wahrnehmung, Denken, Emotion und Motivation) mit dem entwicklungspsychologischen (life span development) und dem neuropsychologischen Ansatz für die Evaluation und Weiterentwicklung psychotherapeutischer Interventionen nutzbar gemacht zu haben. Diese Verschränkung neuropsychologischer und mit den Untersuchungsmethoden und Technologien der modernen Medizin und Biologie konkret beobachtbarer Abläufe im Gehirn mit den Prozessen des Lernens und der Verhaltens- und Einstellungsänderungen in der (Psycho-) Therapie kommt auch in folgendem Zitat zum Ausdruck:

> »Wenn allen psychischen Prozessen neuronale Vorgänge zu Grunde liegen, dann liegen veränderten psychischen Prozessen veränderte neuronale Vorgänge zu Grunde« (Grawe, 2004, S. 18).

Hier wird sowohl die Vernetztheit von Soma und Psyche (ohne sich auf die Richtung im Sinne eines Ursache-Wirkungsprinzips festzulegen) als auch die Möglichkeit einer erweiterten Wirkungsforschung für psychotherapeutische Vorgehensweisen durch neue Messverfahren beschrieben, wie sie etwa in der Hirnforschung entwickelt und verbessert werden. Grundlage hierfür ist die Überlegung, dass Psychotherapie über Veränderungen im Gehirn funktioniert durch die Vermittlung spezifischer Erfahrungen. Relativierend wird weiter ausgeführt:

»Man muss kein Neurowissenschaftler sein, um wirklich etwas im Gehirn verändern zu können. Das tut jeder gute Lehrer, jeder Fußballtrainer, jeder Experte, dessen Metier es ist, andere zu beeinflussen« (ebd., S. 26).

Diese beiden integrativen und für die psychotherapeutische Praxis äußerst fruchtbaren Ansätze sollen im Folgenden kurz beschrieben werden, da sie eine gute theoretische Grundlage für die dargestellten Modelle der Fallkonzeption und Therapieplanung auch in der Suchtbehandlung bilden. Beiden gemeinsam sind eine Schwerpunktsetzung auf die Ressourcen, Befähigungen und Bedürfnisse eines Patienten und die Verpflichtung zu empirisch überprüfbarem und überprüftem Vorgehen. Darüber hinaus spielen die Qualität der Arbeitsbeziehung sowie die Ableitung und Überprüfung angemessener Ziele eine besondere Rolle.

> **Merke**
> Der Therapeut hat die Aufgabe, günstige Rahmenbedingungen für Veränderungen zu schaffen, die Selbstwirksamkeitserwartung des Patienten zu unterstützen und den Veränderungsprozess in Inhalt und Ablauf hilfreich zu begleiten.

2.1 Das 7-Phasenmodell nach Kanfer

Die Grundannahme des Selbstmanagementansatzes nach F. H. Kanfer (Kanfer et al., 2012) beruht auf der Überlegung, dass die Dynamik des menschlichen Lebens zu allen Zeiten – also auch in der Krankheitsentwicklung und Behandlung – bedeutsame Effekte setzt und daher in der Therapieplanung, -umsetzung und Fallkonzeption zu berücksichtigen ist. Dies bedeutet, dass sich sowohl Probleme als auch Ziele von Menschen kontinuierlich ändern können – und dies nicht nur absichtsvoll und reflektiert. Daraus folgt, dass ein prinzipiell flexibles und für Veränderungen achtsames Vorgehen im therapeutischen

Prozess notwendig ist. Dies betont auch Meichenbaum (2012) in der Darstellung seines Ansatzes zur Stressimmunisierung (s. u.), der etwa zeitgleich und ebenfalls als transaktionales Konzept aus der um kognitive und emotionale Aspekte angereicherten verhaltenstherapeutischen Modellbildung entstanden ist.

Je nach Behandlungssetting und Vorbereitung auf eine geplante Intervention haben Therapeuten vor dem ersten Kontakt unterschiedliche Informationsstände zu ihren Patienten. Dies reicht von ausführlichen Antragsunterlagen (einschließlich medizinisch-somatischem Befund, Sozialbericht bzw. Psychopathologischem Befundbericht) über Unterlagen zu Vorbehandlungen bis hin zum handgeschriebenen Lebenslauf. In der medizinischen Rehabilitation bei Abhängigkeitsstörungen geht in der Regel ein mehr oder weniger ausführliches Antragsverfahren voraus, bei dem auch die sozialmedizinischen Aspekte der Desintegration oder deren erhebliches Risiko eine bedeutsame Rolle in der Indikationsstellung spielen. Bei der ambulanten Psychotherapie ist die Ausgangslage an Informationen seitens des Therapeuten zunächst eher weniger aufschluss- oder faktenreich. Eine selektive Indikationsstellung ist manchmal vorausgegangen, wenn etwa ein Vorbehandler (Arzt, Krankenhaus oder Fachklinik) eine Behandlung angeraten oder vermittelt hat. So kommt den ersten fünf probatorischen Sitzungen einer ambulanten Psychotherapie u. a. auch die Aufgabe zu, biografische, störungsbezogene und ressourcenorientierte Informationen zu sammeln und eine Eingangsdiagnostik vorzuhalten, die sowohl eine differentialdiagnostische Abklärung erlaubt als auch motivationale und die differentielle Indikation fördernde Informationen erarbeitet und systematisiert. Bei Verdacht auf Suchtmittelkonsum – gewohnheitsmäßig, missbräuchlich oder in abhängiger Form – sind nach dem Einsatz von Screeningverfahren (z. B. MALT, AUDIT, s. o.) auch differentialdiagnostische Instrumente (z. B. Trierer Alkoholismusinventar TAI; Funke, Funke, Klein & Scheller, 1987; Fragebogen zum Funktionalen Trinken FFT; Belitz-Weihmann & Metzler, 1993) hilfreich in der Überprüfung des Ausmaßes, der individuellen Ausgestaltung der konsumbezogenen Problematik oder damit verbundener subjektiver Störungsmodelle.

Die Ressourcenorientierung ist zu unterschiedlichen Zeitpunkten des diagnostischen Prozesses konstruktiv im wahrsten Sinne des Wortes: am Anfang zum Abbau von Demoralisierung und Resignation, während eines Einsichts- und Veränderungsprozesses, um immer wieder den Blick auf die Ziele und die Mittel zu deren Erreichung in den Fokus nehmen zu können, gegen Ende, um einer aufkommenden Angst vor dem Alleinezurechtkommen oder nicht genügend erreicht zu haben, entgegen zu wirken. Diese prinzipielle Ressourcenorientierung wird im Laufe der Entwicklung der Therapeutenpersönlichkeit immer besser verfügbar und ausdifferenzierter. Eine Fokussierung auf die Erarbeitung einer für die Behandlungsführung hilfreichen Diagnose tritt von ihrem kognitiven »Energieverbrauch« her in den Hintergrund. So können von Anfang der Begegnung an mit dem Patienten auch schon lösungsorientierte Informationen besser verarbeitet werden. Als Teil der Ausbildung und Supervision sollte der Blick auf die Stärken und Bewältigungskompetenzen des Patienten kontinuierlich trainiert und ihre therapiestrategische Bedeutung verdeutlicht werden. Einer sogenannten therapeutischen Deformierung ist aktiv auch in der Supervision entgegen zu wirken, denn die klassischen Diagnosesysteme orientierten sich hauptsächlich an Defiziten und krankhaft abweichenden Denk- und Verhaltensweisen, Strukturen und Funktionen.

> **Merke**
> Ressourcenorientierung ist unverzichtbar, um Probleme aktiv lösen zu können.

Im rehabilitativen Kontext gewinnen daher die sogenannten Domänen der International Classification of Functioning, Disability and Health (Internationale Klassifikation der Funktionen, Beeinträchtigungen und Gesundheit; ICF; WHO, 2005) und hier insbesondere die Bereiche der Partizipation oder Teilhabe sowie der externen Lebensbedingungen eines Rehabilitanden (z. B. Zugang zu Ressourcen) eine zunehmende Bedeutung, da sie unmittelbar mit dem eigentlichen

Rehabilitationsauftrag korrespondieren. Ein diesbezüglich erweiterter Blickwinkel verändert die Haltung eines Behandlers vom kurativen Ansatz, der im Wesentlichen an den körperlichen und geistigen Defiziten einer Person, deren Behebung oder Ausgleich hin zum psychotherapeutischen Blickwinkel ausgerichtet und etwa wie folgt zu umschreiben ist:

> »Der Ansatz der Psychotherapie als zentraler Veränderungsmethode besteht darin, dem Menschen zu helfen, seine Bedürfnisse und Lebensziele zu erkennen und angemessen zu verfolgen sowie seine Fähigkeiten zum Genuß und zum Empfinden von Lebensfreude zu entwickeln.«

Der rehabilitative Ansatz geht noch darüber hinaus und berücksichtigt in verstärktem Maße die sozialen und gesellschaftlichen Rahmenbedingungen eines Rehabilitanden und nimmt insbesondere seine verschiedenen Rollen in den Mittelpunkt. Diese Fokussierung könnte man folgendermaßen skizzieren:

> »Die Bedeutung der Rehabilitation besteht darin, dem Menschen zu helfen, seine Natur besser zu verstehen und sein Verhalten soweit kontrollieren zu können, wie es seinem Integrationsbedürfnis und den sozialen Verbindlichkeiten seiner Rollen in der Gemeinschaft entspricht.«

Über diese Beschreibungen kann man im Einzelnen sicher diskutieren, sie machen jedoch deutlich, wo der jeweilige Schwerpunkt dieser teilweise sich überlappenden, teilweise unterschiedlichen Herangehensweisen liegt: vom kurativen zum ressourcenentwickelnden zum Teilhabe ermöglichenden Blickwinkel. Dies ist in den frühen kognitiven Ansätzen der Verhaltenstherapie durchaus bereits beschrieben und betont worden, allerdings im Laufe der Entwicklung der verschiedenen Interventionsprogramme wieder etwas in den Hintergrund gerückt, so dass relevante Bezugspersonen oder förderliche bzw. hemmende Rahmenbedingungen manchmal zu wenig in einer Veränderungsstrategie berücksichtigt werden.

In der Geschichte von Ulli wird ein junger Mann beschrieben, der an der Schwelle des Erwachsenseins über frühe kritische Lebensereignisse und trotz günstiger materieller Versorgung in der Herkunftsfamilie

2.1 Das 7-Phasenmodell nach Kanfer

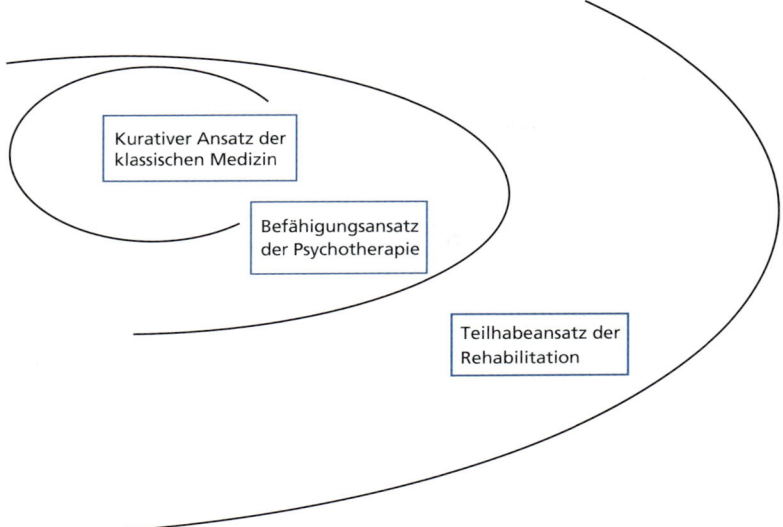

Abb. 2.1: Vom Reparieren oder Ausgleichen von Abweichungen über das Erweitern von Befähigungen zum Teilhaben in der Gemeinschaft

kein stabiles Selbstwertgefühl und eine geringe Wahrnehmungsfähigkeit für seine Stärken und Bedürfnisse entwickelt hat und nun beginnt, diese persönlichen Ressourcen auszubauen, um eine erwachsene Form der Selbstbestimmung und sozialen Einbindung zu erreichen. Demgegenüber hat Sonja wichtige Schritte der persönlichen Entwicklung hinter die Anpassung an eine soziale Rolle als Partnerin und Mutter gestellt und kann nun in einer kritischen Lebenssituation des Alleingelassenseins mit sich selbst und ihrem Schicksal kaum zurechtkommen oder gar eigenständig eine Perspektive entwickeln.

Als dritte fiktive Person wird Adrian vorgestellt. Er ist zum Zeitpunkt der Kontaktaufnahme 36 Jahre alt. Eine Strafe wegen Besitz und Handel mit Rauschmitteln mündete in eine Auflage zur Behandlung seiner Suchtmittelabhängigkeit. So war er nach Vorbereitung und Antragstellung in einer Suchtberatungsstelle in seinem Heimatort und mit Unterstützung durch seinen Bewährungshelfer in der stationären medizinischen Rehabilitation einer Suchtfachklinik zu einer bis zu 19-wöchigen Maßnahme aufgenommen worden. Finanziert wird die Maßnahme durch den zuständigen Rentenversicherer, da Adrian die versicherungsrechtlichen sowie persönlichen Voraussetzungen der Reha-Fähigkeit und einer günstigen Prognose zur Wiederherstellung der Erwerbsfähigkeit und Reintegration erfüllt.

Adrian ist seit vier Jahren geschieden. Das Paar hatte keine Kinder und sich auseinander gelebt, seit sieben Jahren waren die Partner mehr oder weniger getrennte Wege gegangen. Nach dem Fachabitur entschied Adrian sich für eine Schreinerlehre, die durch Beziehungen der Eltern ermöglicht wurde. Diese Lehre brach er aber nach einem Jahr ab mit der Begründung, dass er handwerklich doch zu wenig begabt sei. In Wirklichkeit hatte die Zunahme des Cannabiskonsums dazu geführt, dass er häufig nicht am Arbeitsplatz erschienen war und auch die Berufsschule nur sehr lückenhaft besucht hatte. So kam er einer Kündigung des Arbeitgebers zuvor, die dieser auch schon erwogen und nur aufgrund der guten Beziehungen der Familien untereinander bislang nicht umgesetzt hatte. Es folgten für Adrian Gelegenheitsjobs (z. T. versicherungspflichtig), seit nunmehr acht Jahren ist Adrian arbeitslos gemeldet, wohnt in einem 1-Zimmer-Apartement in dem seiner Heimatstadt nahegelegenen größeren Ort und bezieht inzwischen Hilfe zum Lebensunterhalt. Wegen Besitz von und Handel mit Kokain und Cannabis war er mehrmals polizeilich auffällig und in zwei Fällen auch verurteilt worden.

Die erste Strafe bestand in einer Geldbuße und dem Ableisten von Sozialstunden, die letzte Strafe wurde zur Bewährung ausgesetzt mit der Auflage, eine Behandlung wegen seiner Drogenabhängigkeit (Kokain, Amphetamine, Cannabis, Alkoholmissbrauch sowie Tabakabhängigkeit) durchzuführen.

In der biografischen Anamneseerhebung berichtet Adrian, dass er in einem behüteten Elternhaus aufgewachsen sei, gemeinsam mit einer zwei Jahre jüngeren Schwester (Moira). Er absolvierte die Grundschule als guter Schüler und wechselte auf das Gymnasium. Die ersten beiden Jahre verliefen problemlos, auch wenn die Noten eher durchschnittlich waren. Sein früher Wunsch, Arzt zu werden wie sein Vater, veränderte sich in der Pubertät und unter dem Einfluss der gleichaltrigen Jungen. Sport wurde immer wichtiger – er trainierte hart und wurde Mitglied der Handballschulmannschaft. Hier lernte er auch seine spätere Frau Andrea kennen. Als die Eltern sich trennten, war Adrian 16 Jahre alt. Die beiden Geschwister blieben – ihrem eigenen Wunsch entsprechend – beim Vater, der ein halbes Jahr nach der Scheidung eine neue Partnerschaft aufnahm. Die Mutter der beiden hatte wegen einer neuen Beziehung die Familie verlassen und war in eine 100 Kilometer entfernte Stadt verzogen. Alle zwei Wochen konnten Adrian und seine Schwester Moira die Mutter besuchen, wenn sie wollten. Zunächst taten sie dies auch mehr oder weniger regelmäßig. Da aber die meisten wichtigen Handballspiele am Samstag und Sonntag angesetzt waren, fuhr Moira zunehmend häufiger alleine zur Mutter und entschied sich schließlich, zu ihr zu ziehen, da sie mit der neuen Partnerin des Vaters nicht besonders gut zurecht kam. Adrian blieb alleine beim Vater und sah in der Folgezeit seine Mutter und seine Schwester auch nur sehr selten und zu besonderen Gelegenheiten. Adrian und seine Freundin Andrea heirateten, als Adrian 23 Jahre alt war, Andrea war 19 und sie nahm kurz nach der Hochzeit ein Studium der Betriebswirtschaft an der Hochschule in L. auf, so dass sie nur noch am Wochenende nach Hause kam. Das Paar entschied sich deswegen, keine eigene Wohnung zu beziehen, so dass Adrian zunächst im Elternhaus bei Vater und Stiefmutter blieb.

Derzeitige Hauptbezugsperson ist nach wie vor der Vater – Adrian war nach zwei erfolglosen Versuchen, sich in anderen Orten eine Existenz aufzubauen, schließlich nach der zweiten

Verurteilung wegen Suchtmittelbesitzes und -handels wieder in die Nähe des Zuhauses zurückgekehrt. Freunde hatte er am Heimatort nur noch wenige von früher. Die meisten Gleichaltrigen seiner ehemaligen Clique hatten während oder nach Berufsausbildung und Studium den Ort verlassen. Aus der aktiven Sportlerzeit hatte er noch sporadischen Kontakt zu zwei ehemaligen Mitgliedern seiner Mannschaft, Gerhard und Tobias, die beide im Herkunftsort in ihren Familien mit Partner und ein bzw. zwei Kindern lebten. Am zehn Kilometer entfernten aktuellen Wohnort von Adrian hatte er nur wenige Bekannte, die er gelegentlich auf der Straße oder in zwei Lokalen traf, wo er ein paar Mal die Woche abends hinging.

Der Suchtmittelkonsum bezog sich im letzten Jahr vor der Aufnahme nach Adrians Angaben auf Alkohol und Tabak, gelegentlich am Wochenende auch Cannabis. Amphetamine habe er zuletzt vor zwei Jahren genommen und dies auch nicht mehr regelmäßig, sondern etwa drei bis vier Mal im Jahr. Von Kokain sei er seit vier Jahren abstinent, allerdings sehe er hier eine besondere Gefährdung hinsichtlich eines erneuten Konsums.

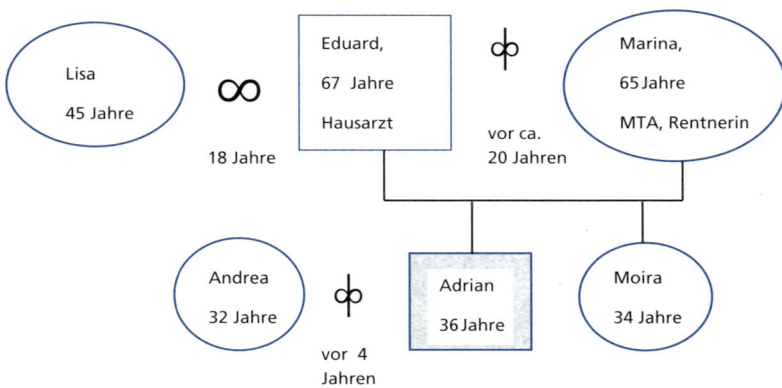

Abb. 2.2: Adrian und sein familiäres Umfeld zum Zeitpunkt des Behandlungsbeginns

> Adrian ist mit einer Bewährungsauflage in seiner ersten suchtspezifischen Behandlung angekommen – sein vorrangiges Ziel ist es, die Behandlung planmäßig zu beenden, um einen Gefängnisaufenthalt zu vermeiden. Darüber hinaus äußert er eine noch vage Veränderungsbereitschaft in Bezug auf den Alkoholkonsum. Für Cannabis und Tabak sieht er im Augenblick keinen Veränderungsbedarf. Diese Situation einer offensichtlich wenig belastbaren und durchdachten (Teil-)Abstinenzorientierung ist die Eintrittskarte für Adrian in die Behandlung und gleichzeitig die besondere Aufforderung an den Behandler, mit dieser umzugehen. Die Vereinbarung »Abhängigkeitserkrankungen« von 2001 ist mit ihrer Festlegung auf die Abstinenz als übergeordnetes Ziel zur Erreichung einer stabilen Erwerbsfähigkeit und Reintegration hierbei immer noch die Grundlage der medizinischen Rehabilitationsmaßnahmen in diesem Behandlungssegment, wobei Tabak hiervon ausgenommen ist, da die Tabakabhängigkeit (noch?) keine reha-auslösende Erkrankung an sich darstellt. Insofern ist die Abstinenzfähigkeit eine zentrale Zielsetzung als Grundlage für weiterführende, stabilisierende Veränderungen der Teilhabe. Auf der Basis einer solchen grundsätzlichen Abstinenzfähigkeit entscheidet der Patient aktuell situativ, ob er konsumieren möchte oder nicht.

Das Ziel des reduzierten Konsums legaler Suchtmittel wird z. B. in soziotherapeutischen Ansätzen verfolgt bzw. tritt als schadensminimierende Zielsetzung (harm reduction) auf, wenn eine Abstinenz nicht erreichbar scheint oder der Klient hierzu nicht bereit oder in der Lage ist. Zu differenzieren hiervon sind sogenannte akzeptierende Ansätze insbesondere in der Begleitung drogenabhängiger Menschen, die illegale Substanzen konsumieren. Hier wird der Klient dahingehend unterstützt, dass er weniger, nur in begrenzten Situationen und sogenannten sauberen Stoff konsummiert. Damit können Prozesse der körperlichen und psychischen Beeinträchtigung und Schädigung verlangsamt oder gestoppt und weitere dissoziale Entwicklungen wie z. B. Straffälligkeit vermieden werden.

Das 7-Phasenmodell von Kanfer et al. (2012) kann auf unterschiedliche Settings mit Behandlungsauftrag übertragen werden. Es stellt als rekursiver Ablauf eine Strategie zur Verfügung, die von der Etablierung einer zielorientierten Zusammenarbeit über die Analyse der Schwierigkeiten und die Festlegung und Überprüfung von Zielen, die mit psychotherapeutischen Mitteln erreichbar sind, bis zur Umsetzung einer Interventionskette sowie deren fortlaufende Evaluation eine aufeinander aufbauende Orientierungshilfe für Behandler und Patient gleichermaßen reicht. Dabei ist die übergeordnete Zielsetzung die Befähigung des Patienten zu verbessertem Selbstmanagement. Dieses beruht wiederum auf einer Stärkung und einem Ausbau der Selbstbeobachtungs- und Selbstkontrollkompetenzen des Patienten sowie der aus ihren Ergebnissen abzuleitenden Veränderungen auf der Basis eines Selbstbewertungsprozesses. Dies wiederum stellt die Kriterien für eine Evaluation im laufenden Prozess und zum Abschluss einer Intervention zur Verfügung. Komplettiert wird das Selbstmanagement durch eine Stärkung der Selbstverstärkungsfähigkeiten.

> **Merke**
> Die Vereinbarung Abhängigkeitserkrankungen zwischen den Kosten- und Leistungsträgern sowie die derzeitig gültige S3-Leitlinie legen Abstinenzfähigkeit als übergeordnete Orientierung fest.

Das 7-Phasenmodell stellt daher zunächst die Behandlungsstrategie in ihrer Abfolge als rekursives Modell zur Bewältigung aktueller psychischer Probleme und zur Entwicklung und Verbesserung der Selbstmanagementfähigkeiten einer Person dar – vorrangig in der Bewältigung dieser aktuellen psychischen Beeinträchtigungen. Auf der Metaebene wird die Vermittlung einer Problemlösefähigkeit verfolgt, die es dem Patienten erlaubt, bei künftigen Problemen auf die erlernten Techniken dieser Strategie zurückzugreifen. Insofern verfolgt der Ansatz nicht nur die kurative Idee im Sinne der Behebung oder des Ausgleichs eines Defizits oder Handicaps, sondern darüber hinaus die Emanzipation des Patienten in Form der Befähigung, selbstverantwortlich und eigenständig zukünftige Probleme besser in den Griff zu bekommen. Es handelt sich damit um ein Problemlösemodell, das Kanfer aus seinen frühen Ansätzen der Optimierung von Selbstregulation und Selbstkontrolle heraus weiterentwickelt und mit dem er eine Planungsstrategie für die verhaltenstherapeutische Fallkonzeption vorgelegt hat, die in der Behandlung vieler psychischer Störungen sinnvoll eingesetzt werden kann. Rekursiv ist dieses Modell insofern, als sich im Verlauf einer Behandlung Aspekte ergeben können, die einen Rückgriff auf eine der bereits absolvierten Phasen erforderlich machen, so etwa, wenn sich im Laufe der Therapie herausstellt, dass weitere, zusätzliche oder andere therapeutische Ziele vereinbart werden sollten oder sich eine geplante Intervention nicht als so erfolgreich wie erwartet herausstellt, woran sich eine tiefer gehende Diskussion von Zielen, Mitteln, Motivlagen oder Störungen der Zusammenarbeit anschließen kann. Beim Patienten müssen – wenn der Selbstmanagementansatz als Ganzes Wirksamkeit entfalten soll – bestimmte grundlegende Merkmale vorliegen. Diese sind:

1. Die grundsätzliche Fähigkeit und Bereitschaft zur verbalen und non-verbalen Kommunikation (z. B. zuhören, wahrnehmen, verstehen, sich verbal und non-verbal äußern), da der Ansatz hochgradig von der Therapeut-Patient-Interaktion und Kommunikation bestimmt wird. Dies sind im übrigen allgemeine Voraussetzungen zur Psychotherapie und schließt Personen mit gravierenderen neuropsychologischen Defiziten, angeborenen oder erworbenen geistigen Behinderungen ab einer mittleren Ausprägung, aber auch Menschen während einer akut-psychotischen Erkrankung aus, wenn deren Fähigkeiten zur Abstraktion (Regeln erkennen, Zusammenhänge verstehen können), zur Ursache-Wirkungs-Erkennung und zur Selbststeuerung erheblich eingeschränkt sind.

2. Weiterhin sind grundlegende Fähigkeiten zur Gestaltung bzw. Aufrechterhaltung sozialer Beziehungen vorauszusetzen. Das erweiterte sozial-kognitive Modell erfordert die zumindest ausreichend vorhandene Befähigung des Patienten, sich in einer sozialen (Behandlungs-)Dyade oder Gruppe zu integrieren, Konflikte aushalten und an einer Lösung mitwirken zu können und somit eine gelingende Zusammenarbeit sicherzustellen. Dies schließt Personen aus, die sich aktuell oder dauerhaft nicht auf ausreichend belastbare und vertrauensvolle Interaktionen einlassen können (s. a. Freyberger, 2016 zur Indikation und Kontraindikation von Gruppentherapie).

Initial nicht geeignet ist der Selbstmanagementansatz, wenn aufgrund (sub-)akuter Krisensituationen ein direktiveres Vorgehen des Therapeuten erforderlich ist, um (weiteren) Schaden vom Patienten oder von Dritten abzuwenden, z. B. beim Vorliegen schwerer depressiver Krankheitsbilder mit erhöhtem Suizidrisiko oder wenn der Patient in einem Kontext von Misshandlung, Gewalt oder sexueller Übergriffigkeit lebt. Der Selbstmanagementansatz entfaltet seine Stärke in einem psychotherapeutischen Kontext auf Augenhöhe zwischen Patient und Behandler als roter Faden in der Fallführung. Im Folgenden werden das ursprüngliche Modell vorgestellt und die einzelnen Phasen erläutert. Dabei werden anhand der drei vorgestellten Fallbeispiele seine Stärken und Besonderheiten für die Verlaufskontrolle und Prüfung der Prozessqualität deutlich. Tabelle 2.1 zeigt das 7-Phasenmodell in einer Übersicht der einzelnen Schritte. Neben der Bezeichnung und Kurzbeschreibung der Phasen sind Bemerkungen angefügt, die die Bedeutung der einzelnen Phase kurz skizzieren und erläutern.

Abbildung 2.3 verdeutlicht die Komponenten noch einmal in einer anderen, die Dynamik aufzeigenden Form. Hierbei wird auch die Rekursivität des Ansatzes ersichtlich. Diese besagt, dass es sinnvoll sein kann bei Stockungen im therapeutischen Fortschritt, in frühere Phasen zurückzukehren, um z. B. die Änderungsmotivation und Zielvereinbarungen erneut zu überprüfen.

Tab. 2.1: Das (rekursive) 7-Phasen-Modell nach Kanfer, Reinecker und Schmelzer (2012) als Grundlage der Fallkonzeption und Therapieplanung in der Suchtbehandlung

Phase	Inhalt	Anmerkungen
1a. Grundlagen der Arbeitsbeziehung 1b. Rahmenbedingungen der Zusammenarbeit klären	Rollenstrukturierung/Allianzbildung Zeit, Dauer, Setting, Hausaufgaben, Finanzierung	Basis für den Umgang mit Behandlungs- und Beziehungskrisen
2a. Aufbau und Stärkung von Änderungsmotivation 2b. Auswahl vorläufiger Änderungsbereiche	Motivationsfördernde Interventionen; Erste Erfolgserlebnisse und Entlastung	Grundlagen für (psycho-)therapeutisch orientierten Zugang, der Veränderung von Verhalten und/oder Denken/Erleben anzielt
3a. Problemanalyse 3b. beginnende Ziel-Werte-Klärung	Verhaltensanalyse horizontal und vertikal; Plan- und Schemaanalyse	Möglichst konkret auf Situationen bezogen; möglichst alltagsnah
4a. Zieldiskussion und -klärung 4b. Nebenwirkungsanalyse	Konkrete Ziele, die im Einflussbereich des Patienten liegen; (un-)erwünschte Nebenwirkungen	Vereinbarung konkreter Veränderungsziele (orientiert an Defiziten oder Exzessen)
5a. Planung und Auswahl geeigneter Interventionen 5b. Vorbereitung und Durchführung der Interventionen	Nach Manualen oder entsprechend angepasst; Planung einzelner Schritte; Begleitung, Unterstützung und Analyse der Ergebnisse	Klärung eventueller Hürden; bei unerwünschten Nebenwirkungen: erneute Diskussion und Vereinbarung von Zielen
6a. Evaluation therapeutischer Fortschritte 6b. »Feintuning« für Ziele und Veränderungen	Ist-Soll-Vergleich; Zielannäherung bzw. Zielentfernung; Anpassung von Zielen oder Interventionen	Visuelle Darstellung hilfreich; »Belohnungen« für Erreichtes

Tab. 2.1: Das (rekursive) 7-Phasen-Modell nach Kanfer, Reinecker und Schmelzer (2012) als Grundlage der Fallkonzeption und Therapieplanung in der Suchtbehandlung – Fortsetzung

Phase	Inhalt	Anmerkungen
7a. Erfolgsoptimierung, Reflektion des Problemlöseprozesses 7b. Bewertung der Zusammenarbeit und Abschluss/Abschied	Wertschätzung des Erreichten; Reflektion auf der Metaebene; gemeinsame Prognose: Abschiedsprozess und Vereinbarungen; Rückmeldung bzgl. des Erreichten und der Qualität der Zusammenarbeit	Transfer bzw. Generalisierung auf mögliche andere Probleme; »Lernen zu verändern/Einfluss zu nehmen«

Im Folgenden werden die verschiedenen Phasen näher erläutert und anhand der Fallbeispiele illustriert. Diese orientieren sich vorwiegend an der Behandlung der zugrunde liegenden Abhängigkeitserkrankungen und ihrer Folgen. Allerdings ist das 7-Phasen-Modell ein indikationsübergreifender Ansatz und damit auf alle Beeinträchtigungen und klinischen Beschwerdebilder anwendbar, die von psychotherapeutischen Zugängen profitieren oder deren Therapie (vorwiegend) aus der Veränderung von Erleben, Bewertungen und Verhalten besteht. Kontraindikationen bestehen dann, wenn der betreffende Patient zu einem Mindestmaß an Selbstkontrolle und Selbststeuerung nicht befähigt ist (s. o.). Dies betrifft auch akute Krisensituationen, in denen die Wiederherstellung einer dialogorientierten und den Patienten in seinen ihn betreffenden Entscheidungen aufnahmefähigen Belastbarkeit wieder hergestellt werden muss und eventuelle Gefahren für den Patienten (selbst- oder fremdschädigend) zu neutralisieren sind.

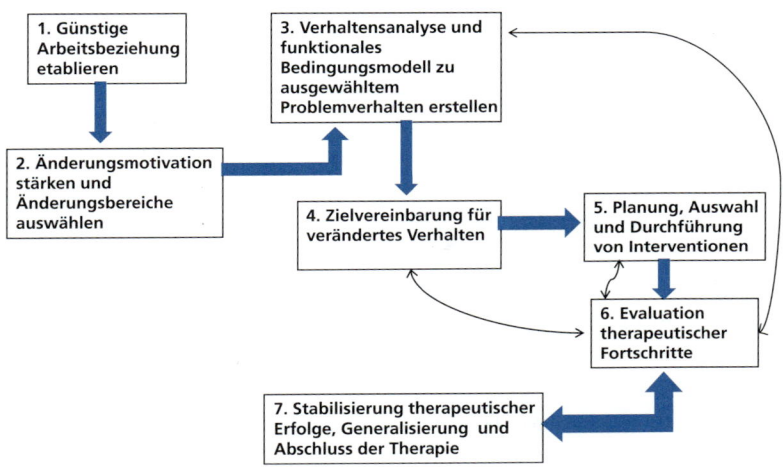

Abb. 2.3: Selbstmanagementansatz in 7 Phasen (nach Kanfer, Reinecker & Schmelzer, 2012)

2.1.1 Phase 1: Grundlagen der Arbeitsbeziehung schaffen

Die Bildung einer therapeutischen Allianz, d. h. einer kooperativen Arbeitsbeziehung zur Klärung und Veränderung der vom Patienten eingebrachten Beschwerden und – sofern möglich – ihrer Ursachen, beginnt bereits in den ersten Minuten der Begegnung. Hierzu zählt auch die telefonische oder anderweitig medial vermittelte Kontaktaufnahme. Es beginnt bereits jetzt die problembezogene Informationssammlung (Schilderungen des Patienten, sein Interaktions- und Kontaktverhalten, geäußerte Erwartungen, Wünsche und Befürchtungen etc.) in Form eines Screenings bzw. einer ersten klinischen Eindrucksbildung. Im Erstkontakt entwickelt der Therapeut von Beginn an auch bereits erste Hypothesen über sinnvolle Änderungsbereiche beim Patienten. Er schätzt in der Regel sehr frühzeitig ab, ob die vom Patienten angebotene Problematik mit seinen (psycho-)therapeutischen Mitteln modifizierbar ist. Zur Aufklärung des Patienten gibt er bereits jetzt Hintergrundinformationen zu seinen

Interventionsmethoden und deren Angemessenheit und Erfolgsprognose bei bestimmten Problemlagen. Dabei erfordert ein verantwortungsvolles Vorgehen vom Therapeuten auch, dass dieser über die (materiellen und immateriellen) Kosten der Behandlung dialogisch und in verständlicher Sprache informiert sowie Alternativen und mögliche negative Folgen im Sinne unerwünschter Nebenwirkungen anspricht. Dies wird bei der gemeinsamen Festlegung von Veränderungszielen (s. Phase 4) noch einmal bedeutsam und konkreter werden. So berichtet Nestoriuc (2015) in ihrem Übersichtsartikel zu »Risiken und Nebenwirkungen psychotherapeutischer Behandlung«, dass neben den vielen berichteten positiven Effekten in Effektivitätsuntersuchungen zu psychotherapeutischen Interventionen auch immer wieder negative Folgen von befragten Patienten angegeben werden, hier insbesondere (in der Reihenfolge der Häufigkeiten) genannt: negative Veränderungen der Gedanken- und Gefühlswelt, Partnerschaftsprobleme, Angst vor Stigmatisierungen und Probleme mit Versicherungen. In seinem einführenden Artikel im Themenheft »Risiken von Psychotherapie« der Fachzeitschrift Psychotherapie im Dialog stellt Bernhard Strauß (2015) unter dem Aspekt »Alles, was wirkt, hat auch Nebenwirkungen« eine von ihm und seinen Kollegen differenzierte Systematik unerwünschter Therapieeffekte vor (Hoffmann, Rudolf & Strauß, 2008):

1. richtige Indikationsstellung, richtige Umsetzung/Anwendung durch den Therapeuten, trotzdem kein Erfolg, aber Nebenwirkungen bzw. Verschlechterungen (»ungeklärte Entwicklung«),
2. richtige Indikationsstellung, aber unprofessionelle Ausübung der Behandlungsmethode/-technik (»Therapeutenfehler«),
3. richtige Indikationsstellung, richtige Anwendung, aber inkompatible Patienten- und Therapeutenpersönlichkeit (»fehlende vertrauensvolle und effektive Patient-Therapeut-Beziehung«) und
4. Schädigung des Patienten durch unethisches Verhalten des Therapeuten (z. B. Verfolgung eigener narzisstischer, finanzieller oder sexueller Interessen).

> **Merke**
> Unerwünschte Nebenwirkungen von Therapie aus Sicht der Patienten sind u. a. negative Veränderungen wichtiger persönlicher Beziehungen.

Das prinzipiell angelegte Ungleichgewicht in der Beziehung zwischen Patient und Therapeut (»Patient sucht Hilfe, weiß nicht weiter, ist in einer Notlage. Therapeut kann Hilfe anbieten, hat diese Probleme nicht etc.«) in der Sache ist durch eine gleichberechtigte und die Entscheidungsfreiheit des Patienten wahrende Beziehungsgestaltung im Umgang miteinander auszugleichen. Dies impliziert auch, dass der Therapeut den Blick für die gelungene Lebensleistung und die besonderen Fähigkeiten des Patienten trotz der aktuellen Hilflosigkeit des Patienten offen hält. Der Therapeut sieht sich als Dienstleister für den Patienten an, erläutert seine Angebote und welche Wirkmechanismen ihnen zugrunde liegen und benennt auch zeitig die Grenzen der Beeinflussbarkeit, um »Heilserwartungen« oder einer ungünstigen passiven Behandlungserwartung des Patienten frühzeitig entgegen zu wirken. Auch die Nennung von Alternativen zum Angebot hilft dem Patienten in seiner Entscheidung für oder gegen eine therapeutische Intervention weiter.

In diese erste Phase gehören sowohl die Schaffung günstiger ökologischer Rahmenbedingungen als auch die Klärung der Therapeuten- und Patientenrolle. Hier kann eine schriftliche Fixierung der Rechte und Pflichten beider Parteien in Form einer Therapievereinbarung zu Beginn bereits sehr hilfreich sein. So erfährt der Patient konkret und eindeutig, worauf er sich einlässt, welche Anforderungen an seine Mitwirkung gestellt sind und welche Unterstützung der Therapeut zur Verfügung stellt. Bevor die Arbeitsbeziehung in eine tiefere, Vertrauen erfordernde Phase eintritt, sollten diese Rahmenbedingungen günstigenfalls zwischen beiden Interaktionspartnern vom Grunde her geklärt sein. Für diese Transparenz, Information und Aufklärung zu Therapiebeginn plädieren z. B. auch Gahleitner, Gerlich und Hinterwallner (2015), die in einer umfangreichen Studie zu Wirkungen und Nebenwirkungen von Therapie sowohl auf Patienten- als auch Therapeuten- und Experteneinschätzungen zurückgreifen konnten sowie die internationalen Befunde in ihrer RISK-Studie (Psychotherapie: Risiken, Nebenwirkungen und Schäden) von 2007 bis 2012 analysierten. Daraus entwickelte die Projektgruppe am Department für Psychotherapie und Biopsychosoziale Gesundheit an der Donau-Universität Krems einen »Beipackzettel für Psychotherapie«, der als Information für Patienten gedacht ist (▶ Anhang 2; www.donau-uni.ac.at/psymed/risk). Auch die deutschen Landespsychotherapeutenkammern sowie die Bundespsychotherapeutenkammer stellen gut verständliche Informationen für Patienten zur Aufklärung über Rechte, Pflichten, Möglichkeiten bei Psychotherapie gedruckt und auf ihren Websites zur Verfügung, die gleichzeitig auch hilfreiches Material für die Entwicklung von Behandlungsvereinbarungen zwischen Patient und Therapeut enthalten.

> In der Vereinbarung zur Zusammenarbeit zwischen Ulli (Fallbeispiel 1) und seiner Suchtberaterin wird es im Wesentlichen darum gehen, dass er seine Beraterin über die Entwicklung der verschiedenen Schritte (ambulante Psychotherapie, Selbsthilfegruppe, Abstinenzsicherungstraining) auf dem Laufenden hält. Hierzu ist es nicht erforderlich – im Falle der ambulanten Psychotherapie sogar nicht sinnvoll –, dass Ulli über die inhaltlichen Details seiner Entwicklung berichtet. Da die Suchtberaterin ihn als Fallmanagerin begleitet, berät sie in der Gesamtstrategie und ist in Rückkoppelung unterstützend tätig, wenn es zu Komplikationen (z. B. Rückfall oder andere interagierende Ereignisse) kommt. Hierzu ist bei komplikationslosem Verlauf ein persönlicher Kontakt in größeren Abständen sinnvoll, der gelegentlich auch telefonisch oder über Email-Kontakt (aufgrund der meist ungesicherten Datenübertragung nur ohne vertrauliche Inhalte) laufen kann.

Sonja und Adrian haben eine stationäre medizinische Rehabilitationsmaßnahme angetreten. Hier regeln über die Festlegung von Pflichten und Rechten meist allgemeine Behandlungsvereinbarungen die Zusammenarbeit und machen Vorgaben für beide Seiten, die sich als therapieförderlich erwiesen haben. Auch der Umgang mit Suchtmittelkonsum während der Maßnahme (zu der auch die Heimfahrten oder geplante Belastungserprobungen außerhalb des Kliniksettings während des stationären Aufenthalts gehören), die Integration in den Behandlungsrahmen (z. B. Tagesablauf, Einbindung in eine Behandlungsgruppe, Regelungen über das Verhalten bei Besuchen oder Freizeitaktivitäten) unterstützen ein therapeutisch wirksames Setting. Die Verfügbarkeit von Ansprechpartnern in Krisen ist hier als Sicherheit und Struktur gebende Option und Vorgabe formuliert. All diese Absprachen und Einschränkungen sind darauf ausgerichtet, einen möglichst erfolgreichen Behandlungsverlauf absolvieren zu können. In Einrichtungen der medizinischen Rehabilitation bei Abhängigkeitserkrankungen steht dem Rehabilitanden darüber hinaus ein multiprofessionelles Team zur Verfügung.

Je nach Behandlungskonzept der ambulanten, ganztags ambulanten (tagesklinischen) oder stationären Einrichtung werden verschiedene Schwerpunkte vorgehalten, etwa stärker handlungsorientierte oder stärker psychotherapeutische Orientierungen, die Mitbehandlung somatischer oder psychischer Begleit- und Folgeerkrankungen bzw. auch die klinisch-sozialarbeiterische Unterstützung in Fragen z. B. bezüglich Arbeitsplatz, Beruf, rechtlicher Angelegenheiten oder Unterhaltssicherung (z. B. Funke & Schroeder, 2015). Der Rehabilitand sichert in der Regel seine aktive Mitwirkung in der Behandlung zu und dass er bei auftretenden Problemen diese anspricht. Der Behandler sichert die fach- und sachkundige Behandlung zu, Gesprächspartner zur Verfügung zu stellen und gemeinsam mit dem Patienten die Behandlungsplanung und -umsetzung abzustimmen sowie alle ihn betreffenden Entscheidungen transparent zu machen und zu begründen. Eine ganztags ambulante Rehabilitationsmaßnahme stellt von Anfang an eine höhere Realitätskonfrontation dar, da diese Rehabilitanden am Abend und über Nacht sowie am Wochenende in ihr alltägliches Umfeld zurückkehren. Die ambulante Rehabilitation kann berufsbegleitend erfolgen – sie stellt die höchsten Anforderungen an die Belastbarkeit im Alltag an den Patienten und bietet eine entsprechend niedrigere und fokussiertere Behandlungsdichte (in der Regel zwei- bis dreimal pro Woche in Gruppen- und Einzelgesprächen).

In dieser ersten Phase der Zusammenarbeit beginnt bereits die problembezogene und lösungsorientierte Informationssammlung zu den aktuellen Beschwerden des Patienten, die ihn in die Behandlungssituation führen. Sie umfasst ein erstes Screening bezüglich der psychischen und sozialen Problematik des Patienten. Die somatischen Aspekte werden über den ärztlichen Behandler berücksichtigt, was im gemeinsamen Behandlerteam erfolgen kann oder in parallelen, aufeinander bezogenen Behandlungssträngen z. B. im ambulanten Setting. Die Koordination der Informationen wird in dieser Anfangssituation zunächst eher im Gespräch mit dem Patienten erfolgen. Jedoch kann es schon zu diesem frühen Zeitpunkt angemessen sein, dem Patienten Screeningfragebögen mitzugeben oder sie gemeinsam auszufüllen, die sich sinnvollerweise an den subjektiv wahrgenommenen Beeinträchtigungen des Patienten orientieren. Hierfür eignen sich sowohl Beschwerdelisten als auch Interviewleitfäden zur Erfassung der Eingangssymptomatik.

Im Suchtbereich ist es eine zentrale Frage, inwieweit der Patient bereit und in der Lage ist, im Behandlungskontext auf den Konsum von Suchtmitteln bzw. die Ausübung süchtiger Verhaltensweisen zu verzichten. Es gibt gute Gründe für eine möglichst von Substanzen oder die Aufmerksamkeit bindenden, ablenkenden Verhaltensweisen unbeeinflusste Beteiligung des Patienten in einem sozio- oder psychotherapeutischen Arbeitskontext. Denn dies ist eine notwendige Bedingung für eine gleichberechtigte Arbeitsbeziehung, die es dem Patienten ermöglicht, seine Interessen zu vertreten und seine Veränderungsziele verantwortungsvoll und selbstgesteuert zu verfolgen. Auch die in der Behandlung stattfindenen Lernprozesse erfordern ein möglichst von psychotropen Substanzen unbeeinflusstes Gehirn und eine Belastbarkeit der Person, um anstehendes Probe- und Trainingshandeln angemessen umsetzen zu können.

Die Attribution von Veränderungen und Effekten – einschließlich von Erfolgen – sollte die Person als selbst verursacht wahrnehmen, damit Selbstwirksamkeitserwartung und internale Kontrollüberzeugung gestärkt werden. Damit ist nicht die (vorzeitige, und möglicherweise unangemessene) Festlegung auf ein übergeordnetes, auf Dauer angelegtes Abstinenzziel gemeint. Zwar sieht die Vereinbarung »Abhängigkeitserkrankungen« zwischen Rentenversicherung (RV) und Gesetzlicher Krankenversicherung (KV) die Sicherung der Abstinenz als Voraussetzung einer stabilen Integration und zur Sicherung der Erwerbsfähigkeit als eine wichtige Orientierung an und schreibt diese sozusagen fest. Allerdings sind die therapeutisch formulierten Zielsetzungen auf Änderung der Rahmenbedingungen, Verbesserung der Integrationsfähigkeiten und persönlichen Ressourcen des Patienten ausgerichtet und unterstützen damit die Abstinenzfähigkeit der Person. Letztere ist sozusagen die entscheidende Zielvariable. Ob daraus eine dauerhafte Abstinenz oder ein reduzierter Konsum oder eine Punktabstinenz ermöglicht oder gewählt wird, entscheidet letztlich der Patient in der selbstgesteuerten Anwendung erworbener oder gestärkter Bewältigungskompetenzen in seinem Lebensalltag – und dies immer wieder aufs Neue. Die Befähigung zur Abstinenzaufrechterhaltung zeigt sich am sichersten in deren Umsetzung. Die Erfahrung, das Leben, seine Herausforderungen und auch schwierigste Situationen abstinent zu meistern, stärkt somit die Selbstwirksamkeitserwartung und internale Kontrollüberzeugung. Darüber hinaus stellen die allermeisten Suchtmittel – insbesondere wenn sie über lange Zeiträume eingenommen wurden – eine erhebliche Belastung für die körperliche Gesundheit dar. Wenn der Patient in die Behandlung kommt, sind oft bereits entsprechende Folgeerkrankungen und Schäden eingetreten oder in ihrer Auftretenswahrscheinlichkeit erheblich erhöht. Dieser Ansatz stellt die grundsätzliche Entscheidungsmöglichkeit und Notwendigkeit des Patienten für seinen weiteren Umgang mit Suchtmitteln nicht in Frage. Im Gegenteil soll der Patient befähigt werden, unter Beachtung möglichst aller Aspekte die Risiken eines erneuten Konsums abschätzen zu können, Für und Wider einer dauerhaften Abstinenz abzuwägen und für ihn selbst sinnvolle Entscheidungen zu treffen. In einem niedrigschwelligeren Ansatz, der vor allem bei schädlichem Konsum oder sekundärer Abhängigkeitsproblematik zum Tragen kommen wird, sind insbesondere Konsumreduktionsziele bzw. risikominimierende Veränderungen (z. B. weg von einem hochriskanten Konsumstil) zu erwägen. Die sogenannte zieloffene Suchttherapie scheint dabei ein Widerspruch in sich, denn Ziele werden auch in diesen Ansätzen verfolgt, in der Regel zählt dazu aber nicht die Abstinenzorientierung per se. Ein Patient der sich nicht für eine überdauernde abstinente Lebensführung entscheiden will oder kann, wird sich möglicherweise in einem den Konsum akzeptierenden Behandlungssetting und mit der Vereinbarung, einen risikoärmeren und reduzierten Konsum zu betreiben, eher wiederfinden. Konsumreduktionsziele sind ebenfalls sinnvoll im Kontext einer psychotherapeutischen Behandlung bei nicht-suchtmittelbezogenen psychischen Störungen, da der Konsum psychotroper Substanzen diese nicht nur auslösen (z. B. drogeninduzierte Psychosen), sondern auch deren Verlauf negativ beeinträchtigen kann (z. B. Depressionen und Angststörungen).

> **Merke**
> Abstinenz ist eine günstige, aber nicht hinreichende Behandlungsvoraussetzung für die Veränderung von Verhalten und Denken.

Für Ulli steht es zunächst außer Frage, dass er die nun anstehenden wichtigen Schritte in der Etablierung einer selbständigen Lebensführung nur ohne Suchtmitteleinfluss wird bewältigen können. Bezüglich eines langfristigen Abstinenzvorsatzes müssen aktuell noch keine Entscheidungen von ihm getroffen werden. Für Sonja ist die Herausnahme aus einer Lebenssituation, in der sie täglich Alkohol konsumiert hat, um ihr Leben erträglich zu machen, von hoher Bedeutung, um gerade diese Konfrontation mit ihrer aktuellen Problemlage zunächst einmal abzumildern. Nur so kann sie sich einen Überblick über ihre Gesamtsituation verschaffen und einen Plan zur Bewältigung der anstehenden Probleme entwickeln – auch indem sie suchtmittelunterstützte Vermeidung verhindert. Für die Analyse- und Planungsphase benötigt sie – losgelöst von einer weiteren, längerfristigen Abstinenzentscheidung – »einen klaren Kopf«. Für Adrian ist die stationäre Maßnahme die Chance, sich auch im Kontakt mit anderen Ausstiegswilligen die Vor- und Nachteile des Konsums der verschiedenen von ihm konsumierten Substanzen in ihrer jeweiligen Funktionalität zu verdeutlichen. Seine Aufgabe und Herausforderung ist es, einen neuen Lebensentwurf für sich zu entwickeln. Hierzu gehören vorrangig Überlegungen zu seinen Lebenszielen und die Stärkung seiner Motivation, einen eigenen Weg zu gehen. Eine – zunächst eher als Vorgabe von ihm verstandene – abstinenzfordernde und -fördernde Behandlungsumgebung schafft für ihn die günstigen Voraussetzungen für einen Problemlösungs- und Umdenkungsprozess.

In der nächsten Phase geht es um die Schaffung motivationaler Grundlagen zur Vorbereitung eines jeweils individuellen Veränderungsprozesses.

2.1.2 Phase 2: Aufbau von Änderungsmotivation und (vorläufige) Auswahl von Änderungsbereichen

In den verschiedenen Stadien einer Behandlung werden unterschiedliche Motivationen eines Patienten für diesen handlungsleitend sein. Zu Beginn geht es zunächst einmal um die Motivation, sich überhaupt etwas genauer anzusehen (was möglicherweise bisher verkannt oder negiert wurde), ein Verhalten als problematisch zu bewerten und in Folge dessen zu verändern sowie hierzu auch Hilfe in Anspruch zu nehmen und zuzulassen. Im »test – operate – test«-Zyklus wird ein Ist-Zustand erfasst und bewertet in Form der Abweichung von einem gewünschten Sollzustand. Fällt die Bewertung diskrepant zum gewünschten Soll aus, erfolgt in einem nächsten Schritt die Identifizierung der Abweichung als Aufgabe oder als Problem. Diese Unterscheidung erweist sich als hilfreich, da eine Aufgabe mit prinzipiell bereits zur Verfügung stehenden Mitteln lösbar ist, während ein Problem uns zunächst im Unklaren darüber sein läßt, mit welchen Methoden und manchmal auch zu welchem genauen Ziel ein gewünschter optimierter Zustand oder eine verbesserte Situation erreicht werden kann. In der Psychotherapie liegen in der Regel Probleme vor, da der Patient mit seinen bisher zur Verfügung stehenden Mitteln und Vorgehensweisen nicht zu einer für ihn oder seine Umgebung zufrieden stellenden Lösung gekommen ist. Folgendes allgemeines Ablaufschema verdeutlicht in komprimierter Weise, welche Schritte bei einer Verhaltens- oder Einstellungsänderung planvoll durchlaufen werden und welche Bedeutung der Motivation und der Entscheidung zum Handeln zukommt:

1. Bist Du glücklich? Wenn ja, dann 2., wenn nein dann 3.
2. Mache das weiter, was Du bisher gemacht hast. → weiter zu 1.
3. Willst Du daran etwas ändern? Wenn ja, dann 4., wenn nein, dann zurück zu 3.
4. Ändere etwas. Beginne wieder bei 1.

In diesem Schema gibt es theoretisch nur den einen Weg zu einer verbesserten Situation. Es macht Klienten auch sehr schön deutlich, dass sie sich in zwei Endlosschleifen verfangen können: eine Schleife des Glücklichseins (dann brauche ich nichts zu verändern) und eine Schleife des Unglücklichseins, aus deren Herauskommen meine eigene Motivation und Handlung zur Veränderung erforderlich sind. Jede Änderung wiederum kommt auf den Prüfstand, ob sie dazu beiträgt, dass es in Richtung Zielerreichung geht, der Betreffende glücklicher sein kann, usw. Mit dieser Feedback-Schleife ist von Anfang an auch der evaluative Zugang in seinen Grundzügen erkennbar und verankert.

Für Sonja ist diese selbstverantwortete Veränderungsnotwendigkeit nicht direkt einsichtig. Aus ihrer derzeitigen Sicht vertritt sie die Auffassung, für sie als Opfer hätten sich zunächst alle anderen relevanten Menschen ihrer Umgebung zu verändern. Sie sieht ihren Suchtmittelkonsum noch nicht funktional und als ein inzwischen selbst zum Problem gewordenes Phänomen. Adrian erkennt zwar seinen Suchtmittelgebrauch als durchaus problematisch an – die Illegalität der Beschaffung und des Konsums mancher Substanzen hat ihn ja auch in die prekäre Lage gebracht. Allerdings hat er für sich noch keinen anderen Weg gefunden, sein eigenes Leben und die

Zukunftsperspektive zu planen und mit Hoffnung auf selbstgesteckte Ziele zu steuern. Die Suchtmittel helfen ihm, den Status quo einigermaßen auszuhalten. Ulli ist aufgrund seiner bisherigen therapeutischen Erfahrungen schon an einem anderen Punkt. Er hat erkannt und erlebt, dass er derzeit keine Kontrollmöglichkeiten über einmal begonnenen Konsum hat und dass der Suchtmitteleinfluss ihn in der Umsetzung seiner bereits vorhandenen Pläne behindert.

Wenn der Patient in das sozio- oder psychotherapeutische Setting hilfesuchend eintritt, kann zwar von einer gewissen Motivation zur Annahme von Hilfe und Unterstützung ausgegangen werden. Wir wissen jedoch noch keineswegs, ob der Patient auch dazu motiviert ist, selbst etwas zu verändern, erst recht nicht, sich selbst zu verändern. In der Suchtbehandlung treffen wir oft auf Hilfesuchende, die schon vieles ausprobiert haben, um aus einer schwierigen Lebenssituation herauszukommen. Selbst in einer Erstbehandlung haben der Patient oder sein Umfeld schon aufgrund der jeweiligen Ursachenzuschreibung für ein Problem Interventionen und Veränderungen herbeigeführt oder ausprobiert, die jedoch letztlich nicht zu einer befriedigenden Lösung geführt haben. Daher messen Kanfer et al. der Reduktion von Demoralisierung und Resignation gerade zu Beginn einer Therapie eine hohe Bedeutung zu. Sie empfehlen hierzu auch den Einsatz spezieller Motivierungsstrategien, wie z. B. die Maximierung des Ausmaßes an persönlicher Kontrolle beim Patienten in der aktuellen Situation des Behandlungsbeginns, die im Sinne der Stärkung der Selbstwirksamkeit für diesen eine intrinsisch motivierende Wirkung hat und gleichzeitig der Stärkung der Arbeitsbeziehung dient. Dazu gehört die Wertschätzung und Akzeptanz der selbstgesetzten Ziele eines Patienten, die wir z. B. durch Nachfrage zu seinen Visionen oder Zukunftsvorstellungen in Erfahrung bringen können (Sollzustand aus Sicht des Patienten).

> **Merke**
> Die Reduktion von Demoralisierung und Resignation spielt zu Beginn der Behandlung eine große Rolle.

Die Betonung der Freiwilligkeit für die Zusammenarbeit sowie der Entscheidungshoheit des Patienten für die ihn betreffenden Interventionen und Zielsetzungen haben ebenfalls eine in sich motivierende Auswirkung. Für den erfahrenen Therapeuten sind dies sozusagen Selbstverständlichkeiten, allerdings darf nicht vergessen werden, dass die Situation für den Patienten eine ungewisse und neuartige ist, auch wenn er bereits einige Behandlungen absolviert haben sollte. Es ist eine hohe Herausforderung für den Patienten, sich einer bislang unbekannten und wenig einschätzbaren Person als Behandler anzuvertrauen. Die Umsetzung günstiger und wertschätzender Rahmenbedingungen für Gespräch und Begegnung erleichtern diesen Zugang und unterstützen den schrittweisen Aufbau von Vertrauen. Sind diese Bedingungen geschaffen, kann sich der Patient anschließend auch auf Veränderungsnotwendiges einlassen und schwierige Themen aus seiner Lebenssituation und Befindlichkeit thematisieren. Auf dieser Basis ist dann eine vorläufige Auswahl von Änderungsbereichen grob ableit- und planbar. Dieses Vorgehen umfasst eine Reihe von zumindest implizit vorhandenen, zu beantwortenden Fragen, die es gilt, mit dem Patienten abzuklären, z. B.:

1. Was muss der Patient für eine Änderung investieren? Eine erste übersichtsartige Kosten-Nutzen-Analyse hilft dem Patienten, den Aufwand abzuschätzen und stärkt vor allen Dingen auch die Einstellung, dass Veränderungen nicht zum Nulltarif, d. h. nicht ohne Anstrengung und Engagement des Patienten und mögliche weitere Kosten zu erreichen sein werden.
2. Kann auf die Unterstützung dieses Therapeuten gebaut werden? Die positive Beantwortung dieser Frage nach einer möglichst kooperativen Arbeitsbeziehung mit genau diesem Therapeuten wird den Patienten beschäftigen und in Krisensituationen im Laufe einer Behandlung auch immer wieder erneut beantwortet werden müssen. Bereits so frühzeitig – und immer wieder im Verlauf – stellt der Therapeut seine Loyalität dem Patienten zur Verfügung und versichert ihn dieser, wenn es um die vereinbarten Veränderungsziele und den Respekt vor der Person des Patienten geht. Die

professionell und kontrolliert eingebrachte Beziehungsgeschichte des Therapeuten fließt als Gestaltungsfaktor hier genau so als eine Ressource ein (s. a. zur Bedeutung von Reflektion, Selbsterfahrung und Supervision) wie die häufig durch negative Erfahrungen gekennzeichnete Beziehungsgeschichte des Patienten. Die im psychoanalytisch oder tiefenpsychologisch orientierten Behandlungsmodell so genannte Übertragung von Beziehungsaspekten zu relevanten Bezugspersonen aus der Vorgeschichte des Patienten in die aktuelle Behandlungsbeziehung erhält auch in den anderen therapeutischen Zugängen zunehmend Aufmerksamkeit, z. T. unter anderen Bezeichnungen. Dabei kann es hilfreich sein, dass der Therapeut innerhalb einer solchen Übertragung von z. B. väterlichen oder mütterlichen Beziehungserfahrungen des Patienten sozusagen nachholend und damit für den Patienten dessen Erfahrungen korrigierend agiert (nachholende/korrigierende Beziehungserfahrung). Jedoch wird in der Emanzipierung des Patienten als letztlich zentralem Behandlungsziel ein Heraustreten und Besprechbarmachen dieser Beziehungserwartungen des Patienten an den Therapeuten erforderlich werden. Das Heraustreten des Therapeuten aus den ihm zugewiesenen Beziehungsaspekten in eine erwachsene und jeweils selbstbestimmte Position für den Patienten führt diesen letztlich in die gewachsene Autonomie und Verselbständigung.

3. Der Beantwortung der Grundfrage: Ändern vs. Akzeptieren? kommt bereits zu diesem frühen Zeitpunkt in der Behandlung eine besondere Bedeutung zu. Sie führt letztendlich zu möglichen Veränderungszielen, die im Einflussbereich des Patienten liegen und die mit der Verbesserung oder dem Aufbau von Fähigkeiten und Fertigkeiten bzw. dem Abbau von Ängsten, dysfunktionalen Bewertungen und unrealistischen Erwartungen korrespondieren. In der Suchtbehandlung – aber nicht nur dort – vertreten viele Patienten anfänglich die Überzeugung, dass sich relevante Andere in ihrer sozialen Umgebung ändern müßten (wie z. B. besonders deutlich bei Sonja), damit sich an der Gesamtsituation und damit am Leid des Betroffenen etwas zum Positiven verändern kann. Hier

wird es wichtig sein, von Anfang an den Fokus auf Veränderung bezüglich Denken und Verhalten des Patienten selbst zu setzen: Was kann ich an mir so nutzen oder verändern, dass sich für mich eine positivere Bilanz in mir wichtigen Beziehungen ergibt? Wie kann ich meine Erwartungen und Bedürfnisse so angemessen und wirksam auch an andere kommunizieren, dass die Wahrscheinlichkeit des Eintretens positiver Folgen erhöht wird? Welche Dinge kann ich nicht ändern, aber lernen, sie zu akzeptieren oder mich aufzubauen, um sie besser auszuhalten? Wie kann ich meine Hilflosigkeit reflektieren und überprüfen, um besser unterscheiden zu können, was ich tatsächlich realistisch verändern kann?

4. Dies alles impliziert, dass sich der Patient mit Fragen nach dem subjektiven Nutzen einer Verhaltensänderung beschäftigen wird. Hierbei spielt gerade in dieser frühen Phase der Behandlung die Aufdeckung eigener Ressourcen des Patienten eine große Rolle. Dabei wird der Therapeut immer wieder die Aufmerksamkeit auf Gelungenes und Gelingendes richten, ohne die Hilfsbedürftigkeit und relative Hilflosigkeit des Patienten zu ignorieren. Um aus der »Problemtrance« zu kommen, können Zielvorstellungen sehr motivierend sein (Wie möchte ich gerne leben? Wie stelle ich mir mein Leben nach gelungener Behandlung in fünf oder zehn Jahren vor? etc.). Dabei kann die Wahl von Worten eine hohe Bedeutung haben, wie dies in inspirierender und humorvoller Weise z. B. Manfred Prior in seinen MiniMax-Interventionen beschreibt (siehe Zitat im Kasten). So wird es gefühlt einen Unterschied machen für den Patienten, wenn er auf seine Feststellung »Ich weiß einfach nicht mehr weiter ...« hört, dass er »noch keinen Weg aus der schwierigen Situation herausgefunden hat« und die Betonung auf dem »noch« liegt.

5. Die Beschwerden und Problembereiche des Patienten werden in dieser Orientierungsphase in zwei Grundkategorien aufgespalten:
   a. Beschwerden, die aktuell als therapeutische Ansatzpunkte geeignet sind (weil sie im Einflussbereich des Patienten liegen und mit den zur Verfügung stehenden Methoden der Selbstmodifikation oder Veränderung externer Bedingungen durch den Patienten angegangen werden können) und

b. Beschwerden, die grundsätzlich oder zum jetzigen Zeitpunkt als irrelevant ausgesondert werden (weil sie mit den zur Verfügung stehenden Mitteln nicht verändert werden können oder weil sie in der Wertigkeit für den Patienten weiter unten angesiedelt sind).

Dieses Vorgehen verstärkt einerseits die Orientierung auf (leichter) zugängliche Veränderungsziele und beugt gleichzeitig unrealistischen Erwartungen vor. Es macht zudem deutlich, dass Veränderungen als Prozess verfolgt werden mit Schritten der Planung, Umsetzung und Überprüfung und es wesentlich auf vom Patienten selbst entschiedene und in die Wege geleitete Maßnahmen geht.

> **Vertiefung**
> »... noch nicht«
> »Angenommen, Sie würden unter der Last leiden, die Ihre Arbeit zeitweise mit sich bringt. Sie würden das vielleicht ausdrücken mit dem Satz: ›Ich finde meine Arbeit immer so schwer ...‹ Ein einfühlsamer Gesprächspartner kann darauf reagieren mit einem verständnisvollen ›Ihre Arbeit ist immer so schwer ... Sie haben aber auch eine schwere Arbeit ...‹. Wahrscheinlich fühlen Sie sich dann ein bisschen erleichtert, weil Sie (endlich) jemand versteht. ... Aber immer noch steht die Schwere im Mittelpunkt und es wird einem nicht wirklich leichter werden.
> Wie würde es Ihnen aber gehen, wenn der Gesprächspartner im Anschluss daran bemerken würde: ›sodass Sie noch nicht genügend Wege gefunden haben, es sich mit Ihrer schweren Arbeit etwas leichter zu machen.‹ ... dann sind die Wege im Blick, wie man es sich etwas leichter machen kann. ...
> Nicht nur in der Paartherapie gibt es immer wieder Paare, die darüber klagen, dass sie sich ›immer‹ so streiten, Menschen mit Kaufsucht, dass sie immer so viel kaufen, was sie gar nicht brauchen, Menschen, die immer so Kopfweh haben usw.
> Es macht einen Unterschied, ob ich sage ›immer streiten‹ oder ›manche Dinge noch nicht befriedigend klären können‹, ›ein-

> kaufssüchtig und schwach sein‹ oder ›beim Einkaufsbummel noch keinen Weg gefunden haben, stark zu sein und mit dem in Kontakt zu bleiben, was ich wirklich brauche‹, oder ›hilflos zu sein‹ oder ›noch nicht genügend Mittel und Wege gefunden zu haben, um etwas zu ändern‹« (Prior, 2007, S. 44 ff).

Es erfolgt eine Auswahl solcher Eingangsbeschwerden, bei denen eine exakte funktionale Analyse angezeigt ist, weil sie besonders belastend, die Selbstwirksamkeit des Patienten beeinträchtigend oder als besonders bedeutsam seitens des Patienten angesehen werden. Hierhin gehört auch die Diskussion der Frage, woran der Patient am liebsten arbeiten würde. Die früher im Suchtbereich weit verbreitete Einstellung »Therapie muss weh tun, damit sie wirkt«, hat sich als kontraproduktiv erwiesen. Die Aufgabe des Therapeuten in dieser Phase ist es, die Selbstbestimmung und Selbstverantwortung des Patienten zu unterstützen, aber auch die bestehende Motivation zu nutzen, um dem Patienten erste Erfolgserlebnisse im Sinne einer Befindlichkeitsverbesserung und einer stärkeren Selbstwirksamkeitserwartung (Bandura, 1977) mit ihren kognitiven und emotionalen Teilkomponenten zu verschaffen. Damit wird das Vertrauen des Patienten in die Arbeitsbeziehung, aber auch in die Wirksamkeit der vom Therapeuten vorgeschlagenen Interventionen gestärkt.

> Für Adrian kristallisiert sich möglicherweise bei dieser gemeinsamen Analyse heraus, dass es zunächst darum gehen muss, therapieschädliches Verhalten abzubauen, damit er seinem Ziel der erfolgreichen Absolvierung der Behandlung näher kommen kann. Im sokratischen Dialog (geleitetes Entdecken) erkennt Adrian, dass es ihm schwer fallen wird, sich an die vorgegebene Tagesstruktur zu halten, da sich sein Tagesrhythmus in den vergangenen Monaten deutlich gegenüber einem normalen Arbeitstag verschoben hat. So kann eine erste Zielsetzung die erfolgreiche Etablierung eines angemessenen Tag-Nacht-Rhythmus sein. Bei Sonja wird es zunächst eher darum gehen, ein Zutrauen zu ent-

wickeln, dass sie im Kontext der Suchtbehandlung für sie bedeutsame Hilfestellungen erhalten kann. Sie benötigt stützende Bedingungen, damit sie sich ihrer Gesamtsituation klarer werden kann und darüber, welche Ansatzpunkte für Veränderungen es derzeit gibt mit dem Ziel, dass es ihr aktuell besser gehen kann und darf. Die Klärung der ihr wichtigen Beziehungen sind dabei Motivationsfaktor und Angstquelle zugleich. Für sie wird das obige Veränderungs- und Prüfschema insbesondere an der Stelle der Eigenverantwortung für Veränderung bedeutsam werden, da sie zur Zeit ihre Probleme externalisiert und eher die Veränderung bei anderen erwartet und erhofft, als sich selbst auf den Weg zu machen. Ulli hat für sich eine Struktur akzeptiert, in der er sich geleitet, aber auch mit gutem Maß an Eigensteuerung in Richtung der Lösung seiner Probleme bewegen kann. In der Selbsthilfegruppe wird er als Therapieerfahrener eine selbstwertunterstützende Position einnehmen können. In der angestrebten Psychotherapie wird es darum gehen, seine Hilflosigkeit in sozialen Bewertungs- und Konfliktsituationen zu überwinden und seine Bedürfnisse angemessen zu vertreten. In der Beziehungsgestaltung zu seiner Fallmanagerin in der Suchtberatungsstelle kann er Zuverlässigkeit und Verbindlichkeit erproben sowie Unterstützung in Motivationstiefs erhalten.

2.1.3 Phase 3: Problemanalyse

»Die Erforschung der Krankheiten hat so große Fortschritte gemacht, dass es immer schwerer wird, einen Menschen zu finden, der völlig gesund ist« (Aldous Huxley, 1894–1963).

In der Problemanalyse findet die eigentliche Kernarbeit zur Vorbereitung der Vereinbarung von Veränderungszielen und deren Umsetzung statt. Hier haben die klassische Verhaltensanalyse in ihrer horizontalen und vertikalen Ausrichtung ihren Platz, die Bedingungs- und Funktionsanalyse mit den Erweiterungen der Plan- und Schemaanalyse sowie die differenzierte Auswertung der aufrechterhaltenden Bedingungen für ein Problem oder dysfunktionales Verhalten. Auch die differenzielle, handlungsleitende Diagnostik ist hier bedeutsam, da sie sowohl die Kenntnisse über Ausprägung und Grad der Beeinträchtigung der Kernsymptomatik als auch begleitende oder komorbide Störungen, die den Behandlungsverlauf beeinflussen können oder gar der gleichzeitigen Mitbehandlung bedürfen, identifizieren hilft, diese beschreibt und als Grundlage für die Entwicklung eines angemessenen, integrierten Krankheitsmodells dient, das gemeinsam mit dem Patienten entwickelt wird. Insofern ist die Durchführung und Besprechung der Ergebnisse diagnostischer Mittel mit dem Patienten ein wichtiges therapeutisches Werkzeug zur Erhöhung von Transparenz, Mitwirkung und Motivation, aber auch für die gemeinsame Zielfindung oder Kurskorrektur, falls erforderlich. Gleichzeitig hilft sie, mögliche Hindernisse oder Überforderungen im Prozess besser abzuschätzen und damit auch bessere Vorkehrungen zu treffen.

In der differenzierten Beschäftigung mit dem Werden und Wollen sowie der entscheidungs- und handlungsleitenden Beziehungserfahrungen des Patienten können unterschiedliche Hilfsmittel herangezogen werden, die sich auch je nach therapeutischer Grundausrichtung unterscheiden werden. In der verhaltenstherapeutischen Vorgehensweise kann es hilfreich sein, in der Lerngeschichte des Patienten diejenigen Erfahrungen aufindig zu machen, die sein heutiges Bild der Welt, seine an ihn gestellten Anforderungen, seine eigenen Wünsche an Beziehungen und Lebensqualität sowie seinen wahrgenommenen Platz in seinem sozialen Mikrokosmos verdeutlichen können. Die Identifikation von (sozialen) Verstärkern, die Problemverhalten aufrecht erhalten, ist bedeutsam, ebenso die Analyse auf der Mikroebene, wenn es um ganz konkrete Verhaltensweisen geht, die problemaufrechterhaltend sind. Diese sind gleichzeitig auch Ansatzpunkte möglicher Veränderungen. Das S-O-R-K-C-Schema bietet hierzu alle erforderlichen Informationen in systematischer Art, weswegen dieses möglichst konkret auf eine stattgefundene oder eine immer wieder stattfindende Situation im Problemkontext angewendet wird.

Das S-O-R-K-C-Schema nach Kanfer et al. (2012)

- **Stimulus** (S): Hier finden sich relevante Aspekte der äußeren und/oder inneren Reizsituation. Es werden die das Verhalten auslösenden Bedingungen (In welcher konkreten Situation tritt das Verhalten auf? Wer ist dabei? Welches sind die sogenannten Antezedenzien (Vorläufer; Vorbedingungen) für das Verhalten?) systematisch erfasst und beschrieben.
- **Organismus** (O): Hierzu gehören die individuellen biologischen und lerngeschichtlichen Voraussetzungen bzw. Charakteristika der Person als Reaktionspräferenzen auf den Stimulus. Dies sind z. B. Schemata oder Lebenspläne, physiologische Reaktionsbereitschaften, Kompetenzen oder Handicaps.
- **Reaktion** bzw. beobachtbares oder messbares Verhalten (R): Hierunter sind die verschiedenen Komponenten einer Reaktion auf den Stimulus nach der Verarbeitung durch den Organismus auf kognitiver, motorischer, physiologischer und emotionaler Ebene zu verstehen.
- **Konsequenzen** (K): Diese auf das Verhalten und mit ihm als zusammenhängend wahrgenommenen Auswirkungen können als positiv (Verstärkung) oder negativ (Bestrafung) bewertet werden und in unterschiedlicher zeitlicher Unmittelbarkeit oder Verzögerung (kurzfristig/langfristig) auftreten. Je kürzer der Zeitabstand zwischen Reaktion und einzelner Konsequenz, desto stärker wird der Einfluss erachtet im Sinne der Steuerung der Auftretenshäufigkeit des vorangegangenen Verhaltens.
- **Kontingenz** (C), englisch »contingency«. Diese bezeichnet die Regelmäßigkeit und den zeitlichen Zusammenhang des Auftretens einer bestimmten Konsequenz nach der Reaktion. Hierüber werden die Stärke des Zusammenhangs zwischen Reaktion und Konsequenz moderiert und damit die Geschwindigkeit des Lernens und auch der Extinktionsmöglichkeit (»Löschung« bzw. Schwächung der Reaktionsbereitschaft).

> Im S-O-R-K-C-Modell zeigen sich die zentralen Lernmechanismen der klassischen (Reiz löst bestimmtes Verhalten aus) und operanten Konditionierung (positive bzw. negative Konsequenzen steuern die Wiederauftretenshäufigkeit eines Verhaltens).

Bei Ulli ist eine dieser problematischen Situationen etwa die, dass er sich nach der Arbeit in seiner Wohnung vergräbt und über das Gedankenkreisen immer wieder in eine scheinbar ausweglose, deprimierende Stimmung gerät, in der die Schwelle für Suchtdruck sinkt. Hier könnte ein Schlüssel für eine zielführende Veränderung liegen. Für Sonja ergibt sich aus der durchgängig verzweifelten Stimmung und aus ihrem Rückzugsverhalten der Ansatzpunkt des Aufbaus von Aktivitäten, die in sich stimmungshebend sind. Hierzu benötigt Sonja aber ein Verständnis der Zusammenhänge zwischen Stimmung und Aktivität, was z. B. durch die Depressionsspirale nach Hautzinger (1997/2000) veranschaulicht werden kann. Gleichermaßen bedeutsam gehört in der psychodedukativen Vorbereitung auch die Aufklärung von Sonja über die Wirkweise ihres Suchtmittels Alkohol mit seinen depressinogenen Anteilen dazu. Bei Adrian ist durch die Identifizierung therapieschädlicher Verhaltensweisen möglicherweise schnell ein Spektrum an Situationen und Erfordernissen eröffnet, das Ansatzpunkte für Veränderung nach dem Selbstmanagementansatz in der aktuellen Therapiesituation ergibt. So könnte etwa die Situation am Morgen, wenn der Wecker rechtzeitig klingelt um pünktlich zum Frühstück erscheinen zu können, sorgfältig beschrieben und das unerwünschte Verhalten (Wecker ausstellen und liegen bleiben) analysiert werden, um Ansatzpunkte für eine Modifikation zu finden.

Sind die ersten therapeutischen Effekte (auch als kleine Selbstmodifikationen sehr wirksam) spürbar und damit auch günstige Ausgangsbedingungen geschaffen, kann sich das rekursive Vorgehen den Kernthemen des Patienten verstärkt zuwenden. Es ändern sich dabei nicht die Methodik, sondern die Inhalte, die in den Fokus genommen werden. Die jeweilige kritische Lebenssituation und die daraus beförderte Störung oder Erkrankung kann nun – nach dem Aufbau von Vertrauen in die Zusammenarbeit, die Stärkung von Veränderungsmotivation sowie den Abbau von Resignation – in den Mittelpunkt rücken. Auch hier wird eine sorgfältige Problemanalyse störenden, negativ auffälligen oder dysfunktionalen Verhaltens Hinweise für Veränderungen ergeben. In der Verhaltensanalyse unterteilen wir dabei dysfunktionales Verhalten in solches mit zu hoher Auftretenshäufigkeit (sogenannte Exzesse) und in Verhalten mit zu niedriger Auftretenshäufigkeit bzw. die Identifikation fehlender angemessener Verhaltensweisen zur Erreichung eines Ziels (Defizite). Aus dieser gemeinsam mit dem Patienten erfolgten Klassifizierung ergibt sich die Ableitung, dass entweder Selbstkontrolle, mit dem problematischen Verhalten inkompatible oder funktionalere Verhaltensweisen aufgebaut oder eine automatische Verhaltenskette unterbrochen werden sollte. So führt die Problemanalyse geradewegs zu den hilfreichen Interventionsmethoden, wobei dem Zwischenschritt der Zielvereinbarung eine ganz besondere, strategisch entscheidende Rolle zukommt. Diese wird im nächsten Unterkapitel etwas näher erläutert.

2.1.4 Phase 4: Vereinbaren therapeutischer Ziele

In dieser Phase geht es darum, auf dem Boden einer stabilen und in ihren Grenzen und Möglichkeiten geklärten Arbeitsbeziehung Ziele für die therapeutische Zusammenarbeit inklusive ihrer Priorisierung abzuleiten und zu vereinbaren. Die besondere Herausforderung bei komplexen Störungsbildern wird zunächst darin bestehen, Teilkomponenten abzuleiten, die eine Zielfestlegung möglich machten. Hierbei haben sich im Sinne der Realisierbarkeit einige Kriterien im Kontext der therapeutischen Arbeit als nützlich erwiesen. Zielformulierungen werden gemessen an folgenden Eigenschaften (SMART-Kriterien):

- **S**pezifisch: Ist das Ziel bezogen auf die Störung oder Beeinträchtigung ausreichend passend und konkret im Gegensatz zu einer allgemeinen, übergeordneten Beschreibung; z. B. »An Wochentagen mit Behandlungsprogramm um 07.45 Uhr am Frühstückstisch sein« statt »Früh genug aufstehen«?
- **M**essbar: in Quantität und/oder Qualität; z. B. »Einmal täglich für 15 Minuten in der Umgebung spazieren gehen« statt »Mehr nach draußen gehen«
- **A**ttraktiv: lohnend/herausfordernd im Sinne einer Selbstbestätigung für den Patienten; z. B. »Eine falsche Beschuldigung freundlich aber bestimmt zurückweisen« statt »Nichts sagen und anschließend grübeln und sich schlecht fühlen«
- **R**ealistisch: Liegt die Verhaltensalternative tatsächlich im Einflussbereich des Patienten und ist sie umsetzbar unter den gegebenen Voraussetzungen; z. B. »Der Tochter einen Brief schreiben über die Vorstellungen, sein eigenes Leben zu verändern« statt »Den Therapeuten zu bitten, mit der Tochter ein Gespräch zu führen«
- **T**erminiert: zeitlich fixiert; z. B. »Montag bis Freitag dieser Woche«; dies sind solche Verhaltensweisen, die bis zur nächsten oder übernächsten Behandlungsstunde in Angriff genommen werden können; im fortlaufenden Prozess können sich zeitliche Zielhorizonte deutlich erweitern.

(zu den SMART-Kriterien s. ursprünglich Drucker, 1998)

Unter Beachtung dieser Prüfkriterien für Behandlungsziele wird es gelingen, therapeutisch zu verfolgende Ziele zu benennen sowie gleichzeitig ihre Machbarkeit und Überprüfungsfähigkeit zu testen. Wenn eine lähmende Demoralisierung des Patienten in der akuten Situation der Hilflosigkeit überwunden und eine zunächst gute und tragfähige Ebene der Zusammenarbeit hergestellt ist, besteht manchmal die Gefahr, dass in der Hoffnung auf Veränderung des Lebens und des Umfelds zu viele Ziele benannt werden. Hierbei kann es hilfreich sein, in Form eines Trichterverfahrens vorzugehen und die Ziele in Unterziele oder Voraussetzungen für die weitere Zielavisierung zu klassifizieren (Zielehierarchie). Ein Augenmerk ist darauf zu richten, dass die wirklich wichtigen, oft übergeordneten Zielsetzungen nicht aus dem Fokus geraten, da sie auch Motivationsquellen für das Durchhalten und das Schaffen günstiger Bedingungen für größere anstehende Schritte sind. Änderungen im Verhalten, im Denken und in Bewertungen sind miteinander zu verzahnen. Ganz praktisch hilft hier ein Zielchart derart, dass wie in einem Flussdiagramm die einzelnen über- und untergeordneten Ziele auf einem Blatt Papier angeordnet werden, am besten zunächst als bewegliche Zettel zum Verschieben, und ihre Beziehungen und Abhängigkeiten untereinander betrachtet werden. Die Visualisierung ist für Therapeut und Patient gleichermaßen sinnvoll, entlastet sie doch das Gedächtnis und gibt Struktur. Manchmal werden auch Ziele angestrebt, die für den Patienten nicht realistisch erreichbar sind oder zumindest nicht in einer überschaubaren oder der zur Verfügung stehenden Zeit. Auch hier hilft die Unterteilung in Zwischen- und Teilziele. Bezüglich der Selbstverstärkung als einem zentralen Element im Selbstmanagementansatz werden so auch die Zielpunkte deutlich, an denen es wichtig ist, den Erfolg festzuhalten, zu reflektieren und sich für Geleistetes zu loben und zu belohnen. Eine anhand einer visuellen Analogskala eingeschätzte Entfernung zum Ziel kann motivierend wirken (z. B. 7 von 10 Punkten schon erreicht). Zu Beginn eines Veränderungsprozesses ist manchmal die Einschätzung des Abstands zum Ausgangszustand unterstützender, als sich den weiten Weg zum Ziel vor Augen zu halten (z. B. von 1 auf 5 gekommen).

> **Merke**
> Ziele werden in Ober-, Zwischen- und Unterziele eingeteilt. Dies erhöht die Übersichtlichkeit, wirkt motivierend und unterstützt eventuell erforderliche Kurskorrekturen.

Sind erste Ober- und Unterziele identifiziert und operationalisiert, kommt der Zielanalyse eine besondere Rolle zu. In der sogenannten Ziel-Werteklärung sind die angestrebten Ziele daraufhin abzuprüfen, inwiefern sie mit den übergeordneten Lebenszielen des Patienten, seiner Werthaltungen (einschließlich soziokultureller, spiritueller und transzendenter Überzeugungen) und den erwarteten Passungen und Rückmeldungen relevanter Dritter (Bezugspersonen) in Einklang stehen. Gerade bezogen auf das für den Patienten bedeutsame soziale Umfeld ist es wichtig, mögliche Reaktionen, insbesondere Ablehnungen und Konfliktherde, zu antizipieren. Der Patient kann dann für sich entscheiden, ob er diese Herausforderungen in Kauf nehmen will, welche Durchsetzungs- oder Überzeugungsstrategien erforderlich sind und inwieweit er über diese verfügt, welche Risiken seine Veränderungen mit sich bringen können, wie er sein Umfeld mit einbeziehen kann oder wann er sich sinnvollerweise besser abgrenzt. Auch hieraus können sich wieder weiterführende therapeutische Ziele ergeben, etwa wenn es darum geht, einen Partner als »Veränderungsunterstützer« zu gewinnen oder Freunde einzubeziehen in der Thematisierung von gewünscht anders zu lebenden Beziehungen usw.

> Für Ulli ist es bedeutsam in dieser Phase der Veränderungsplanung, seine vorhandenen Bindungen an das Elternhaus und die Bedeutung der Beziehungen zu Vater und Mutter sowie zur jüngeren Schwester zu reflektieren. Es wird für ihn auszuloten sein, inwiefern er hier Unterstützung erfahren kann, ohne seine Autonomieentwicklung aufzugeben oder zu gefährden. Seine besondere Orientierung – so ergibt es sich im Laufe der Exploration – richtet sich auf den Vater, von dem er sich Anerkennung und freundschaftlichen Umgang wünscht. Die sehr fürsorgliche Mutter stand mit ihren Vermittlungsversuchen und ihrem Bedürfnis nach Harmonie zwischen den beiden Männern, so dass Konflikte und deren Klärungen vermieden wurden. Der Leitsatz des Vaters, wie Ulli ihn für sich beschrieb, lautete: »Erfülle Deine Pflichten und bringe Leistungen, auf die die Familie stolz sein kann.« Die Mutter beschrieb er mit dem Leitsatz: »Passe dich an die Verhältnisse an, denn sie werden sich nicht an dich anpassen.« So steht Ulli zwischen Vater und Mutter und kann aus dieser Patt-Situation seine eigenen Bedürfnisse nicht angemessen wahrnehmen und verfolgen. Der versuchte Ausbruch aus dieser Konstellation mithilfe der peer group und der Drogen wurde zum

Scheinausstieg und verfestigte die wahrgenommene Abhängigkeit von diesen Vorgaben im Elternhaus noch mehr. Dies konnte Ulli in seinen beiden vorherigen Behandlungen herausarbeiten, in der zweiten Maßnahme gelang ihm schließlich der Schritt in eine beginnende Autonomie und selbständige Lebensführung, seine inneren Konflikte konnten jedoch nur ansatzweise aufgearbeitet werden, womit er weiterhin auf der Suche nach seinem eigenen Lebensentwurf bleibt. Sein erstes Ziel in der angeschlossenen ambulanten Psychotherapie besteht – nach der Verbesserung der Befindlichkeit über euthymes Verhalten und verbesserte soziale Anbindung – in der Klärung seiner Beziehung zu seinem Vater und dessen Bedeutung für sein weiteres Leben. Dabei übt er mit seinem Psychotherapeuten in Rollenspielen mögliche Gesprächsverläufe und wird sich bewusst, dass der Vater auch unangenehme und enttäuschte Rückmeldungen geben wird. Eine Aufgabe für Ulli besteht darin, diese Annäherung an die Eltern in einer seine Erwachsenenposition nicht gefährdenden Haltung durchzuführen und der Versuchung schneller und bequemer Lösungen zu widerstehen.

Sonja nähert sich ihrer therapeutischen Aufgabe zunächst über eine Soll-und-Haben-Aufstellung. Diese betrifft sowohl ihre jüngere Vergangenheit und die hier stattgefundenen kritischen Entwicklungen als auch Ressourcen und Handicaps aus Kindheit, Jugend und frühem Erwachsenenalter. Sie erstellt einen sogenannten Problemkuchen mit der Unterscheidung der Bedeutung eines Problems durch die Größe des Kuchenstücks und der Dringlichkeit einer Lösung durch die Farbgebung von gelb über orange zu rot. Parallel dazu erstellt sie einen Ressourcenkuchen mit ihren selbstwahrgenommenen Stärken und Kraft-/Energiequellen – hier wählt sie die Farben hell- und dunkelgrün sowie dunkelblau je nach dem Grad der aktuellen Verfügbarkeit von leicht und schnell bis zu verschüttet und reaktivierungsbedürftig. Aus der Problemaufstellung und -hierarchisierung entwickelt sie gemeinsam mit ihrer Therapeutin eine gemeinsame Zielhierarchie, die von der Befindlichkeitsverbesserung über das Führen klärender Gespräche mit ihren beiden erwachsenen

Kindern bis zur Auseinandersetzung mit der Zukunft und ihrer derzeitigen Wohn- und Beschäftigungssituation reicht. Schnell wird ihr deutlich, wie wenig selbstbewußt und an ihren Bedürfnissen orientiert sie sich in den letzten zwanzig Jahren verhalten hat, und wie wenig soziale Kompetenzen sie gepflegt und ausgebaut hat. Ihr wird allerdings auch klar, dass sie die Beziehungen zu ihren Kindern und auch zu ihrem geschiedenen Mann wird belasten müssen, wenn sie sich auf den Weg macht und ihr Leben wieder aktiv in die Hand nimmt. Es wird ihr im Diskurs deutlich, dass sie immer ein besonderes Vertrauensverhältnis zu ihrer älteren Schwester (+4 Jahre) hatte, das sie aber über Jahrzehnte nicht genutzt hat. Sie beschließt, zu der inzwischen verwitweten Schwester, die noch im Elternhaus in Süddeutschland lebt, Kontakt herzustellen und sie zum Angehörigenseminar in die Klinik einzuladen. Mit den Kindern möchte sie anläßlich eines Familiengesprächs über ihren Alkoholkonsum und seine Folgen sprechen – vorher möchte sie sich noch mehr Klarheit darüber verschaffen, ob sie sich bereits als alkoholabhängig einschätzen sollte und was dies für sie bedeuten würde.

Adrian ist sich nach den ersten beiden Wochen des Aufenthalts immer noch nicht sicher, welche persönlichen Veränderungsziele für ihn hilfreich sein könnten. Er sieht sich in einer verkorksten Lebenssituation, er hat den Vater enttäuscht, seine erfolgreiche Schwester und seine Mutter haben ihn subjektiv im Stich gelassen, seine geschiedene Frau hat ihn ebenfalls verlassen und sich, ohne die jugendliche Konsumphase fortzusetzen, ein erfolgreiches Leben in einer anderen Stadt aufgebaut. Er hat noch keine berufliche Orientierung, die abgebrochene Schreinerlehre möchte er keinesfalls fortsetzen, da er sich nicht als handwerklich begabt und genügend interessiert einschätzt. Alternativen fehlen oder entspringen punktuell einem Zweckoptimismus: »Dann mache ich Schafhirte in Neuseeland.« In der Diskussion solcher Fantasien wird deutlich, dass Adrian gerne etwas mit Tieren machen möchte – er erlebt sie als zuverlässiger und freundlicher als Menschen und sie erfüllen eher seine Wünsche nach Nähe und Kontakt, ohne subjektive Risiken, insbesondere des aktiven Verlassenwerdens, zu bergen. Dennoch wird ihm schnell klar, dass er zunächst ein Gerüst für seinen Lebensentwurf benötigt. So wird als erste Zielsetzung die Prüfung beruflicher Eignungen und Neigungen vereinbart und die Einhaltung eines geregelten Tagesablaufs – auch am Wochenende – angestrebt. Die viele freie Zeit gerade an den Wochenenden möchte Adrian mit neuen bzw. wieder auflebenden Aktivitäten füllen, so z. B. Wandern und Spazierengehen, ein moderates Fitnesstraining und Schwimmen. Er plant, seiner Idee einer Ausbildung zum Tierheilpraktiker nachzugehen und Ausbildung und Berufschancen zu recherchieren. Für diese Veränderungen möchte er als Grundlage eine Planungs- und Überprüfungsheuristik entwickeln, damit er seine leichte Ablenkbarkeit und antriebslose Phasen besser überwinden kann. Er möchte sich Wochenziele setzen und diese gemeinsam mit dem Therapeuten daraufhin überprüfen, ob sie realistisch sind bzw. wieweit er sie am Ende der Woche erreicht hat.

Für die gemeinsame Reise von A nach B (vom Ist- zum Sollzustand, zu den Zielen) benötigen Reisende nicht nur ein Fortbewegungsmittel, vielleicht ein Auto oder ein anderes Gefährt und etwa eine Landkarte oder ein Navigationssystem, die Zielidentifikationen, Etappen und die Erreichung erleichtern. Es werden auch Energie und hilfreiche/hilfsbereite Unterstützer benötigt. Im Bild der Therapie als Reise tritt an dieser Stelle die Motivation als Absicht (kognitiv) und Bereitschaft (motivational/emotional) auf den Plan, etwas in meiner Umgebung oder mich selbst zu verändern. Es sind Entscheidungen zu treffen, wobei diese auch immer beinhalten, sich für das eine und gleichzeitig gegen etwas anderes zu entscheiden (»Die Entscheidung für eine Alternative schließt mindestens eine zweite aus.«).

Hier kommt dem Therapeuten die Rolle zu, mögliche Entscheidungen nebeneinander zu stellen, Für und Wider abzuwägen, zu unterstützen in einer Festlegung (u. U. trotz bedeutsamer Kosten und Nebenwirkungen) und die Haltung zu vermitteln, dass der Patient eine Veränderung bei sich und in seinem Umfeld tatsächlich auch bewirken kann. Im Kontraktmanagement (mit einer wichtigen Bezugsperson) wird z. B. eine Vereinbarung geschlossen über den Ablauf einer Veränderung und unterstützendes Verhalten. Auch bei möglichen Rückschlägen entsteht dadurch eine soziale Verbindlichkeit und gestärkte Compliance im Hinblick auf die selbst gesetzten Ziele. Diese sind – wenn sie sorgfältig und reflektiert festgelegt wurden – in sich motivationsfördernd und -stabilisierend. Eine Visualisierung des Ziels, eine positive Geschichte im Zusammenhang mit der Zielerreichung hilft beim Durchhalten auch unangenehmer oder widriger Phasen. Aus den Oberzielen werden in der Zeit immer näher an die Gegenwart rückende Unterziele abgeleitet, so dass es letztendlich zur Vereinbarung therapeutisch angehbarer, mit den zur Verfügung stehenden Mitteln erreichbarer und überprüfbarer Teilziele kommt, deren Erreichung als wichtige Meilensteine im Veränderungsprozess auch entsprechend gewürdigt werden sollte. Eine Zielfestlegung beinhaltet damit die Vereinbarung realistischer, kleiner Schritte, die nur dann weiter gesteigert, fortgesetzt oder entwickelt werden, wenn die vereinbarte Teilzielsetzung erreicht wurde. Aus dem Prozess heraus können sich auch Veränderungen oder weitere Konkretisierungen der Ziele ergeben, die dann – wie die ursprünglichen Ziele – genauso geprüft und vereinbart werden im Sinne einer flexiblen Zielanpassung. Erst wenn dieses feststeht, kann es zur Planung und Umsetzung von konkreten Interventionen kommen.

> **Merke**
> Eine positive Zielerreichungsgeschichte und eine Visualisierung des Ziels sind motivierend an sich.

2.1.5 Phase 5: Planung, Auswahl und Durchführung spezifischer Methoden

Erst nach einer solchen Problem- und Zielanalyse kann in Passung dazu festgelegt werden, welche therapeutischen Hilfsmittel und Werkzeuge im individuellen Fall sinnvoll sind. Hier kann in der (kognitiven) Verhaltenstherapie auf die bewährten Manuale zurückgegriffen werden, die als »Steinbruch« wirksamer Methoden und Vorgehensweisen anzusehen sind, auch und insbesondere, sofern komorbide Störungen zur Sucht vorhanden sind. Vorzugsweise aus den Techniken zur Therapie von Depressionen und Angst sowie im Umgang mit Menschen mit Persönlichkeitsstörungen kann die moderne Verhaltenstherapie überzeugende und empirisch geprüfte Programme bzw. Bausteine in der Behandlung von Menschen mit Abhängigkeitsstörungen sowie deren komorbider Beeinträchtigungen zur Verfügung stellen.

Da Psychotherapie in der Beziehung stattfindet und diese auch ein wichtiger, wenn nicht der wichtigste Wirkfaktor für die erfolgreiche Behandlung darstellt, kommt der stützenden, ressourcenorientierten und Veränderungshoffnung stärkenden therapeutischen Grundhaltung in dieser Phase eine besondere Bedeutung zu. Treten im Verlauf dieser direkten und veränderungsorientierten Arbeit Fehlschläge, Überforderungen, nicht kalkulierte »Nebenkosten« und unerwartete, nicht erwünschte Wirkungen auf, ist es die therapeutische Arbeitsbeziehung, auf die sich der Patient zurückziehen kann und verlassen können muss. Insbesondere die Bausteine aus Behandlungsprogrammen der Depression (da häufig eine begleitende depressive Symptomatik bei Suchtkranken in der Behandlung vorkommt) und der Angststörungen (oft stellt der Suchtmittelkonsum einen Selbstbehandlungsversuch dar, der anfänglich gut funktioniert – sowohl im Sinne der angstärmeren Bewältigung als auch in der leichter verarbeitbaren Vermeidung angstbesetzter Situationen und Herausforderungen) bieten reichhaltig Alternativen für die Behandlungsplanung und -umsetzung. Die Gruppe der Expositionsverfahren (z. B. Neudeck, 2015) hält für die Behandlung von Abhängigkeitsstörungen und deren Folgen gute Anregungen und Behandlungsrationale bereit, eine ebensolche Bedeutung weisen die Methoden der kognitiven Umstrukturierung auf (z. B. Wilken, 2015). Auch der Klassiker der Stressbewältigung von Donald Meichenbaum (2012) bietet vielfältige und praxisnah beschriebene Anregungen. Da Suchtbehandlung immer auch Klärung von Ambivalenzen beinhaltet, profitieren viele Patienten von den sogenannten Stuhldialogen in der Psychotherapie, bei denen innere Anteile, verschiedene Emotionen oder auch Konflikte Plätze auf verschiedenen Stühlen zugewiesen bekommen, was es dem Patienten ermöglicht, mit diesen Ambivalenzen in Kontakt zu kommen, ihnen nachzuspüren im Sinne der Herkunft und Funktionalität und aus dem erwachsenen Anteil heraus den Stellenwert neu zu definieren (s. a. Faßbinder & Jacob, 2014). Bilder wie der »innere Kritiker« oder der »innere Verführer« können nebeneinander gestellt werden. Das »innere Team« kann aus verschiedenen Anteilen bestehen, die dafür sorgen können, dass einerseits Bedürfnisbefriedigungen und Wohlergehen nicht zu kurz kommen, andererseits erwachsene Vorgehensweisen zu deren Erreichung genutzt werden bzw. Unterstützung für das Durchhalten auf dem Weg zum Ziel oder bei Rückschlägen aktiviert wird.

Systemisch orientierte Ansätze fassen Sucht als eine tiefgreifende Beziehungsstörung auf, in der das Suchtmittel letztlich die Regulierung des Beziehungsgefüges mehr oder weniger vollständig übernimmt. Daher sind Aspekte der sozialen Kompetenz, aber auch des Umgangs mit (wieder vorhandener) freier Zeit sowie der Konfrontation mit den sozialen Folgen einer oft langjährigen Suchtmittelabhängigkeit in der Regel wichtige Bestandteile einer erfolgversprechenden Therapie. Hier haben soziale Kompetenztrainings (z. B. Hinsch & Pfingsten, 2015), Genusstrainings (z. B. Lutz, 1999), Entspannungsverfahren (z. B. Hoffmann, 2003) und andere Interventionsmethoden – auch in Manualform – ihren Platz.

An dieser Stelle seien nur zwei interessante neuere und die Fallkonzeption bereichernde Ansätze genannt, nach denen sowohl das Problemverständnis als auch die Interventionen zur Veränderung von Denken und Verhalten eingebettet sein können.

Zum einen handelt es sich um die Akzeptanz- und Commitment-Therapie nach Hayes (ACT; Eifert, 2011). Ziel ist hier u. a. die Flexibilisierung aus entwicklungshemmenden, dysfunktionalen und der Vergangenheit zugeordneten Erfahrungen durch kognitive Umbewertung, Aufbau von Gelassenheit und Hinwendung zu positiven, bewältigungsorientierten und entwicklungsfördernden Denk- und Verhaltensweisen. Hier ist auch ein Fallkonzept vorgeschlagen, das dem Therapeuten hilft, die für das Verständnis des Einzelfalls erforderlichen Informationen zu sortieren und zu bündeln, damit die wichtige Frage beantwortet werden kann: »Welche besonderen Probleme im Leben dieses Klienten haben zur Entstehung seiner Probleme und zu der für ihn charakteristischen psychischen Inflexibilität und Einschränkung der normalen Lebensentfaltung geführt?« (ebd., S. 31) Diese nach Luoma, Hayes & Walser (2009) modifizierte Fallkonzeptstruktur erfasst Anlässe für die Behandlung, Verstrickungen des Klienten (emotional, kognitiv), Vermeidungsstrategien bezogen auf das negative Erleben, Einengungen und Fixierungen im Verhalten, aber auch motivierende Faktoren und Stärken des Klienten.

Ein zweiter neuerer Ansatz der kognitiven Verhaltenstherapie ist die Schematherapie, die insbesondere für Menschen mit komplexen und chronifizierten psychischen Problemen entwickelt wurde. Diese beschäftigt sich nicht nur mit den aktuellen Problemlagen, sondern auch mit deren Entstehung in Kindheit und Jugend (Jacob & Arntz, 2014). Hierbei werden neben den Schemata der Annäherung und Vermeidung verschiedene Modi unterschieden, die das aktuelle Verhalten steuern, z. B. der gesunde Erwachsenenmodus, der schuldinduzierende oder fordernde Elternmodus oder der verletzliche bzw. trotzig-ärgerliche Kindmodus.

> Für Adrian wird gerade der Themenkomplex der sozial desintegrierten Situation (soziale Folgeerscheinungen im beruflichen und familiären Umfeld), aber auch die Herausforderung, mit Langeweile, Stress, Zurückweisung und Misserfolgen sowie das Ausharren und Aushalten negativer Gefühlszustände besonders bedeutsam sein. Daher werden mit dem Aufbau aktiver und entlastender Freizeitgestaltung zwei wichtige dieser Unterziele direkt unterstützt. Parallel dazu wird es wichtig sein, die berufliche Orientierung auszuloten und hier Ziele nach Neigung, Befähigung, Belastbarkeit aber auch Marktchancen anzuvisieren. In Bezug auf die Familie plant Adrian eine Teilnahme des Vaters beim Angehörigenseminar der Einrichtung ein, allerdings erst nach einer ausreichenden Stabilisierung und Orientierung. Ziel könnte es hierbei sein, angemessene Unterstützung in faktischer und emo-

tionaler Hinsicht zu erhalten mit der wohlwollenden Erlaubnis und Unterstützung durch den Vater, aber auch sich selbst im Sinne eines selbstfürsorglichen Erwachsenenmodus einen eigenen und neuen Lebensentwurf zu gestalten und gegenüber dem Vater zu vertreten. Die Kontaktaufnahme zur Mutter ist ebenfalls ein Wunsch und ein Ziel von Adrian. Hier entscheidet er sich, nach den langen Jahren des fehlenden Kontaktes erst einmal einen Brief an die Mutter zu formulieren, den er gemeinsam mit seinem Therapeuten und einigen Mitgliedern seiner Behandlungsgruppe durchsprechen und optimieren möchte. Seine Wünsche an die Mutter schwanken zwischen ärgerlicher Rückweisung aufgrund seiner Verletzungsgefühle (ärgerlicher Kindmodus) und emotionaler Hinwendung. (bedürftiger Kindmodus). Hier will er sich mit Unterstützung des Therapeuten eine erwachsenere Position erarbeiten, ohne seine Bedürfnisse aufgeben zu müssen.

Sonja profitiert von der progressiven Muskelrelaxation nach Jacobson sehr gut. Daneben hat sie das Walking für sich entdeckt, das sie in einer kleinen Gruppe von Frauen morgens vor dem Therapiebeginn durchführt. Für die Kontaktaufnahme zur Schwester möchte sie ein gestuftes Vorgehen wählen: zunächst einen Brief, dann ein Telefonat und im späteren Verlauf eine Besuchsfahrt zu ihr für ein Wochenende, da sie sich noch nicht ausreichend stabil fühlt dafür, in ihr eigenes Haus besuchsweise zurückzukehren, in dem sie sich alleine und unter Erinnerung an das vergangene dort Erlebte rückfallgefährdet sieht. Aus ihrem entworfenen Problemkuchen greift sie sich den Aspekt des »Alleine auf sich Gestelltsein« heraus. Mithilfe ihres Therapeuten macht sie Pläne dafür, was sie alles alleine tun kann, was sie bis jetzt noch nicht so konnte aus Rücksicht darauf, was Mann und Kinder sagen würden. Unter der Überschrift: »Was ich immer schon einmal tun wollte und nie gewagt habe« stellt sie eine Liste von 35 Aktionen zusammen, die sie dann in ihrer Gruppe vorstellt und diskutiert. Sie nimmt Kontakt zur örtlichen Selbsthilfegruppe auf, die die Klinik regelmäßig besucht, und findet Menschen, an denen sie sich modellhaft orientieren kann. Hier diskutiert sie kritisch ihre Zweifel, ob sie abhängigkeitskrank ist, unterstützt durch einen gelenkten Disput mit ihrem Therapeuten und Mitpatienten. Sie liest zwei Bücher (Selbsthilfeliteratur), mit deren Hilfe sie ihre Selbstdiagnose verfeinern kann. Anschließend führt sie ein Familiengespräch unter Begleitung der Therapeutin mit ihrer Tochter, die sich – für Sonja unerwartet – sehr feinfühlig und verständnisvoll zeigt. Sie setzt sich mit der Möglichkeit der Akzeptanz des Vergangenen, insbesondere der erlebten Verletzungen durch den Verlust des Partners auseinander und entwickelt für sich einen individuellen Gelassenheitsspruch: »Du kannst Geschehenes nicht rückgängig machen, aber die Art und Weise, wie Du heute damit umgehst, verändern, um Schaden von Dir selbst abzuwenden.«

Nachdem Ulli nach einiger Wartezeit und Überbrückung seinen Therapieplatz bei einem ambulant tätigen Psychologischen Psychotherapeuten mit der Diagnose »Depressive Episode bei vorbekannter Suchtmittelabhängigkeit, derzeit abstinent; F32.1 bei F10.8« angetreten hat, beschäftigt er sich zunächst damit, wie er negative Gefühlszustände und das Alleinsein verändern bzw. günstig beeinflussen kann. Insbesondere die wegen seines vermehrten Grübelns aufgetretenen Schlafprobleme geht er aktiv an, nachdem in der Therapie Aspekte der Schlafhygiene psychoedukativ bearbeitet worden sind und eine Grübelstunde eingeführt worden war. Hinzu kommen in der Behandlung Elemente des Sozialen Kompetenztrainings, hier insbesondere der angemessene Ausdruck eigener Bedürfnisse (einschließlich der Abschätzung der Kompromissfähigkeit zu einem Thema) sowie der Abgrenzung in adäquater Form (einschließlich der Ablehnung von Suchtmittelangeboten). Er geht in klärende Gespräche mit seinem Arbeitgeber und seinem Vorgesetzten und entwirft Pläne für eine berufliche Neuorientierung. Hierbei wird er weiterhin von seiner Sozialberaterin und Fallmanagerin unterstützt, die ihm hilft, Wege der beruflichen Förderung und Eingliederung zu prüfen sowie einen Eignungstest zu organisieren. Er schließt sich einem ortsansässigen Tischtennisclub an, hier ist er aber nicht sicher, ob er dies auf Dauer tatsächlich beibehalten will. Neben dem dortigen Training einmal die Woche am Abend finden an den Samstagen oft Turniere statt, die er als Gast mitbesuchen kann, da er noch nicht zum Kader der Turnierspieler gehört. An einem zweiten Abend in der Woche trifft er sich regelmäßig mit seinem Freund aus der Adaptionsmaßnahme in einer nahegelegenen Kneipe, an einem dritten Abend besucht er die Selbsthilfegruppe in der Beratungsstelle. Bei Bedarf – etwa zweimal pro Monat – sucht er seine Sozialberaterin auf, um sie auf dem Laufenden zu halten bzw. Beratung zu bekommen in den anstehenden Fragen.

2.1.6   Phase 6: Evaluation therapeutischer Fortschritte

Die kontinuierliche therapiebegleitende Diagnostik hat zum einen den Zweck, Veränderungen zu erfassen und aus der jeweiligen Bewertung der Ergebnisse auch Erfolgserlebnisse abzuleiten. Zum anderen muss eine solche prozessbegleitende Maßnahme ausreichend reliabel in der Wiederholung sein (d. h. sie erfasst am besten Befindlichkeiten und wahrgenommene Fortschritte, z. B. auf einer visuellen Analogskala (VAS; s. o.), etwa zehnstufig mit entsprechenden Ankerwerten von Grad der »Zielannäherung« oder »verändert – nicht verändert« oder »besser – schlechter« etc.) Als Prä-Post-Messung eignen sich auch Messskalen für stabilere Merkmale, etwa klinische Persönlichkeitstests, Angst- oder Aktivitätenfragebögen etc. Die jeweiligen Werte werden in der Regel mit dem Patienten besprochen, ebenso Profilinformationen, die bei psychometrischen Skalen mit Unterskalen vorliegen. Diese haben den Vorteil, dass wir eine »Gestalt« mit dem Patienten besprechen können, mit der auch deutlich wird, dass zu einer Problematik nicht nur verschiedene Unterthemen gehören, sondern auch weniger beeinträchtigte Untermerkmale als Ressourcen oder Kompetenzen anzusehen sind.

Zu Beginn einer Behandlung hilft die psychometrische oder Testdiagnostik nicht nur bei der Einordnung und der Bestimmung der Art und des Schweregrads einer Beeinträchtigung. Vielmehr wird es im Gespräch über die Ergebnisse einer entsprechenden Untersuchung für die Planung mit dem Patienten verstärkt deutlich, welche Zielvariablen eine Psycho- oder Soziotherapie haben kann und welche nicht. In der Abschlussdiagnostik kann festgestellt werden, wie sich die Beeinträchtigung des Patienten verändert hat, welche Erfolge es zu verzeichnen gibt, aber auch, wie eine To-do-Liste für die Zeit nach der Behandlung und zur Rückfallprophylaxe aussehen könnte.

Selbstbeobachtungsbögen oder Tagebücher helfen z. B. dabei, eine sogenannte baseline, eine Grundrate für das Auftreten des Problemverhaltens zu erfassen und Veränderungen deutlich zu machen, die sich im Prozess ergeben. Sie können aber auch in der späteren Reflektion Erreichtes, Fehlschläge oder Rückfälle in altes Verhalten und Denken darstellen und dabei helfen, dieses aufzugreifen. Die Aufzeichnungen können nach bestimmten Schemata und vorgegliederten, gerne auch gemeinsam mit dem Patienten strukturierten Vorlagen erfolgen oder in freier Form. Hilfreich erweisen sich z. B. strukturierende Kontrollfragen am Abend oder am Ende der Woche: »Was habe ich Besonderes erlebt, was hat mich besonders herausgefordert, was war besonders schön ... heute/in dieser Woche?« und »Warum war dies besonders, herausfordernd, schön ...?« bzw. »Was habe ich heute erfolgreich ausprobiert?« oder auch »Was nehme ich mir für morgen vor, um es auszuprobieren?«.

Merke
Hilfreiche Instrumente in der Prozesssteuerung:

- Visualisierungen (z. B. VAS)
- Einschätzung der Prozessqualität durch Patient und Therapeut
- Tagebücher, Protokolle
- Bilanzierungsfragen

Zur Evaluation kann auch eine Nachbefragung nach Beendigung der Zusammenarbeit gehören. In der stationären medizinischen Rehabilitation bei Abhängigkeitserkrankungen gehört es seit vielen Jahren zum Standard, ein Jahr nach Beendigung der Behandlung eine postalische oder elektronische Nachbefragung (Katamnese) durchzuführen, die neben dem Status bezogen auf erneuten Konsum von Suchtmitteln insbesondere auch die Zufriedenheit mit wichtigen Lebensbereichen (z. B. Familie/Partnerschaft/Kinder; Arbeit/Beruf; Gesundheit; Freizeit) umfasst. Auch in vielen ambulant oder ganztags ambulant arbeitenden Suchtbehandlungseinrichtungen gehören solche Einjahres-Katamnesen zur Evaluationsstrategie dazu (z. B. Fachverband Sucht e.V. unter www.sucht.de). Im Rahmen des Qualitätssicherungsprogramms der Deutschen Rentenversicherung werden als Qualitätsindikatoren auch Rehabilitandenbefragungen im zeitlichen Abstand von etwa drei Monaten zur Beendigung einer Rehabilitationsmaßnahme durchgeführt. Hier werden sowohl die Zufriedenheit und erlebte Angemessenheit einer Behandlung erfragt als auch Aspekte des Behandlungserfolgs aus Sicht des Patienten erfasst. Die Ergebnisse werden den Behandlungseinrichtungen in anonymisierter Form und als Durchschnittswerte der von ihnen behandelten Patienten rückgemeldet. Um die eigenen Rückmeldungen mit denen anderer Einrichtungen vergleichen und einordnen zu können im Sinne eines benchmarkings, werden die Durchschnittswerte strukturell vergleichbarer Einrichtungen ebenfalls mitgeteilt. Leider betreffen diese Rückmeldungen nur große Einrichtungen mit ausreichender Fallzahl und werden aufgrund der aufwändigen Erhebungs- und Auswertungsmethoden sehr zeitverzögert veröffentlicht.

In bestimmten Fällen kann es hilfreich sein, wenn der Patient aufgefordert wird, in einem zeitlichen Abstand zur Behandlungsbeendigung (z. B. nach vier oder sechs Wochen) einen Kontakt mit dem Bezugsbehandler aufzunehmen und seine ersten Erfahrungen rückzumelden. So wird die stabile Behandlungsbeziehung am Ende der Zusammenarbeit genutzt, um gerade die ersten schwierigen Wochen im Alltag zu überbrücken. Hier ist sorgfältig abzuwägen, inwiefern diese »lange Leine« der Vermeidung eines Abschieds dient, was im Sinne der Autonomieentwicklung eines Patienten abträglich wäre. Allerdings ist die Rückmeldung eines auf seine Leistungen stolzen

Patienten auch Motivationsquelle für den Behandler, ebenso wie Fehlschläge eine kritische Auseinandersetzung mit dem eigenen Handeln auslösen können.

2.1.7 Phase 7: Erfolgsoptimierung und Abschluss der Therapie

Die Stabilisierung und der Transfer therapeutischer Fortschritte in den Lebensalltag des Patienten stellt die eigentliche Zielsetzung einer Psychotherapie und auch jeder Rehabilitationsmaßnahme dar. In den verhaltenstherapeutischen Ausrichtungen wird dies sehr prägnant ausgedrückt etwa mit den Worten: »Es ist weniger wichtig, wie sich der Patient in der Therapiestunde verhält, als wie er zwischenzeitlich zunehmend besser mit seinen Problemen in seinem Alltag umgehen kann.« Erst hier zeigt sich, wie valide Veränderungen von Denken und Verhalten sind und ob sie sich als funktionaler in der Erreichung des Gewünschten für den Patienten erweisen, mithin also ökologisch valide sind.

> **Merke**
> Rückfallprophylaxe und Transfer der Veränderungen in den Alltag sind übergeordnete Ziele in der Behandlung.
> »Was mache ich, wenn ... ?« als Planspiel, zugeschnitten auf die Lebenswelt des Patienten, ist ein zielführender Baustein.

Bei aller Therapiezielorientierung werden häufig im Verlauf auch weitere, mit der ursprünglichen Problematik assoziierte Themen im Behandlungsverlauf aufgetreten sein. So gilt es, nicht nur den Zielerreichungsgrad und die Stabilisierung in Bezug auf die vereinbarten Ziele hin einzuschätzen. Für die zusätzlichen, erweiterten Themen oder andere Problembereiche des Patienten kann es sinnvoll sein, abzuklären, ob eine Übertragung des Erlernten auch hier zu Lösungen führen kann (s. u.), ob eine Verlängerung/Ausweitung der Zusammenarbeit zum jetzigen Zeitpunkt sinnvoll und möglich ist oder welche weiterführenden Schritte in welchem zeitlichen Abstand einen Sinn machen könnten. Hierbei kommt gerade im Suchtbehandlungsbereich dem differenzierten Netz verschiedenster Hilfsangebote eine besondere Bedeutung zu. Dieses reicht von der Selbsthilfe mit unterschiedlichsten Ansätzen über betriebliche, kommunale, freie und kirchliche Beratungsdienste bis zu Weiterbetreuungs- und -behandlungsformen wie Nachsorge, ambulante oder ganztags ambulante Rehabilitationsmaßnahmen, Adaption, betreute Wohnformen oder ambulante Psychotherapie.

In dieser letzten Phase der Behandlung besteht auch die Chance, neben der Würdigung des Erreichten in der Therapie das Prinzip des Selbstmanagements als übergeordneten Problemlöseprozess im Sinne einer Metastrategie zu verdeutlichen. So erfährt der Patient, dass er mit diesen Grundelementen der Selbstbeobachtung, des Ist-Soll-Vergleichs, der Ableitung von Zielen und der Planung und Umsetzung von Veränderungen in seinem Denken und Verhalten über mächtige Instrumente verfügt, um bei zukünftigen Problemsituationen einen erfolgversprechenden Weg selbstbestimmt zu beschreiten. Mit dieser Generalisierung der Wirkmechanismen des durchlaufenen Prozesses besteht auch noch einmal die Möglichkeit, das Erreichte auf den Einsatz und die Befähigung des Patienten zurückzuführen, sich als Therapeut in der Begleiter- und Unterstützerfunktion zu definieren und den Patienten in seiner Selbstwirksamkeitserwartung zu stärken. Die Grundschritte für den erfolgreichen Erwerb von Selbstmanagementfertigkeiten bestehen dabei im Ausbau der Selbstbeobachtung, im Aufbau geeigneter Coping- bzw. Bewältigungsstrategien sowie deren prozessbegleitender Evaluation im Hinblick auf Angemessenheit und Erfolg. Erfolgreiches Selbstmanagement ist dann etabliert, wenn der Patient eigenständig über das Ob, Wann, Wie und Wohin dieser Grundschritte entscheiden kann, er seine Probleme besser analysieren und lösen und seinen Zielen entsprechend handeln kann.

> **Merke**
> Therapie als Problemlöseprozess: Wie kann ich das Erlernte weiter im Leben im Sinne einer Metastrategie nutzen?

2.1 Das 7-Phasenmodell nach Kanfer

Das Beenden einer therapeutischen Arbeitsbeziehung und der damit verbundene Abschied hat im Sinne des Recency-Effektes wiederum eine besonders nachhaltige Bedeutung für den Patienten. Dieser aus der Gedächtnisforschung bekannte Effekt besagt, dass Informationen am Ende eines Vorgangs besser erinnert werden als Informationen, die währenddessen erscheinen. Am Ende der Behandlung wird dies noch unterstützt, da hier meist eine besondere emotionale Beteiligung vorliegt. So wird auch z. B. der letzte Urlaubstag oft besser erinnert, als die Tage zuvor. Dies liegt u. a. daran, dass ein Erleben am Schluss besser ins Kurzzeitgedächtnis übernommen werden kann und von dort aus wiederum leichter ins Langzeitgedächtnis, weil keine anderen einschlägigen Informationen danach kommen, die die Speicherung erschweren oder relativieren könnten. Daher ist dem letzten Kontakt einer Behandlungsabfolge eine besondere Bedeutung beizumessen und er ist sorgsam vorzubereiten im Sinne der Überlegung: »Was sollte der Patient an Abschlusseindrücken aus der Zusammenarbeit besonders in Erinnerung behalten?« Ein Abschlussfeedback sollte daher insbesondere positive und angenehm zu erlebende Bestandteile haben und das Erreichte betonen. Rituale z. B. in Form eines kleinen Abschiedsgeschenks des Therapeuten (z. B. eine positive Spruchkarte, ein Stein, ein gegenständliches Symbol für die Zusammenarbeit) können sinnvoll und wertschätzend sein; auch der Therapeut darf kleine Geschenke mit geringem finanziellem Wert annehmen, anderes entspricht nicht den ethischen Grundprinzipien, nach denen sich ein Therapeut nicht durch die Beziehung zu einem Klienten oder Patienten bereichern oder persönliche Vorteile daraus ziehen darf.

Nicht immer werden therapeutische Arbeitsbeziehungen regulär oder mit dem Erreichen vereinbarter Ziele beendet. Zu irgendeinem Zeitpunkt im Prozess können Therapeut und/oder Patient zu der Überzeugung kommen, dass die weitere Zusammenarbeit nicht mehr zielführend oder sogar kontraproduktiv sein könnte. Kommt der Therapeut zu dieser Einschätzung, ist es seine Aufgabe, mit dem Patienten in respektvoller und wertschätzender Weise darüber zu sprechen und eine Behandlungsbeendigung oder Überweisung in einen anderen Behandlungskontext oder zu einem anderen Behandler vorzuschlagen und zu begründen und dies eventuell mit Einverständnis des Patienten einzuleiten. Solche Situationen können aus unterschiedlichsten Gründen, die auf Seiten des Therapeuten liegen, vorkommen, z. B. Schwangerschaft des Therapeuten oder Umzug/Arbeitsplatzwechsel, krankheitsbedingter Ausfall, aber auch Probleme für den Therapeuten, mit einer bestimmten Themenentwicklung zurecht zu kommen, die er in seiner Supervision oder Selbsterfahrung nicht ausreichend schnell oder tiefgreifend verändern kann (z. B. wenn sich im Verlauf Informationen ergeben wie Gewaltanwendung durch den Patienten gegenüber anderen Menschen, etwa Kindesmissbrauch oder sexuelle Übergriffigkeit). Fühlt sich der betreffende Therapeut mit dieser Thematik überfordert und nicht mehr ausreichend in der Lage, eine wohlwollende und den Patienten schützende und unterstützende Arbeitsbeziehung aufrecht zu erhalten, wird er die Behandlung beenden müssen.

Häufiger ist es jedoch der Fall, dass ein Patient die Behandlung von sich aus abbricht. Krisen in der Behandlungsbeziehung werden weiter unten näher ausgeführt – diese können Vorläufer eines Behandlungsabbruchs sein. Manchmal können aber auch äußere Umstände, wie etwa die mangelnde Unterstützung wichtiger Bezugspersonen für die Behandlung oder die hier erzielten Veränderungen, Anlässe für eine Behandlungsbeendigung sein. Manchmal berichten Patienten, dass sie keine Veränderung (mehr) erleben oder erwarten durch die Behandlung. Daher spielen Zielabgleiche im Behandlungsprozess eine wichtige Rolle, um solche Motivationseinbrüche rechtzeitig zu erkennen und darauf zu reagieren. Die Bereitschaft, weiter im Behandlungsprozess mitzuwirken und die Hoffnung und Erwartung auf eine realistische Chance der Zielannäherung und -erreichung sind bedeutsame moderierende Variablen im Sinne einer Veränderungs- und Durchhaltemotivation, auch wenn es in der Behandlung Herausforderungen und schwierige Situationen geben wird. Manche Behandlungsabbrüche durch Patienten kommen durch diese fehlende Überzeugung einer realistischen Zielerreichungsmöglichkeit zustande, manchmal kann allerdings auch beobachtet werden, dass Patienten unterschwellige Beziehungsbotschaften von Therapeuten interpretieren und aufgrunddessen denken, dass sie zu schwierige, hoffnungslose Fälle seien oder sich der Therapeut überfordert fühle. Überfordernde, vom Patienten seitens des Therapeuten angenommene Erfolgserwartungen – manchmal auch in Form einer Übertragung aus dem Beziehungskontext des Patienten – können auch zu einer vorzeitigen Behandlungsbeendigung durch den Patienten beitragen. Hin und wieder sind sich Patienten aber auch schon relativ sicher, alleine weiter zurecht zu kommen, wenn ein Therapeut dies aus seiner Sicht noch nicht so sieht. In jedem Fall hilft es dem Therapeuten in seiner eigenen professionellen Selbstwirksamkeitserwartung weiter, eine vom Patienten einseitig beendete Behandlung für sich zu reflektieren, am besten mit Feedback-Möglichkeit aus seiner eigenen peer group. Ausschließlich externalisierende (»Der Patient ist noch nicht so weit«, »Der Patient hält die Beziehung nicht mehr aus« etc.) oder internalisierende (»Ich habe Fehler gemacht«, »Ich habe Wichtiges übersehen« etc.) sind selten per se realitätsgerecht. Gelegentlich führen subjektiv erwartete oder tatsächliche Überforderungen dazu, dass der Patient die Behandlung abbricht. Dies ist im weiteren Sinne eine selbstwertschützende Reaktion des Patienten. Für Therapeuten ist es daher sehr wichtig, das Veränderungstempo und die Forderungen an den Patienten stets im Blick zu behalten, um Überforderungen zu vermeiden. Vielfältige weitere Gründe mögen für den Behandlungsabbruch eines Patienten angemessene Hypothesen bereitstellen. Gelegentlich handelt es sich bei solchen Behandlungsabbrüchen de facto aber auch um Behandlungsunterbrechungen. Dann kehrt der Patient unter Umständen nach zeitlichem Abstand wieder in den Behandlungskontext zurück, bei dem gleichen Behandler oder in neuer Konstellation. Eine Evaluation und eine Nachbefragung sollten – wenn möglich – auch bei Patienten erfolgen, die die Behandlung abgebrochen bzw. irregulär beendet haben.

Merke
Vorzeitige Behandlungsbeendigungen umfassen ein Spektrum an positiven oder negativen Behandlungs(zwischen)ergebnissen. Beendigung der Zusammenarbeit durch den Patienten (Abbruch) kann z. B. Ausdruck einer selbstbestimmten Entscheidung oder auch ein Vermeidungsverhalten sein.

2.2 Die neuropsychotherapeutische Perspektive nach Klaus Grawe

»Mitten in den Schwierigkeiten liegt die Problemlösung« (Albert Einstein, deutsch-amerikanischer Physiker; 1879–1955).

Eine gute Heuristik und daraus ableitbare, hilfreiche behandlungsstrategische und -taktische Vorgehensweisen bietet das neuropsychotherapeutische Rahmenmodell nach Grawe (2004). Es ermöglicht nicht nur einen ganzheitlichen Blick auf den Behandlungsprozess, sondern hält auch einen umfangreichen Pool an Werkzeugen für die Prozessbegleitung und die (Neu-)Interpretation von Behandlungskrisen bereit.

In der Diskussion seines Modells der vier grundlegenden Bedürfnisse der menschlichen Entwicklung betont Klaus Grawe (2004) ausdrücklich, auf wie breite und tragfähige wissenschaftliche Schultern er seinen Ansatz stellen kann. Er bezieht die Erkenntnisse und Forschungsergebnisse aus der Allgemeinen Psychologie (Denken, Fühlen, Wollen und Wahrnehmen) ein und integriert sie in einen entwicklungspsychologischen Kontext, der die gesamte Lebensspanne eines Individuums umfasst. Ausgangspunkte sind die vier als Grundkategorien beschriebenen, allgemeinen psychischen Bedürfnisse nach

- Sicherheit und Kontrolle,
- Vermeidung von Unlust und dem Streben nach Lust,
- Bindung/Beziehungserfahrung/Zugehörigkeit und
- Selbstwerterhöhung.

Diese Bestrebungen sind Motoren, Motivationen, nach denen wir uns in der Welt orientieren. Sie können mehr oder weniger gut zu einem bestimmten Zeitpunkt erfüllt sein und mehr oder weniger funktional, d. h. zielführend verfolgt werden.

Unser Handeln lässt sich jeweils danach einordnen, welche Bedürfnisse wir damit befriedigen. Auch in der therapeutischen Bezie-

2.2 Die neuropsychotherapeutische Perspektive nach Klaus Grawe

hung – als dyadische oder in der Gruppenbehandlung erweiterte, zeitlich befristete Konstellation zwischen zwei oder mehr Personen – kommt der Befriedigung dieser grundlegenden Bedürfnisse eine wichtige Bedeutung zu. Daher ist die diesbezügliche Gestaltung der Arbeitsbeziehung ein mitentscheidender, wenn nicht der entscheidende Faktor für den Erfolg einer Behandlung. Bereits frühe Psychotherapieforscher fanden eindrucksvolle Belege für die Bedeutung der unspezifischen Faktoren, die sich in einer respektvollen und wertschätzenden therapeutischen Arbeitsbeziehung zeigen und einen entscheidenden Einfluss auf den therapeutischen Erfolg haben. So benannte Rosenzweig in seiner bereits 1936 publizierten Übersicht (zit. nach Hadley & Strupp, 1983) folgende wirksame Elemente einer Psychotherapie:

1. die Qualität der therapeutischen Beziehung,
2. die Bereitstellung einer systematischen Ideologie zur Erklärung für die zu behandelnde Störung sowie für die Wirkweise der Behandlungsmethode,
3. die Bedeutung einer vom Patienten erlebten Veränderung, die an einem beliebigen Punkt anfangen kann und
4. die Persönlichkeit des Therapeuten im Sinne einer beziehungsfähigen und psychisch belastbaren Person.

Diese Wirkfaktoren wurden von Frank und Frank (1991) weiter differenziert. Danach sind Voraussetzungen einer gelingenden psychotherapeutischen Intervention folgende Aspekte:

1. eine intensive, emotional besetzte, vertrauensvolle Beziehung zwischen Patient und Therapeut,
2. das Vorhandensein eines plausiblen Erklärungsprinzips für mögliche Ursachen der Störung und die Wirkung der Behandlung (Krankheits- und Behandlungsmodell),
3. eine nachvollziehbare Problemanalyse (mit dem Fokus auf Bestandteilen, die für die Entwicklung von Bewältigungsmöglichkeiten/Veränderungen nutzbar sind),

4. die Hoffnung auf Änderung/Zielerreichung als motivationaler Einflussfaktor,
5. Erfolgserlebnisse im Verlaufe der Behandlung als Ergebnis der gemeinsamen Arbeit und für den Patienten direkt auf sein Verhalten attribuierbar sowie
6. die Förderung positiven emotionalen Erlebens als Voraussetzung zur Stabilisierung von Einstellungs- und Verhaltensänderungen.

In der logischen Weiterentwicklung dieser Ansätze und unter Einbezug der Theorien und Modelle von Epstein (1990) zu motivationalem Geschehen und Bedürfnisstrukturen sowie der Ergebnisse moderner Psychotherapieforschung formuliert Grawe (2004) seinen Ansatz der Neuropsychotherapie. Damit wird nicht nur eine Verzahnung von Um- und Neu-Lernen im psychotherapeutischen Prozess mit den neuronalen und physiologischen Grundlagen solcher Veränderungen angeboten. Es wird auch ein didaktisch nützliches Modell für die Analyse von Krisen in der Arbeitsbeziehung zwischen Patient und Therapeut vorgelegt, auf das weiter unten noch zurückgegriffen wird.

Symptombildungen sind in diesem Verständnis Kompromisse, die in ihrer individuellen biographischen Einbindung zu verstehen sind. So bilden sich in der neuen und anfänglich funktionalen Bedeutung von Bewältigungsverhalten veränderte Kontingenzen auf, deren Bestandteile sukzessive ins Selbst (Organismusvariable) integriert werden. Daraus entstehen langfristig destruktive narrative Konstruktionen, insbesondere bezogen auf sich selbst und relevante Andere sowie zur Wahrnehmung der Welt. Psychotherapie wird nicht appliziert, sondern *entsteht* in gemeinsamem Handeln von Patient und Therapeut, unabhängig davon, welcher therapeutischen Ausrichtung die eingesetzte Methoden und das Behandlungsverständnis des Therapeuten zuzuordnen sind.

Des Weiteren beschreibt Grawe in seinem Buch zur Psychologischen Psychotherapie (1998), das er später zur integrativen Psychotherapie und Neuropsychotherapie (2004) weiterentwickelte, bereits die für eine gelingende Arbeitsbeziehung funktionalen Prinzipien:

1. die Fokussierung der Problembewältigung als eines der zentralen Anliegen des Patienten. Dies ist der Grund, warum er in Behandlung kommt.
2. die gemeinsame Entwicklung eines Klärungsansatzes, damit der Patient ein für ihn plausibles und selbstwerterhaltendes Modell der Entstehung und Aufrechterhaltung seiner Problematik zur Verfügung hat.
3. die Problemaktualisierung im therapeutischen Kontext; Kanfer et al. (2012) beschreiben dies in ihren Hinweisen für die therapeutische Arbeit sinngemäß: »Bevor du ein problematisches Verhalten nicht konkret vor Augen hast, weißt du nicht, worum es eigentlich geht.« Sie verbinden diesen Hinweis mit der Ermutigung für Therapeuten, den Patienten dahingehend zu unterstützen bzw. zu provozieren, dass das problematische Verhalten erkennbar/beobachtbar und damit auch konkret besprechbar werden kann.
4. die Ressourcenaktivierung, die als kontinuierlich unterlegter Prozess in der Problemaktualisierung und Bearbeitung erfolgen muss, um den Patienten nicht zu demoralisieren und ihn stattdessen in seiner Selbstwirksamkeitserwartung positiv zu unterstützen, aber auch um Überforderungen zu vermeiden.
5. die sogenannte heilsame Beziehung zwischen Patient und Therapeut, die es ersterem ermöglicht, die durch Inkonsistenzerfahrungen und Invalidierungen entstandenen Selbstabwertungen und Verunsicherungen zu überwinden.

Grundlage eines psychisch gesunden und funktionalen, d. h. zielstrebigen und erfolgversprechenden Denkens und Verhaltens ist im Ansatz von Grawe die Befähigung zur Konsistenzregulation, die bei psychischen Störungen über längere Zeit nicht gelungen ist. Konsistenz beschreibt dabei die Erfahrung der Vereinbarkeit aller gleichzeitig im Individuum ablaufenden neuronalen/psychischen Prozesse. Nach der Konsistenztheorie psychischer Störungen entstehen diese dadurch, dass unvereinbare, sich widersprechende und der Befriedigung der Grundbedürfnisse nicht dienliche, physiologisch verankerte Prozesse ablaufen. Diese Inkonsistenzerfahrung trägt dazu bei, dass für den betroffenen Menschen die Umwelt und das Leben quasi mehr oder weniger unberechenbar und damit willkürlich werden. Dies ist z. B. der Fall bei überdauernder emotionaler Invalidierung – der Botschaft an die Person, dass das, was sie denkt und tut, was sie fühlt nicht richtig, nicht angemessen ist, nicht sein darf. Je früher in der Entwicklungsgeschichte eines Menschen und je anhaltender dies geschieht, umso stärker beeinträchtigt werden die gesunde psychische Entwicklung und die Selbstwirksamkeitserwartung des Betroffenen, wobei uns die Resilienzforschung zeigt, dass Individuen sehr unterschiedliche protektive Faktoren aufweisen, um trotz ungünstiger Lebensumwelt eine stabile psychische Gesundheit entwickeln zu können.

Aus diesen Überlegungen zur Konsistenz abgeleitet, wird ein wesentliches Ziel einer Psychotherapie die Konsistenzverbesserung durch validierende und die Selbstwirksamkeit steigernde Rückmeldungen an den Patienten sein sowie die Ermöglichung von selbstwerterhöhenden Erfahrungen während der Behandlung. Erlebte Inkonsistenz kann sich dabei auf alle vier Grundbedürfnisse beziehen und in mehr oder weniger starkem Ausmaß auftreten. Ein Instrument zur Erhebung des Inkonsistenzerlebens in den verschiedenen Erfahrungsbereichen ist der Inkongruenzfragebogen (INK; Grosse Holforth & Grawe, 2003). Dieser kann zu Beginn, im Verlauf, aber insbesondere zum Ende einer Behandlung Hinweise darauf geben, in welchen Grundbedürfnissen besondere Inkonsistenzerfahrungen vorliegen und wie sie sich im Verlaufe der Therapie verändert haben. Das ursprüngliche Konzept der Kohärenzregulierung (vergleichbar mit der Konsistenz) nach Epstein (1979) wurde von Grawe in sein Modell integriert und erweitert. Das Ausmaß der individuellen Beeinträchtigung der Kohärenzerfahrung in Bezug auf die vier formulierten Grawe'schen Grundbedürfnisse kann auch mithilfe der »Scale of Incoherence« in der Übersetzung durch Singer und Brähler (2007) psychometrisch erfasst und zu verschiedenen Zeitpunkten der Behandlung verglichen werden. Im Suchtbereich wurde dies z. B. in einer Zweizeitpunktmessung zu Beginn und am Ende einer stationären medizinischen Rehabilitationsmaßnahme mit alkohol- und drogenabhängigen Rehabilitanden in einem Pilotprojekt umgesetzt (Koll, 2015).

2.2 Die neuropsychotherapeutische Perspektive nach Klaus Grawe

> **Definition**
> Die Konsistenzerfahrung ist eine wichtige Voraussetzung psychischer Gesundheit. Sie meint das Erleben der Vereinbarkeit von Erfahrungen aller im Individuum gleichzeitig ablaufender Prozesse im Sinne der Widerspruchsfreiheit.

Grawe beschreibt die ausreichende Befriedigung der vier grundlegenden Bedürfnisse des Menschen als eine wichtige Voraussetzung psychischer Gesundheit und sozialer Integrationsfähigkeit. Menschen verfolgen diese übergeordneten Ziele mit mehr oder weniger funktionalen Verhaltensweisen und Bewertungen ihrer Welt. Damit sind sie als übergeordnete Motivatoren anzusehen. Abbildung 2.4 zeigt diese nebeneinander als gleichwertig angeordneten Bedürfnisse nach Sicherheit und Kontrolle, nach Lusterfahrung und Unlustvermeidung, nach Zugehörigkeit und Bindung sowie nach Selbstwerterhöhung. Hier wird das Konsistenzerleben als übergeordnete Fähigkeit und als durchgängig verfügbare Kondition bewussten menschlichen Lebens eingeordnet.

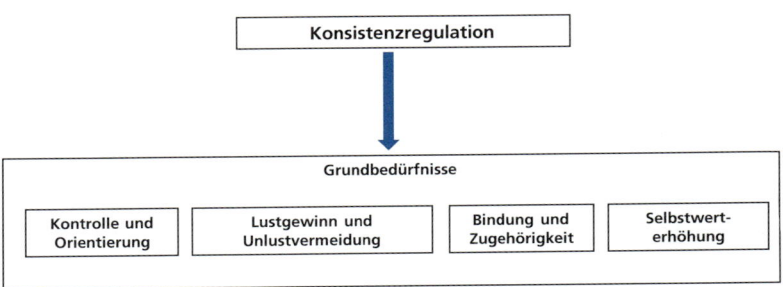

Abb. 2.4: Funktionsmodell des psychischen Geschehens nach Grawe (2004). Anm.: Als Konsistenz bezeichnet Grawe den Zustand eines Organismus im Hinblick auf den Grad der Übereinstimmung bzw. Vereinbarkeit gleichzeitig ablaufender neuronaler/psychischer Prozesse (Grawe, 2004, S. 186 f). Die Regulation der Konsistenz bildet eine wesentliche Voraussetzung für psychische Gesundheit und gesunde Entwicklung.

Für Ulli ist z. B. die bisher mangelnde Befriedigung des Grundbedürfnisses nach Kontrolle und Orientierung anzunehmen, wenn er an der Schwelle zum Erwachsenwerden aus der Vereinnahmung durch eine überfürsorgliche Mutter und einen leistungsbetonten und fordernden Vaters ausbricht. Sonja lebt aus ihrem Bindungsbedürfnis heraus ein Leben, das ihre Möglichkeiten, Wünsche und Bedürfnisse blockiert und verhindert, dass sie sich weiterentwickelt. Adrian erlebt in der »Unwichtigkeit« seiner Person, wenn viele für ihn wichtige Personen ihn verlassen, ein geringes Selbstwertgefühl und hält sich für nicht liebenswert und bedeutsam für andere. Aus den beschriebenen Konstellationen heraus wird es schnell deutlich, dass verschiedene Grundbedürfnisse gleichzeitig nicht ausreichend befriedigt sein können und sich aus dieser Mangelsituation zunächst scheinbar funktionale Verhaltensweisen, auf Konsistenzerfahrung ausgelegte Bewertungen und schließlich Symptome entwickeln können. In der therapeutischen Zusammenarbeit werden alle Grundbedürfnisse eine Rolle spielen mit mehr oder weniger herausragender Bedeutung für den jeweiligen Patienten. Es gilt, Interventionen einzusetzen, die die Befriedigung der Grundbedürfnisse auf angemessene und zielführende Art erreichen lässt.

Aus motivationaler Sicht kommt den Annäherungszielen eine besondere Bedeutung zu. Grawe erläutert aus neuropsychotherapeutischer Sicht die Bedeutung der Entwicklung dieser Annäherungsziele und begründet, warum diese motivierender und insgesamt für den Patienten mit mehr positivem Erleben verbunden sind als Vermeidungsziele:

> »Während es bei Annäherungszielen darum geht, die Diskrepanz zu einem positiv bewerteten Ziel zu verringern, geht es bei Vermeidungszielen darum, die Diskrepanz zu einem negativ bewerteten Ziel zu maximieren« (Grawe, 2004, S. 278).

Daraus ergibt sich, dass man sich bei der Verfolgung eines Annäherungsziels mit positiven Emotionen verknüpft auf dieses konzentrieren (und freuen) kann, dass die Erreichung von Zwischenzielen bereits in sich motivierend als Erfolgserlebnis verbucht wird, während man bei Vermeidungszielen nie genau wissen kann, ob man schon weit genug weg ist und Risiken ausreichend verringert sind. Zudem konzentriert man sich bei letzteren auf die Vermeidung negativ getönter Emotionen und Befindlichkeiten und dies erfordert ständige Kontrolle und Aufmerksamkeit, da man immer darauf achten muss, ob eine neue Gefährdung auftritt, die vermieden werden soll. »Aktivierte Vermeidungsziele binden Aufmerksamkeit und sind von ängstlicher Anspannung begleitet« (ebd., S. 278). Vermeidungsziele sind also emotional und energetisch gesehen eher ungünstige Ziele. Dies wird auch in den oben beschriebenen SMART-Kriterien für die Zielformulierung berücksichtigt.

Eine hilfreiche Operationalisierung von bestehenden Vermeidungs- und Annäherungszielen bei einem Patienten ist der ebenfalls von Grosse Holtforth und Grawe entwickelte »Fragebogen zur Analyse motivationaler Schemata« (»FAMOS«; 2002), der für über 14 Skalen für Annäherungsziele und neun Skalen für Vermeidungsziele wichtige Konstellationen für die Planung von therapeutischen Vorgehensweisen und Zielentwicklungen zur Verfügung stellt. Für Suchtverhalten stellt Grawe die Hypothese auf, dass hier möglicherweise das Annäherungsverhalten an ein primär angenehmes Annäherungsziel außer Kontrolle geraten sein könnte und erläutert dies an den neurochemischen Prozessen bei der Nahrungsaufnahme und der Appetitregulierung, wobei ein entscheidender Mechanismus über die auch bei der Suchtentwicklung beteiligte Dopaminregulierung (ein Neurotransmitter) läuft. Die Einnahme von Drogen – also auch Alkohol oder Tabak – greift an dieser Stelle ein, eine Gewöhnung schafft Bedingungen, die beim Absetzen der Substanz zu entsprechenden Gegenregulierungsprozessen führt. Das Bedürfnis nach Steigerung von Lust- und Vermeidung von Unlustzuständen als eines der angenommenen Grundbedürfnisse wird natürlich durch komplexe Steuerungsmechanismen in unserem Gehirn moderiert, jedoch spielt das Dopamin – ähnlich wie auch bei depressiven Störungsbildern – hierbei eine bedeutsame Rolle. Die Frage nach Henne und Ei muss an dieser Stelle offenbleiben, allerdings spielt diese in der Behandlung eine zunächst eher untergeordnete Rolle. Interessante Veränderungen für die Behandlungskomponenten bei depressiven Störungsbildern hat z. B. die neuronale Konzeption der Depression mit sich gebracht, wie sie etwa von Davidson und Kaszniak (2015) beschrieben wurde. Hier wird davon ausgegangen, dass früh in der Entwicklung entstandene Bindungsstile als Lern- und Verarbeitungsvoraussetzungen die Entstehung später dysfunktionaler Schemata mitbewirken. Der therapeutische Rahmen bietet eine hohe Intensität von korrigierenden Lernerfahrungen und kann sich daher schemaverändernd auswirken. Dies könnte auch bei verschiedenen Subtypen der Abhängigkeitserkrankung eine sinnvolle hypothetische Grundlage für die Behandlungsplanung sein.

> **Merke**
> Ziele gehen am besten mit Annäherungszielen einher. Vermeidungsziele aktivieren negative Emotionen und binden unnötig Energien.

> Sonja greift – bildlich gesprochen und mit konkreten positiven Folgen – im Rahmen ihrer Behandlung in ihren Dopaminhaushalt ein, indem sie euthyme und genussorientierte Verhaltensweisen gezielt durchführt und sich insgesamt körperlich aktiviert. Auch Adrian profitiert von seinen wieder aufgenommenen sportlichen Aktivitäten im Sinne der Stimmungsanhebung und Verbesserung der Selbstwirksamkeitserwartung. Ulli verfolgt seine Annäherungsziele schrittweise mit dem Aufbau körperlich aktiver und psychisch sowohl entspannender als auch ablenkender Verhaltensweisen im Sinne der Erhöhung der Selbstkontrolle und Selbststeuerung.

Ziel in der ersten Phase der therapeutischen Zusammenarbeit ist es, dem Patienten möglichst viele positive Wahrnehmungen für erlebte Kontrollfähigkeit und eigene Orientierungsmöglichkeiten zu vermitteln. Gelingt dies zunehmend, wird der Patient immer mehr in die Lage versetzt, selbstwerterhöhende Wahrnehmungen und Bewertungen herbeizuführen. Vor Belastungssituationen sollten laut Grawe immer auch die Annäherungsziele aktualisiert werden, d. h. dass hier ein konkretes Priming im Sinne der Vorbereitung auf eine Belastung stattfindet. Mithilfe von Hausaufgaben, Übungen und Wiederholungen wird die neuronale Bahnung geänderter, funktionaler Verhaltensweisen ständig verstärkt (zu Hausaufgaben in der Behandlung s. z. B. Breil, 2010).

Grawe beschreibt zehn Leitregeln für die Therapieplanung und zwölf ebensolche Grundsätze für den Therapieprozess. In der Therapieplanung empfiehlt er, drei Blickwinkel für die Entwicklung von Behandlungszielen einzunehmen:

- die Störungsperspektive,
- die Inkonsistenzperspektive und
- die Perspektive der Behandlungsanliegen des Patienten.

Bei lang etabliertem, quasi chronifiziertem Störungsbild empfiehlt er bezüglich der störungsspezifischen Therapieziele die Orientierung an empirisch validierten Therapiemanualen, da sich hieraus auch immer gestufte Annäherungsziele ableiten lassen. Eine Formulierung von Vermeidungszielen sollte vermieden werden, ebenso negativ formulierte Zielsetzungen. Dennoch ist es wichtig für eine angemessene und hilfreiche Fallkonzeption, sich als Behandler ein Bild von den wichtigsten Annäherungs- und Vermeidungszielen des Patienten insgesamt zu machen. Hilfreich hierbei ist z. B. die Schemaanalyse, die ursprünglich von Young zur Behandlung bei Menschen mit Persönlichkeitsstörungen (insbesondere Borderline-Persönlichkeitsstörungen) entwickelt wurde (s. a. Young, Klosko & Weishaar, 2005). In der Psychologie sprechen wir von Schemata als Muster für die Wahrnehmung oder das Erleben. Diese Schemata als kategoriale Elemente helfen dabei, Sinnhaftigkeit zu erleben und Verhalten zu steuern. In der kognitiven Psychologie wird ein Schema als Leitfaden verstanden für die Deutung von Informationen und die

Lösung von Problemen. In der Entstehung ursprünglich sinnhafte Schemata können dysfunktional werden und sichern dann nicht mehr wie ursprünglich das (psychische oder physische) Überleben bzw. die Zielerreichung, sondern sind ursächlich beteiligt an der Entstehung psychischer Störungen und sozialer Konflikte. Ein Schema kann als ein komplexes Muster angesehen werden, das aus Erinnerungen, Emotionen, Kognitionen und Körperempfindungen besteht. Es ist in der Regel in Kindheit und Adolszenz als Bewältigungskompetenz entstanden und bezieht sich auf die eigene Person und die Kontaktgestaltung zu den Mitmenschen. Damit ist es auch beziehungs- und kommunikationsrelevant. Oft prägen sich Schemata im Sinne eines positiven Feedback-Regelkreises sich selbst bestätigend immer stärker aus im Laufe des Lebens. Leiden entsteht dann, wenn ein solches Schema als Erlebens- und Verhaltensdisposition stark dysfunktional wird, wenn sich Lebensbedingungen und Beziehungsgefüge verändern, an der Verhaltensbereitschaft aber als früher sinnhafte Reaktionsweise festgehalten wird. Das Verhalten selbst ist jedoch kein Bestandteil des Schemas, sondern der Bewältigungsreaktionen einer schwierigen Situation. Da diese Schemata in der individuellen Entwicklung des Patienten entstanden sind und verfestigt wurden, kann zu deren Aufdeckung eine Schemaanalyse hilfreich sein, wie sie etwa von Grawe et al. (1996) als »Anleitung für Therapeuten« auf der Grundlage von Caspars Plananalyse (1989/2007) beschrieben wurde oder auch von Zarbock (2008) in seinem biografisch-systemischen Ansatz verhaltenstherapeutischer Provenienz dargestellt wird.

> **Merke**
> Schemaanalyse, Plananalyse und biografisch-systemischer Ansatz in der Verhaltenstherapie nehmen die Entstehung und Auswirkung dysfunktionaler Denk- und Verhaltensmuster in den Fokus. Diese waren in der individuellen Vergangenheit Teil eines Lösungs- und Bewältigungsversuchs und tragen aktuell zur Problemstabilisierung oder -verstärkung bei.

Die zwölf von Grawe (2004; S. 436 ff.) formulierten Leitregeln für das therapeutische Vorgehen unter Beachtung einer neuropsychologischen Perspektive sieht dieser auch als Aufforderung an die Ausbildung von Psychotherapeuten, hierfür Entwicklungs- und Trainingsinhalte vorzusehen. Die Leitregeln bilden das Fundament einer erfolgversprechenden, professionellen Haltung des Therapeuten und bedürfen – ebenso wie Veränderungen beim Patienten – der Übung und Integration in das Verhaltensrepertoire eines Behandlers.

Tab. 2.2: Die zwölf Leitregeln für den therapeutischen Prozess nach Grawe (2004)

Regel	Inhalt
Nr. 1: Implizite Wahrnehmungen des Patienten	Diese sind bedeutsam im Hinblick auf die Aktivierung motivationaler Ziele und Grundbedürfnisse. Vorgehen: Wechsel der Aufmerksamkeit zwischen Inhalts- und Prozessebene.
Nr. 2 : Inhalts- und Beziehungsbotschaft	Hierbei werden Inhalts- und Prozessebene unterschieden, wobei letztere die Arbeitsbeziehung zwischen Patient und Therapeut entscheidend moderiert. Der Therapeut achtet darauf, was er sagt und tut auch unter dem Aspekt, wie er es sagt und tut.
Nr. 3: Bindungsbedürfnis des Patienten	Dieses ist auch in der Therapiesitzung immer aktiviert. Der Therapeut achtet darauf, dass der Patient in jeder Arbeitsbegegnung ausreichend positive Bindungserfahrungen macht.
Nr. 4: Bedürfnis nach Orientierung und Kontrolle	Auch dieses Grundbedürfnis ist in einer Arbeitsbeziehung aktiviert und reguliert den Umgang mit dem Gegenüber. Der Patient soll auch in der Arbeit mit dem Therapeuten ausreichend Erfahrungen von Kontrolle und Orientierung machen.
Nr. 5: Bedürfnis nach Selbstwerterhöhung	Die Befriedigung dieses Bedürfnisses ist im sozialen Kontext der therapeutischen Arbeitsbeziehung besonders wichtig. Der Therapeut ist interessiert an den gelungenen Lebensleistungen des Patienten, an seinen besonderen Fähigkeiten und Interessen.

Tab. 2.2: Die zwölf Leitregeln für den therapeutischen Prozess nach Grawe (2004) – Fortsetzung

Regel	Inhalt
Nr. 6: Erfolgserlebnisse und positive Gestimmtheit	Der Patient darf und soll sich wohlfühlen in der Behandlung mit dem Therapeuten. Humor und gemeinsames Lachen, Entspannung und andere positive Emotionen sollen regelhaft immer wieder Bestandteil der Behandlungsstunde sein, auch bei oder nach schwierigen Inhalten.
Nr. 7: Fokusbildung	Diese hilft in der Aktivierung problem- und lösungsrelevanter Strukturen im Gehirn. Ein Problem bzw. ein Lösungsansatz sollen von verschiedenen Seiten her durchgesprochen werden. Wiederholungen helfen bei der Verfestigung der Inhalte.
Nr. 8: Veränderungsansatz	Bei problembezogenen Inhalten bis zu einer Veränderungsidee weiterarbeiten. Jede Aktivierung eines Problems sollte in eine konkrete Bewältigungserfahrung bzw. Klärungserfahrung einmünden.
Nr. 9: Annäherungsmodus	Positive Ziele und Emotionen sollen aktiviert werden, bevor es zu belastenden Konfrontationen oder Beschäftigung mit schwierigen Inhalten kommt.
Nr. 10: Aktivierung motivationaler Ziele	Vor einer problembezogenen Intervention sollen die motivationalen Ziele aktiviert sein, zu deren Erreichung auch das Durchhalten und Aushalten schwieriger Emotionen und Befindlichkeiten Sinn machen.
Nr. 11: Hausaufgaben	Zur Stabilisierung und Stärkung neuronaler Bahnungen für angemessenes und zielführendes Verhalten ist Übung erforderlich. Diese Hausaufgaben zwischen den Behandlungseinheiten sind hierfür erforderlich. Sie sollten für den Patienten herausfordernd, aber nicht überfordernd konzipiert sein.
Nr. 12: Zielflexibilität	Therapieziele müssen gelegentlich im Verlauf der Behandlung angepasst oder geändert werden. Dies sollte sorgfältig geprüft und geplant sein.

2.2 Die neuropsychotherapeutische Perspektive nach Klaus Grawe

Der Behandler sollte immer wieder im Prozess seine Aufmerksamkeit auf mögliche implizite Wahrnehmungen beim Patienten, ihre Bedeutung für die Annäherungsziele und die Befriedigung der Grundbedürfnisse lenken, d. h. es ist ein ständiger Wechsel zwischen inhaltlicher Ebene und Prozessebene erforderlich. Die impliziten, oder vorbewußten, Wahrnehmungen bestimmen unsere Entscheidungen und damit unser Verhalten wesentlich (s. a. Schnelles Denken – Langsames Denken sensu Kahnemann, 2011).

> »Es scheint so zu sein, dass unsere subjektiven Erfahrungen, ob es nun Wahrnehmungen oder Willensakte sind, durch ihnen unmittelbar vorausgehende unbewusste Verarbeitungsprozesse im Gehirn hergestellt werden und dass dieser Vorgang mindestens einige Millisekunden in Anspruch nimmt. Das subjektive Erleben hinkt den verursachenden Hirnprozessen um einige hundert Millisekunden hinterher. Der Willensakt (Entschluss) wird mit dem subjektiven Erleben abgeschlossen, nicht eingeleitet« (ebd., S. 122).

Daraus ergibt sich allerdings nicht zwingend, dass wir nicht zur willentlichen Entscheidung fähig wären und sozusagen vom Unterbewußten regiert würden. Die vorbereitenden (vorbewußten) und bewußten Anteile gehören beide zur Person (als implizite und explizite Bestandteile der Persönlichkeit) und sind individuell und einzigartig. Die wichtigsten unbewußten Determinanten, die laut Grawe auf unsere Entscheidungen Einfluss nehmen, sind vor allem unsere höchsten Werte und motivationalen Ziele:

> »Sie (die Werte und motivationalen Ziele; Anm. WF) sind überdauernder Natur und sorgen für Kontinuität und Konsistenz in meinem Seelenleben. Sobald ich akzeptiere, dass mein Selbst wesentlich mehr umfasst als das, was mir bewusst ist, kann ich auch akzeptieren, dass meine Entscheidungen in dem Moment, wo ich sie subjektiv fälle, schon festgelegt waren, nämlich durch die implizite Seite meines Selbst« (ebd., S.123).

Aber nicht nur das Inhaltliche, also was wichtig ist, sondern auch die Kommunikationsform, also wie etwas kommuniziert wird, ist bedeutsam. Dies lenkt in der zweiten Therapieregel den Blick auf die Beziehungsqualität in der Zusammenarbeit zwischen Patient und Therapeut. Entscheidend ist für das Gelingen einer guten Arbeitsbeziehung, dass das ständig aktivierte Bindungsbedürfnis (Therapieregel 3) des Patienten durch die Erfahrung positiver, also angenehmer, wohlwollender und in der Situation sicherer Bindungserfahrungen zum Therapeuten erlebt wird. Dies impliziert, dass der Therapeut in der Lage ist, Wärme, Zuversicht, Kompetenz und Handlungsbereitschaft auszudrücken (die sogenannten unspezifischen Wirkfaktoren) und eigene Hilflosigkeitserfahrungen nicht innerhalb der therapeutischen Arbeit erkennen lässt. Das auch beim Therapeuten aktivierte Bindungsbedürfnis bedarf der professionellen Kontrolle, wobei Supervision und Selbsterfahrung den Therapeuten in seiner erforderlichen Abgrenzungsfähigkeit, Klarheit und Empathiefähigkeit unterstützen.

Der Patient sollte in jeder Begegnung mit dem Therapeuten möglichst viele positive Erfahrungen im Hinblick auf die Befriedigung seines Bedürfnisses nach Kontrolle und Orientierung machen können (Therapieregel 4). Hilfreich hierbei ist ein strukturiertes, transparentes Vorgehen des Therapeuten. Auch wenn negative Emotionen oder Ereignisse zur Sprache kommen müssen, um einen Therapiefortschritt zu erzielen, sollte der Therapeut sich vorher der Bereitschaft des Patienten versichern, diesen Weg mit zu gehen. Insbesondere für Menschen mit traumatisierenden, grenzüberschreitenden Beziehungserfahrungen ist für ausreichend Schutz und Sicherheit in Form der Kontrollmöglichkeiten seitens des Patienten zu sorgen. Gerade in der Sucht haben wir ein großes Ausmaß an entsprechend maligne verlaufenden Beziehungsgestaltungen in der Vorgeschichte oder auch noch in aktuellen sozialen Konstellationen unserer Patienten zu beachten.

Selbstwerterhöhende Erfahrungen (Therapieregel 5) sollten in jeder Begegnung zwischen Patient und Therapeut für jenen gefördert und vom Therapeuten aktiv herbeigeführt werden (Annäherungspriming, s.u.). Dies stellt sicher, dass der Patient mit geringerer Scham auch über misslungene Lösungsversuche und sein Scheitern sprechen kann. Die hiermit verbundenen negativen Emotionen werden vor dem Hintergrund einer tragfähigen, vertrauensvollen Arbeitsbeziehung besser aushaltbar und besprechbar. Dabei ist es wichtig, dass der Patient in jeder Begegnung mit dem Behandler möglichst viele positive Emotionen erleben kann. Patient und

Therapeut dürfen miteinander lachen; entspannende Sequenzen – insbesondere zum Ende einer therapeutischen Einheit – und kurze Episoden des Smalltalks dürfen nicht nur vorkommen, sie helfen dem Patienten in der Spannungsregulierung und sind eine wichtige Voraussetzung, damit sich Lernprozesse positiv verfestigen können. Jede Therapiesitzung sollte einen klaren Fokus aufweisen. Zur Etablierung und Stärkung geänderter neuronaler Bahnungen empfiehlt Grawe, sich nicht vom Patienten davon abbringen zu lassen, weiterhin am Thema und der wiederholten Bearbeitung zu bleiben. Auch wenn der Patient meint, dass er nun alles verstanden habe, reicht dies für eine stabile Veränderung des Verhaltens oder Bewertens nicht aus. Wiederholungen und Training sind erforderlich, um aus Einstellungsänderungen und Erkenntnisfortschritten tatsächlich verhaltensrelevante geänderte Muster mit höherer Auftretenswahrscheinlichkeit zu machen. Daher ist es laut Therapieregel 8 hilfreich, konkret erlebbare und umsetzbare Veränderungsschritte in jeder Begegnung einzuleiten und deren Wirkung erfahrbar zu machen.

Wichtig vor jeder Problemaktualisierung und -bearbeitung ist das positive Annäherungspriming, das den Patienten in eine aufnahmebereite und belastbare Befindlichkeit versetzt. Motivationale Ziele sollten aktiviert sein, um Anstrengungsbereitschaften und Belastbarkeiten zu fördern. Eine besondere Bedeutung kommt dem kontinuierlichen Transfer in die reale Lebenswelt des Patienten zu und dass er hier ebenso positive, mit den Annäherungszielen verknüpfte Bedürfnisbefriedigungen und Handlungserfolge erfährt. Dabei sollen Therapieziele keine starren Vorgaben sein, auf denen ein Therapeut beharrt. Vielmehr sollen Annäherungsziele auch spezifiziert oder angepaßt werden können (Therapieregel 12). Ständiger Zielwechsel ist allerdings nicht hilfreich. Sollte es zur Stagnation im Behandlungsfortschritt kommen, ist die Fallkonzeption insgesamt zu prüfen, am besten in einem inter- oder supervisorischen Setting.

Die verhaltenstherapeutischen Grundprinzipien für die Veränderung von Denken und Verhalten lassen sich in folgenden drei Aspekten als übergeordnete Prinzipien der Therapieplanung und -umsetzung zusammenfassen:

1. der Wechsel von automatischer und damit problemaufrechterhaltender zu kontrollierter und damit veränderungsunterstützender Informationsverarbeitung (von System 1 sensu Kahnemann (2011) zu System 2 und wieder zurück),
2. die Festlegung von Zielen und Unterzielen und der Interventionen zu deren Erreichung, die Prozessüberwachung durch kontinuierliche, prozessbegleitende Diagnostik und Evaluation sowie die Überprüfung des Zielerreichungsgrads im Verlauf und
3. der Transfer und die Prüfung der Alltagstauglichkeit der Veränderungen sowie die Einbeziehung der Analyse von Nebenwirkungen bzw. zusätzlichen Effekten.

Der allen intendierten Veränderungen zugrunde liegende Lern- und Erfahrungsprozess sollte dabei unter den für das Individuum bestmöglichen Lernbedingungen ablaufen. Hierfür ist der Therapeut mitverantwortlich. Dabei besteht seine Aufgabe darin, sowohl Einsicht in die Zusammenhänge zu erarbeiten, die emotionale Bedeutung zu reflektieren und etwaige Inkongruenzen zu überwinden als auch einen konkreten Aufbau funktionaler Verhaltens- und Denkweisen zu unterstützen und zu trainieren. Dies sind keine neuen Erkenntnisse und sie bedurften auch nicht der Fundierung durch neuropsychologische Grundlagen. Aber sie bilden ein Erklärungsraster für die in der Therapie beobachtbaren Effekte. Dies spricht auch der Therapieforscher Karasu (1986) an, wenn er schreibt:

> »All therapies use combination of affective experiencing, cognitive mastery, and behavioral regulation as change agents« (S. 693).

Aus diesen Überlegungen heraus ergeben sich – ergänzend zu den Konzeptionen von Kanfer, Reinecker und Schmelzer (2012) sowie Grawe (2004) – Bestandteile zur Beziehungsgestaltung im therapeutischen Arbeitsprozess, die im folgenden kurz dargestellt werden als ein pragmatischer Zugang für die Fallkonzeption und deren Bearbeitung in Selbstreflexion und Supervision.

3

Die sechs Stufen der Fallkonzeption: ein pragmatischer Ansatz

Als eine wichtige Grundeinstellung bezüglich der Fallkonzeption gilt die grundsätzlich fragende und nachfragende Haltung seitens des Therapeuten. Kompetente Behandler verstehen das »wirkliche« Problem eines Patienten nicht im Sinne von Verstandenhaben – die Befähigung als Experten für psychische Störungen und als Behandler besteht darin, weitgehendes kognitives und emotionales Verständnis zu entwickeln und dies immer wieder auf's Neue in der Zusammenarbeit mit einem Patienten. Dazu gehört das Sammeln von Informationen und Fakten aus unterschiedlichen Quellen: vom Patienten selbst, relevanten Bzugspersonen, Vor- und Mitbehandlern, aus mehr oder weniger objektiven, reliablen und validen Messergebnissen,

Verhaltensbeobachtungen und klinischen Einschätzungen. Kanfer und Kollegen (2012) drücken in einem ihrer elf Hinweise für eine hilfreiche Patienten-Therapeut-Beziehung z. B. aus, dass ein Patientenproblemverhalten nicht ausreichend eingeschätzt werden kann, bevor es nicht tatsächlich gezeigt wird und damit der Beobachtung zugänglich ist, so dass – auch im Sinne der Graweschen Problemaktualisierung – in der Behandlung Situationen geschaffen werden müssen, die das problematische Verhalten des Patienten zulassen bzw. provozieren. Eine solche Provokation von Verhalten zeigt neben den kognitiv erfassbaren und beobachtbaren Anteilen auch die emotionale Beteiligung des Patienten. Selbstschädigendes Verhalten sollte aber möglichst unterbunden bzw. verhindert werden. Dies betrifft im Rahmen einer abstinenzstützenden Behandlung auch den erneuten Konsum des Suchtmittels. Dabei ist in der Behandlung von Abhängigkeitsstörungen als psychische und Verhaltensstörungen nicht der Konsum als das eigentliche Kernproblem anzusehen. Dieser ist eher als (gescheiterter und sich übertwertig verselbständigender) Lösungsversuch anzusehen, der den Patienten aber im Ergebnis weiter von der Befriedigung seiner Bedürfnisse entfernt und in der Eigendynamik der Suchterkrankung zusätzliche Schwierigkeiten mit sich bringt.

Ausgangspunkte der gemeinsamen Arbeit sind die Darstellung und Bewertung des Patienten in Bezug auf die ihn belastenden Themen, Herausforderungen und Problematiken. Therapeuten haben die Aufgabe, ein für den Patienten nachvollziehbares Modell der Zusammenhänge für die Entstehung dysfunktionaler Bewältigungsstrategien – möglicherweise und oft aus ursprünglich funktionalen Verhaltens- und Bewertungsweisen entstanden – sowie deren Aufrechterhaltung mit ihm gemeinsam zu entwickeln. Die verhaltenstherapeutischen Vorgehensweisen messen dabei der Aufrechterhaltung zunächst einen höheren Stellenwert zu, da – im Hier und Jetzt der Lebensumwelt des Patienten – auch die Hürden für Veränderungen in diesen begründet liegen. Dabei handelt es sich immer wieder um Suchvorgänge und die Ableitung von Hypothesen mit Unterstützung des Patienten. Diese müssen gemeinsam auf ihre Angemessenheit geprüft werden und dahingehend, inwieweit sie zu sinnvollen Ansatzpunkten der Verbesserung von Selbstwahrnehmung, Selbstkontrolle und -steuerung sowie interaktionalen Ergebnissen führen, die den Patienten in seiner Zielerreichung unterstützen. Dabei haben die Behandler die ethische Verpflichtung, dem Patienten die allgemein anerkannten Methoden der Behandlungsmodelle (»state of the art«) anzubieten, woraus es sich auch verbieten dürfte, nicht ausreichend erprobte Behandlungsbausteine einzusetzen, weil sie gerade en vogue in der Wissenschaft oder Fachpresse sind. Ausnahme von dieser Regel sind klinische Studien zur Erprobung neuer Interventionen, wobei eine Beteiligung die explizite Aufklärung und Bereitschaft des Patienten voraussetzt. Wie schnell manche Hypes sich erübrigen, aber auch wie nachhaltig sich das ein oder andere (Wirkungs-)Vorurteil halten kann, ist z. B. von Robotham auf den Punkt gebracht worden:

> »Im Laufe der Zeit wird die Hälfte dessen, was wir wissen, unwahr. Neuere Forschungsmethoden, bessere Technologie sowie ein größeres Verständnis werden die aktuelle Wahrheit zum Gespött machen, und eine bessere Variante wird als richtig gelten, die dann ihrerseits veralten wird. Rauchen wurde einmal von Ärzten empfohlen. Pluto galt einmal als Planet. Die Erde war einmal eine Scheibe« (Robotham, 2016, S. 317).

Der hier vorgestellte pragmatische Fallkonzeptionsansatz orientiert sich am zeitlichen Ablauf der Arbeitsbeziehung zwischen Patient und Therapeut. Er kann als sogenannter roter Faden in der Prozesssteuerung unterstützen und dem Therapeuten eine Orientierung im Verlauf geben. Der Ansatz gliedert sich in die Phasen Erster Eindruck, Kennenlernen, Tiefere Begegnung, vertrauensvolle Zusammenarbeit, Krisen und ihre Lösungen sowie Abschied. Viele der oben beschriebenen Konzeptbestandteile von Kanfer et al. und Grawe finden hier ihren Platz und der Leser wird sie wiedererkennen oder zuordnen können. Im Folgenden wird auf die Besonderheiten der einzelnen Phasen kurz Bezug genommen. Dabei werden auch Ulli, Sonja und Adrian mit ihren Entwicklungsgeschichten illustrieren, wie sie sich auf einen Veränderungsprozess ihrer Abhängigkeitserkrankungen eingelassen haben.

3 Die sechs Stufen der Fallkonzeption: ein pragmatischer Ansatz

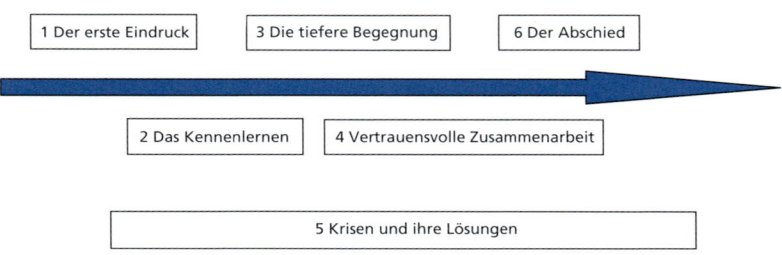

Abb. 3.1: Ein pragmatisches Modell der Fallkonzeption

Krisen und ihre Lösungsansätze können dabei zu den verschiedenen Phasen des gemeinsamen Arbeitsprozesses eintreten und bedürfen dann der je situationsbezogenen Interpretation und Herangehensweise. Die verschiedenen Bestandteile des Prozesses sind chronologisch angeordnet, überlappen sich jedoch und sind nicht streng gegeneinander abgegrenzt. Der Ansatz ist damit linear am Zeitablauf einer Behandlung orientiert. Treten in einer späteren Komponente Probleme in der Zusammenarbeit auf, kann es hilfreich sein, in dem vorhergehenden Zeitabschnitt danach zu suchen, ob eventuell wichtige, beziehungskonstituierende oder -stabilisierende Aspekte nicht ausreichend erkannt oder umgesetzt wurden. Hilfreiche Fragen in Krisen der Zusammenarbeit sind z. B. »Welches der Grundbedürfnisse des Patienten wird aktuell in der Zusammenarbeit nicht ausreichend berücksichtigt?« oder »Welche besonderen Verletzbarkeiten aus der Vergangenheit wurden in der aktuellen Situation aktiviert und rufen selbstwertschützende Verhaltensweisen auf den Plan?«.

3.1 Der erste Eindruck

Bereits in der ersten Begegnung mit dem Patienten treten wichtige Informationen zur Person und ihrem Stand in der Welt zutage.

3.1 Der erste Eindruck

Therapeuten unterliegen – genau wie andere Menschen auch – einer schnellen und intuitiven Hypothesenbildung über den Anderen in einer sozialen Interaktion. Diese ist durch die eigene persönliche Geschichte und Erfahrung geprägt, die aber natürlich auch die vorhandenen professionellen Kenntnisse und Erfahrungen mit beinhaltet. Um in den professionellen Modus der Beziehungsgestaltung zu gelangen und diesen auch beizubehalten, ist ein gewisses Training in der Rollenübernahme erforderlich. Dies wird in den (psycho-)therapeutischen Aus- und Fortbildungen erlernt und eingeübt und bedarf der (berufs-)lebenslangen Anpassung über Reflektion und Supervision bzw. Intervision. Der sogenannten doppelten Emotionsregulation (s. u.) kommt dabei eine besondere, moderierende Rolle zu. Sie beschreibt den energetisch durchaus hohen Aufwand für den Therapeuten, zwar empathisch beim Patienten zu sein, eigene Betroffenheiten aber separat zu kontrollieren und zu verarbeiten.

Im Erstkontakt ist es bedeutsam, auch auf Äußerlichkeiten wie Kleidung, Gesichtsausdruck, Körperhaltung, Sprachattribute und Blickkontakt zu achten; diese Merkmale »beeindrucken« in der Urteilsbildung genauso wie die verbalen Äußerungen. Auch der Patient nimmt umgekehrt seinen Behandler in diesen Eigenschaftsdimensionen mehr oder weniger differenziert wahr. Bewertungen im Sinne teilbewußt verarbeiteter und eingeordneter Informationen im Abgleich mit bisherigen Beziehungserfahrungen erfolgen rasch – die Forschungsergebnisse der Personwahrnehmung zeigen, dass dies innerhalb von Bruchteilen von Sekunden der Fall ist (s. a. Kahnemann, 2011). Auch diagnostisch relevante Eindrücke registrieren wir bereits in den ersten Minuten, im Erstgespräch, wenn wir gelernt haben darauf zu achten. Macht der Patient einen eher ängstlichen, verunsicherten Eindruck? Tritt er selbstbewußt oder kontrolliert auf? Kann er in geordneter Weise Informationen geben über seine Beschwerden und den Weg, der ihn zum Therapeuten geführt hat? In welcher Form bietet er Beziehungsgestaltung an? Tritt er fordernd oder anklagend auf, verzweifelt, hilflos, ablehnend? Da in der Regel zu diesem Zeitpunkt noch nicht allzu viele verlässliche Informationen zum Patienten vorliegen, bilden sich erste Hypothesen über Zusammenhänge zwischen dem Auftreten des Patienten, so wie es wahrgenommen wird, und möglichen Problemen. Es werden aber auch bereits mögliche Lösungskomponenten oder Ressourcen registriert.

> Ulli ist zu Beginn seiner psychotherapeutischen Behandlung therapieerfahren – er kann sich in den therapeutischen Termini ausdrucken, weiß bereits viel über seine Abhängigkeitsstörung und reagiert emotional angemessen auf die erlebte Bedrohung seiner Abstinenzfähigkeit durch den erhöhten Stress am Arbeitsplatz und seinen depressiven Rückzug. Sonja wagt sich nach einem körperlichen und psychischen Zusammenbruch aus ihrem Schneckenhaus heraus, erlebt sich aber durchgängig als Opfer und vom Leben ungerecht behandelt. Ihr selbstzerstörerisches Konsumverhalten ist Flucht und Trotzreaktion zugleich. Adrian betritt das therapeutische Setting und die dortigen Beziehungen zunächst ganz »funktional« im Sinne der Strafabwehr und als Anpassungsleistung. Jeder der drei Personen ist an individuell unterschiedlichen Ausgangspunkten abzuholen.

Kanfer et al. (2012) beschreiben im Selbstmanagementansatz, welch hohe Bedeutung für die Etablierung einer funktionalen und vertrauensvollen Arbeitsbeziehung dem ersten Gespräch zukommt und weisen darauf hin, wie wichtig die Schaffung günstiger Rahmenbedingungen gerade zu diesem Zeitpunkt ist (z. B. Ungestörtheit, ausreichend Zeit zur Kontaktaufnahme und zur Beantwortung von Fragen des Patienten, Klärung der wichtigsten Bedingungen einer möglichen Zusammenarbeit sowie ein erster orientierender Überblick für den Patienten über den Ablauf einer Behandlung). Grawe führt bei der Darstellung seiner psychischen Grundbedürfnisse aus, dass diese zu jedem Zeitpunkt einer Begegnung mit einem anderen Menschen aktiviert sind. So ist dies auch in der ersten Situation und den folgenden Begegnungen zwischen Patient und Therapeut anzunehmen. Das Bedürfnis nach Sicherheit und Kontrolle wird insbesondere zu Beginn einer Beziehung eine hohe Bedeutung haben, da Vertrauen erst im Laufe des Dialogs entstehen wird. Dies trifft natürlich für beide Interaktionspartner zu, wobei der Therapeut aufgrund seiner bisherigen Erfahrungen in seiner Rolle zunehmend mehr Sicherheit entwickeln wird und die Komm-Struktur in der therapeutischen Arbeit ihm den Heimvorteil einräumt. Für den Patienten ist die therapeutische Situation in der Regel eine ganz neue Erfahrung (die auch noch in der zweiten oder dritten Behandlung nicht unbedingt schon vertraut ist) und der Therapeut ist für ihn günstigenfalls in keine ihm bekannte Kategorie von interaktioneller Vorerfahrung einzuordnen (s. a. auch Yalom, 2002, S. 59 ff.: »Der Therapeut hat viele Patienten, der Patient nur einen Therapeuten.«). Yalom verwendet auch das Bild der Therapie als einer »gemeinsamen Reise« von Therapeut und Patient (ebd.). Eine frühzeitig gelingende Koorientierung ist bedeutungsvoll für das Gelingen des gesamten »Unternehmens Therapie«. Ergebnisse aus der Psychotherapieforschung zeigen, dass die ersten, bis zu fünf Kontakte schon einen hohen Vorhersagewert für den Behandlungserfolg insgesamt aufweisen und darüber, ob die Behandlung voraussichtlich erfolgreich abgeschlossen wird. Diese Befunde sind zur Erhöhung ihrer internen Valdidität als kontrollierte Studien angelegt; daher sind ihre Ergebnisse auf die Versorgungssituation im Suchtbereich nur eingeschränkt übertragbar. Leider fehlen aussagefähige, quasi-experimentelle und längsschnittorientierte Studien im Feld, die auch sehr aufwändig wären und in Deutschland kaum zu finanzieren sind.

In der zweiten Phase der Begegnung werden die eher expliziten Grundlagen entwickelt, die eine gelingende Behandlung möglich machen. Hierbei geht es um den Aufbau von Vertrauen, die Exploration von störungsspezifischen, aber auch lösungsrelevanten Fakten und die Etablierung eines gemeinsamen Arbeitsstils.

3.2 Das Kennenlernen

In dieser Phase werden die wesentlichen Elemente einer auf Vertrauen und gegenseitiger Wertschätzung basierenden Beziehungsgestaltung zwischen Patient und Therapeut etabliert. Seitens des Therapeuten erfolgt in strukturierter Hinführung für den Patienten das warming up mit einer Situation, die selten von Beginn an angst- oder vorurteilsfrei vom Patienten erlebt wird. Die Kommunikation in einer psychotherapeutischen Zusammenarbeit ist keine natürliche, die nach den Regeln sozialer und kulturell geformter Begegnung erfolgt. Der Patient wird schrittweise zur Selbstöffnung geführt, während der Therapeut zwar emotional mitschwingt und sich möglichst authentisch verhält, jedoch mit Informationen zur eigenen, privaten Person zurückhaltend bis abstinent bleibt.

In seiner Selbstpräsentation wird der Patient erwartungsgemäß häufig zunächst über seine Beschwerden und augenfälligen Probleme berichten und vermittelt dem Therapeuten damit ein initiales Bild aus seiner Sicht der Realität. Dieses zu hinterfragen und um zusätzliche Sichtweisen von außen zu ergänzen, kann bereits jetzt in vorsichtiger und für den Patienten selbstwertschonender Form erfolgen. Eine wertschätzende Gesprächshaltung und hilfreiche Techniken vermitteln z. B. die motivierende Gesprächsführung (Miller & Rollnick, 2012) oder Elemente der nondirektiven Gesprächsführung sensu Rogers (1976; 1981). Für den Therapeuten wird es in diesem Stadium der Beziehung sehr wichtig sein, neben den Beschwerden und subjektiven Störungsbildern des Patienten auch möglichst viel über dessen Person und die Lebenseinstellungen, Werthaltungen und Überzeugungen zu erfahren. Dies geschieht nicht aus Neugier, sondern weil hieraus sich sowohl erste Formulierungen zu Annäherungs- und Vermeidungszielen ergeben können und damit Hinweise dafür, was den Patienten antreibt und bewegt. Außerdem werden Ressourcen, Stärken und Kompetenzen deutlicher hervortreten und der Patient hat Gelegenheit, sich auch mit seinen gesunden Anteilen und seinen Lebensleistungen zu präsentieren. Systemisch orientierte

Therapeuten fragen hier bereits oft nach »Ausnahmen von der Regel«, d. h. nach Zeiten, in denen die Beschwerden und Probleme (noch) nicht da bzw. weniger ausgeprägt waren.

Der Patient wird sich unvermittelt und intuitiv, auf dem Hintergrund seiner eigenen, bisherigen Beziehungserfahrungen, ein Bild von der Person des Therapeuten machen und abchecken, inwieweit ein Vertrauensvorschuss möglich ist. Alter und Geschlecht sowie offensichtlicher sozialer Status spielen für diese Einschätzung ebenso eine Rolle wie das empathische und Kompetenz vermittelnde Auftreten des Therapeuten. Ein Patient, der nicht mehr kommt, kann nicht behandelt werden, daher wird es vorrangiges Interesse des Therapeuten in den ersten Begegnungen sein, diese so zu gestalten, dass der Patient nicht nur Vertrauen entwickeln kann, sondern auch gerne wiederkommt, weil er sich akzeptiert und gut betreut fühlt und er Hoffnung auf Unterstützung und Veränderung seiner Problemlagen aufbaut. Nur ein Behandler, der selbst von der Wirksamkeit der von ihm vertretenen Ansätze und der zur Verfügung stehenden Interventionsmethoden überzeugt ist, kann dieses Bild auf Dauer glaubwürdig vermitteln (Funke, 1997). In diese Phase fallen oft auch erste sogenannte Beziehungstests seitens des Patienten. Dies sind Herausforderungen der Belastbarkeit des Therapeuten durch provozierendes Verhalten oder auch Aggravation der Symptomatik. Beispielhafte implizite Fragen sind: »Bin ich ein schwieriger Patient für den Therapeuten – ist er meiner Problematik gewachsen?« – »Wenn ich nicht in das Schema des Therapeuten hineinpasse, wird er mich dann fallen lassen?« – »Meint der Therapeut es ernst mit der Aussage, dass ich wichtige, mich betreffende Entscheidungen nur selbst fälle?«

> Sonja profitiert von einer akzeptierenden und wertschätzenden Haltung ihres Therapeuten, der zunächst mit sehr viel Empathie auf ihre derzeit schwierige Gesamtsituation mit all ihrer Bedrohlichkeit reagiert. Er ermuntert sie, sich positive Erfahrungen zu gönnen und stellt Zeit und Werkzeuge zur Verfügung für eine differenzierte Analyse des Istzustands, ohne mit Druck und Dro-

hung auf Veränderungen hinzuwirken. Adrian erhält Unterstützung bei kleineren Veränderungen der Alltagsbewältigung in positiver Richtung. So ergeben sich aus ersten kleinen Therapieerfolgen Gelegenheiten, die positiven Seiten des Patienten zu konnotieren und als Ausgangspunkte für eine beginnende Erfolgsbilanz zu werten. Mit gewachsenem Vertrauen können später dann auch die existentiellen Themen gemeinsam aufgegriffen werden. Ulli erfährt von seinem Psychotherapeuten Anerkennung für das bislang Geleistete und Aufgebaute, »darf« aber auch seine Zweifel und seine Ängste äußern. Insbesondere von der anfänglichen Unterstützung zur Klärung seiner Situation am Arbeitsplatz mit dem Aufbau angemessener, sozial verträglicher Durchsetzungsstrategien erfährt er Entlastung und stärkt seine Zuversicht, mit therapeutischer Unterstützung seine Gesamtsituation stabilisieren zu können.

Die vertiefende Zusammenarbeit wird möglicherweise nicht mit allen Patienten erreicht werden können. Sie bedarf eines gewissen zeitlichen Kontingents, das bei den immer kürzer werdenden Behandlungszeiten bei so komplexen Störungen wie der Suchtmittelabhängigkeit manchmal nicht zur Verfügung steht und günstigenfalls – bei Motivierung des Patienten – in nachfolgenden Angeboten im weiteren Verlauf realisierbar wird.

3.3 Die tiefere Begegnung

Spätestens wenn im Rahmen einer Situations- und Verhaltensanalyse die zugrunde liegenden Motive und Bedürfnisse eines Patienten deutlich werden, zeigt sich das Gewordensein der Person, ihre Entwicklungsgeschichte und ihr Bemühen um Anerkennung und Bedeutsamkeit. Die Diskrepanz zwischen Ideal- und Realselbst, wie Rogers sie als ursächlich in der Entstehung von Leiden und damit als Entwicklungshemmnis beschrieben hat, zeigt sich auch in den dysfunktional gewordenen Plänen, Schemata und Verhaltensautomatismen, aus denen der Patient aus eigener Kraft aktuell nicht mehr herauskommt. In dieser Phase geht der Patient immer wieder Risiken ein, wenn er sich öffnet und selbst präsentiert mit Informationen, die ihm zum Teil erst im Dialog zugänglich werden oder die er zum Schutz seiner Person gegenüber anderen Bezugspersonen nicht oder nur abgeschwächt eröffnet hat. In dieser Phase gelingen auch erste Konfrontationen im Sinne des Sokratischen Dialogs (selbstentdeckender Disput durch Frage – Antwort – Frage – Antwort) und des Hinterfragens von Widersprüchlichkeiten oder Verallgemeinerungen bzw. anderer Denkfehler, die das dysfunktionale Denk-, Bewertungs- und Handlungssystem des Patienten aufrecht erhalten. Dies ist jetzt möglich, da eine grundsätzliche Basis für das Vertrauen geschaffen ist und nun durch vorsichtige Belastung auf ihre Tragfähigkeit geprüft werden kann. Je weniger reif und erwachsen die Beziehungsfähigkeit des Patienten aufgrund seiner pathogenen Vorerfahrungen ist, desto vorsichtiger wird der Therapeut hier agieren, da Zweideutigkeiten (d. h. Belastungen) in der Beziehung weniger gut ausgehalten werden können.

Der Therapeut ermuntert und verstärkt den Patienten darin, auch bislang nicht zugelassene oder verdrängte Aspekte seiner Persönlichkeit zu zeigen. Dies bedeutet für den Therapeuten die Übernahme einer großen Verantwortlichkeit gegenüber dem Patienten und dessen Grenzen der Selbsterkennung und -offenbarung. In dieser Phase der Behandlung dominiert die genaue Erfassung und Beschreibung des problematischen Verhaltens, dysfunktionaler Bewertungen und die Herausarbeitung von Glaubenssätzen und Leitmotiven aus der Geschichte des Patienten heraus. Nicht selten kommen hier auch kritische Lebensereignisse zu Tage, deren Bewältigung der Patient noch nicht abschließend, manchmal noch nicht einmal in Ansätzen vollzogen hat. Das Alleingelassenwerden beim Verlust wichtiger Bezugspersonen (durch Scheidung/Trennung oder Tod), die Traumatisierung im Sinne körperlicher und sexueller Übergriffigkeit (oft durch vertraute Personen im Umfeld des Patienten, und dann nicht selten innerhalb der Kernfamilie), die emotionale Invalidierung oder Vernachlässigung bei wichtigen Entwicklungsschritten des Patienten und viele andere Themen entwickeln sich im Verlauf der vertikalen Verhaltensanalyse und der Erarbeitung handlungsleitender Schemata und Pläne. Hierbei ist eine grundsätzlich unterstützende und dem Patienten selbstwertstabilisierende Umbewertungen anbietende Haltung seitens des Therapeuten in der Regel hilfreich, damit der gemeinsame Prozess nicht durch den Patienten abgebrochen oder konterkarriert wird. Es werden im Verlauf auch kritische Rückfragen und Plausibilitätsprüfungen seitens des Therapeuten angestoßen werden. Diese erfolgen in der Sache klar, in der Beziehung verbindlich bleibend. Konfrontationen bedürfen einer stabilen und vertrauensvollen Arbeitsbeziehung, damit der Patient hierüber nicht die Loyalität des Therapeuten in Zweifel ziehen muss. In der achten Empfehlung in seinem Ratgeber »Was einen guten Therapeuten ausmacht« empfiehlt Yalom (2002): »Lassen Sie zu, dass der Patient Ihnen wichtig ist« (S. 40 ff.). Eine häufig gestellte (oder eben nicht gestellte) Frage vom Patienten an seinen Therapeuten ist danach sinngemäß folgende: »Denken Sie zwischen den Sitzungen jemals an mich, oder verschwinde ich für den Rest der Woche einfach aus Ihrem Leben?«. Diese beantwortet Yalom aus seiner beruflichen Erfahrung heraus folgendermaßen:

> »Meiner Erfahrung nach gehen mir Patienten oft die Woche über nicht aus dem Kopf, und falls ich seit der letzten Sitzung Überlegungen über sie angestellt habe, die vielleicht hilfreich für sie sein könnten, teile ich sie ihnen mit. (…) Manchmal sind mir Patienten so wichtig, dass sie in meinen Träumen vorkommen, und wenn ich glaube, dass das die Therapie irgendwie weiterbringt, zögere ich nicht, ihnen davon zu erzählen« (S. 42 f.).

Merke
Eine wichtige Aufgabe des Therapeuten in der vertiefenden Phase der Zusammenarbeit ist die Ermutigung und Unterstützung des Patienten, auch über bislang wenig zugelassene Themen zu sprechen. Voraussetzung hierfür ist die Überzeugung des Patienten, dass der Therapeut wirklich an ihm als Person interessiert ist und die Beziehung kritische Inhalte aushält.

Für Ulli kommt die Nagelprobe des Vertrauens zu seinem Therapeuten, als dieser ausführlicher bezüglich der sexuellen Entwicklungsgeschichte seines Patienten nachfragt. Bislang hatte Ulli es vermieden, tiefergehend über bisherige Partnerschaften und seine sexuellen Erfahrungen zu sprechen. Als es jedoch um seine Zukunftsvisionen ging und das Thema Familie und Familiengründung angesprochen wurde, konnte Ulli durch das empathisch-zugewandte und freundliche Interesse des Therapeuten erstmals darüber reden, dass er sich seiner sexuellen Orientierung nicht sicher sei. Er habe noch keinen sexuellen Kontakt – außer gelegentlichem Küssen und zurückhaltendem Petting – mit Mädchen oder Frauen gehabt, sich dieser Notwendigkeit einer sich anbahnenden Beziehung immer rechtzeitig entzogen. Gemeinsam machen sich Therapeut und Ulli mithilfe von Edukation und Information über sexuelle Entwicklung und ihre Varianten auf den Weg, die individuellen Überzeugungen und die an sich selbst und durch andere (insbesondere Vater und Mutter) gestellten Erwartungen zu prüfen. Fragen wie »Was ist normal im sexuellen Erleben und Verhalten?« oder »Was heißt Sexualität in Bezug auf sich selbst oder in einer Partnerschaft?« oder »Was sind sexuelle Störungen und wie können sie abgeklärt werden?« wird nachgegangen und die Antworten helfen Ulli dabei, sich in einem wichtigen menschlichen Lebensbereich zu orientieren.

Sonja entdeckt im Gespräch mit ihrem Therapeuten alte, verschüttete und neue Qualitäten an sich. Sie erfährt über das teilweise Abarbeiten ihrer 35-Punkte-Liste (»Was ich schon immer einmal tun wollte (…) und mich bislang nicht getraut habe«) eine wiedererwachende Lebensfreude. Ihre erste Krise kommt, als sie ihre Schwester, anlässlich einer Heimfahrt während der stationären Reha-Maßnahme, in ihrem ehemaligen Elternhaus besucht. Überwältigt von wieder auftauchenden Erinnerungen an Kindheit und Jugend und wie einsam und unbedeutend sie sich damals gefühlt hatte, tauchten in Folge in der Aufarbeitung mit ihrem Therapeuten wieder Ärger und Wut auf die Eltern, insbesondere den Vater, auf, der nur die Arbeit auf dem Hof kannte und sich ausschließlich der älteren Schwester, später dann dem Sohn als Nachkömmling und männlichem Stammhalter zugewandt hatte. Die Mutter, als Bäuerin mit vier Kindern, einem Haushalt, in dem außer der eigenen Familie auch noch die Schwiegereltern mitlebten und »regierten«, hatte hier wenig an Zuwendung und Unterstützung für sie übrig. Sonja konnte über das »Nacherleben« und das Einnehmen der heute erwachsenen und sich selbst besser verstehenden Position für sich selbst Schuld- und Schamgefühle besser einordnen und nachgehend Frieden mit der Mutter schließen, die vor fünf Jahren verstorben war. Den vom Vater subjektiv übernommenen Glaubenssatz »Du bist nur das wert, was du an Arbeit für den Hof und die Eltern- und Kindergeneration erbringst« konnte sie kritisch hinterfragen und positive Bedeutungen (Teil einer Familie und intergenerationaler Verantwortlichkeit zu sein) sowie sie selbst behindernde Anteile unterscheiden lernen.

Adrian gelang es anfänglich gut und mit kleinen Fortschritten, sich auf die Regularien und die Tagesstruktur der Klinik einzustellen. Kritisch waren die Wochenenden, an denen er meist nicht vor 12.00 Uhr aus dem Bett kam, obwohl er sich anderes vorgenommen hatte. Er hatte sich eine wohnortferne Klinik ausdrücklich ausgesucht, um Abstand vom gewohnten Umfeld zu bekommen und seinen Vater und seine Stiefmutter gebeten, auf Besuche zunächst zu verzichten. Am dritten Wochenende besuchten ihn dann überraschend seine beiden Bekannten aus seinem Wohnort, mit denen er vor der Reha viel freie Zeit verbracht hatte und über die er immer wieder Drogen bezogen hatte. Adrian freute sich über den Kontakt, thematisierte den Besuch mit dem diensthabenden Therapeuten und verbrachte dann mit den beiden jungen Männern zwei Stunden auf dem Klinikgelände im Gespräch und beim Kaffee im Besucherraum. In den nächsten Tagen ging es Adrian sichtlich schlechter, er wirkte bedrückt und zurückhaltend und erklärte auf Nachfragen zunächst, dass er nicht mehr sicher sei, ob er auf dem richtigen Weg sei. Im Einzelgespräch darauf angesprochen, konnte er für sich erarbeiten, wie nahe ihm seine »Suchtwelt« mit diesem Besuch wieder gerückt sei. Das Angebot der Bekannten, ihm »etwas dazulassen für alle Fälle«, hatte er zwar ablehnen können. Seitdem leide er jedoch unter Alpträumen, in denen er konsumiere und schreckliche Dinge passierten. Dass Adrian hier über seine Gefährdungen und Erlebnisse sprechen konnte und damit alternative Wege zum Umgang mit diesen durchaus berechtigten Sorgen entwickelt werden konnten, zeigt, wie gut der Aufbau der Arbeitsbeziehung bis zu diesem Punkt gelungen war, aber auch wie ungeschützt und wenig kompetent sich Adrian fühlte.

3.4 Vertrauensvolle Zusammenarbeit

Wenn der Patient seinem Therapeuten Vertrauen entgegen bringen und ihn in seinen Empfehlungen für die Umsetzung geänderter Denk- und Verhaltensweisen folgen können soll, dabei Risiken eingeht und Kosten aufbringt, sollte sich dieser ihm gerade in der Phase der Umsetzung therapeutischer Interventionen weitgehend zur Verfügung halten. In diesem intensivierten und auf das Planen und Umsetzen neuer sowie veränderter Bewertungen und Verhaltensweisen ausgerichteten Abschnitt der Zusammenarbeit geht es vor allem darum, den Patienten darin zu unterstützen, wirklich etwas zu tun – und dies erfolgt zumindest bei Adrian und Sonja im geschützten Setting einer stationären Einrichtung, in der Ansprechpartner ständig zur Verfügung stehen. Somit kann probegehandelt werden und die Konsequenzen können abgefangen, gemildert oder zeitnah umbewertet werden. Die Herausforderung für die Gestaltung der Rahmenbedingungen ist es jedoch, diese im Behandlungsverlauf zunehmend realitätsangemessener zu gestalten, um den Übergang in den Lebensalltag des Patienten abzufangen und den Transfer des Gelernten schrittweise umsetzen zu helfen. Die Motivation des Patienten bezieht sich in dieser Phase darauf, dass es um Durchhalten geht, den Umgang mit der noch nicht perfekten Lösung auszuhalten, Geduld zu entwickeln und mit den ersten Reaktionen der Umwelt und relevanter Bezugspersonen auf verändertes Verhalten umgehen zu lernen. Wie oben erwähnt wurde: Die von Patienten häufig genannte Nebenwirkung von Therapie ist die Verschlechterung sozialer Beziehungen. Hier gibt es mindestens zwei Wege der Unterstützung des Patienten: Die ökologische Validität für verändertes Verhalten kann mit ausgewählten, möglicherweise eingeweihten oder gebrieften Personen getestet werden. Dies gelingt im stationären Setting mit Gruppenangeboten und gemeinschaftsorientierten Erprobungsfeldern in diesem besonders geschützten Rahmen in aller Regel gut. In der ambulanten Arbeit können solche Probe-Szenarien auch in der Gruppenbehandlung gut umgesetzt werden, in der Einzelarbeit entweder mit dem Therapeuten im Rollenspiel oder über die Wahl von informierten Mitspielern aus der Umgebung des Patienten.

Der zweite, oft zu wenig vom Patienten zugelassene Weg betrifft die aktive Einbeziehung relevanter Bezugspersonen in die therapeutische Arbeit. Das Führen von Paar- oder Familiengesprächen oder die Beteiligung anderer, den Patienten unterstützender »Veränderungsagenten« aus seiner sozialem Umgebung bedarf der Vorbereitung mit dem Patienten in zweierlei Hinsicht. Zum einen sind nahestehende Personen selbst in die Entwicklung und Aufrechterhaltung der Störung des Patienten mit verwoben und bringen auch ihre eigenen Überzeugungen bezüglich Krankheitsverständnis und Veränderungsnotwendigkeiten mit sich. Der Patient kann sich oft ihrer Loyalität nicht sicher sein, so dass Begegnungen im therapeutischen Kontext immer auch einen gewissen Angstpegel bewirken werden. Dies ist mit dem Patienten vorzubereiten, er kann sich darauf einstellen und z. B. im Rollenspiel seine Sorgen und Befürchtungen zur Probe agieren und im guten Sinne neutralisieren bzw. kontrollieren. Zum Zweiten muss der Therapeut den Patienten seiner Loyalität in der erweiterten Begegnung versichern und vorher genau abstimmen, worum es im Gespräch gehen soll und darf und welche Ziele verfolgt werden sollen. Hierbei ist auch und insbesondere auf die weitgehende Erfüllung der Grundbedürfnisse des Patienten seitens des Therapeuten zu achten. Am besten bereitet dieser entsprechende Interventionen mit kollegialer Unterstützung vor, wenn er noch nicht über ausreichende Erfahrung verfügt, um auch seine eigenen Bedürfnisse nach Sicherheit und Kontrolle oder Selbstwerterhöhung im Sinne einer Erfolgsorientierung zu beachten, aber auch um von der Komplexität einer Paar- oder Familienintervention nicht überrollt zu werden.

> Adrian hatte sich entschieden, den Vater zu einem Angehörigenseminar in die Klinik einzuladen. Sein Ziel war, einerseits sein Bedürfnis nach Unterstützung und Fürsorge durch den Vater anzusprechen und die Bemühungen des Vaters wertzuschätzen. Andererseits war es ihm wichtig, dem Vater mitzuteilen, dass er seinen eigenen Weg gehen und seine eigenen Entscheidungen bezüglich beruflicher Orientierung und weiterer Lebensgestaltung treffen wolle. Seine Wünsche nach emotionaler, väterlicher Nähe und gleichzeitig nach Autonomie wollte er im Rollenspiel in seiner Gruppe vorher auf den Prüfstand stellen, um auf unterschiedliche Rückmeldungen seines Vaters eingestellt zu sein. Insbesondere wollte er den Vater fragen, was dieser gut an ihm fände, was er an ihm schätze.

> Sonja stellte sich in dieser Phase der Behandlung ihren Ängsten vor der Zukunft, vor der befürchteten Einsamkeit und Abwertung durch andere. Sie lud ihre Tochter zu einem Gespräch gemeinsam mit ihrem Therapeuten ein. Dies hatte sie vorbereitet in ihrer Gruppe und durch einen persönlichen Einladungsbrief an die Tochter. Sie stellte sich darauf ein, dass seitens der Tochter auch Vorwürfe kommen würden, da Sonja überzeugt war, ihre Aufgaben als Mutter in den letzten zehn Jahren nicht mehr erfüllt zu haben und ihre Tochter früh in eine emotionale Selbständigkeit hinein weggestoßen habe. Dies wollte sie ansprechen und ihre Tochter um Verzeihung bitten.

> Ulli schrieb seinem Vater einen Brief und bat um ein Gespräch unter vier Augen bei einer geplanten nächsten Heimfahrt in eini-

gen Wochen. Er wolle über seine Zukunftspläne sprechen und darüber, wie sehr er den Vater wohl enttäuscht habe. Er stellte sich über Rollenspiele und Stuhldialoge mit seinem Therapeuten auf unterschiedliche Verläufe und Anteile in seinen Absichten und den möglichen Reaktionen seines Vaters ein. Überlegen wollte er noch, ob er den Vater bezüglich seiner ambivalenten sexuellen Orientierung informieren sollte und entschied sich dann zunächst dagegen.

Diese beschriebenen Fallbeispiele wirken vermutlich auf den ersten Blick etwas idealtypisch im Behandlungsverlauf. Aber solche positiven Entwicklungen in den Arbeitsbeziehungen und -ergebnissen sind eher häufig als selten und bestätigen den Therapeuten immer wieder auf's Neue, wie vielschichtig, spannend und fruchtbar die Zusammenarbeit mit den Patienten sein kann, wenn es gelingt, eine konstruktive Arbeitsbeziehung auf der Basis von Wertschätzung und Akzeptanz der je Patient eigenen Lösungsansätze aufrecht zu erhalten. Dabei können Krisen in der Zusammenarbeit Wendepunkte sein.

3.5 Krisen und ihre Lösungen

In allen Phasen einer therapeutischen Arbeitsbeziehung kann es zu Krisen kommen, die die Fortsetzung und erfolgreiche Beendigung der Zusammenarbeit in Frage stellen. Die kritischsten Abschnitte sind nach allgemeiner Erfahrung der Anfang – die Etablierung einer tragfähigen Beziehung – und das Ende – der Abschied und die Beendigung einer vertrauensvollen Wegbegleitung auf Zeit, wie sie nun einmal der therapeutischen Unterstützung inhärent ist. In der mittleren Phase der »gemeinsamen Reise« sind es eher Störungen von außen oder die Unerfahrenheit eines Behandlers, den therapeutischen Spannungsbogen zu halten, die zu irregulären Beendigungen oder Behandlungskrisen führen.

3.5 Krisen und ihre Lösungen

In der Suchtbehandlung begegnen Patienten ihrer oft als schrecklich empfundenen Vergangenheit, angesichts eigener Erfahrungen, aber auch eigenen »Versagens«. Manchmal stehen die Betroffenen vor den Trümmern ihres bisherigen Lebens. Schuld, Scham und Selbststigmatisierung sowie die Angst, den Anforderungen des Lebens ohne die Unterstützung des Suchtmittels nicht gewachsen zu sein, führen in Resignation und depressive Reaktion. Der vermeintliche Schutz, die Flucht vor der als nicht aushaltbar erlebten Realität mithilfe des Suchtmittels ist scheinbar verbaut, wenn eine – zumindest vorübergehend tragfähige – Abstinenzentscheidung getroffen wurde oder Abstinenz als Voraussetzung der Zusammenarbeit einzuhalten ist. So stellen sich Menschen in Suchtbehandlung früher oder später die Frage nach dem eigentlichen Sinn ihres Lebens und ihrer Anstrengungen. Wenn sie diesen in ihrem gesteigerten und stabilen Selbstwert begründet sehen, vielleicht eine spirituelle Orientierung aufbauen oder wiederbeleben können oder Wertschätzung aus ihrem relevanten sozialen Bezugssystem (wieder oder erstmals bewußtwerdend) erfahren, sind dies gute Voraussetzungen. Diese Konstellationen sind aber in einer Therapie nicht immer umsetzbar oder ausreichend vorhanden. Hier hat eine grundsätzliche Bescheidenheit des Therapeuten über das Erreichbare und Erreichte eine positive Modellwirkung und relativiert den manchmal euphorischen Zweckoptimismus des Patienten am Ende der Behandlung. Wichtig ist hierbei, die Gratwanderung zwischen Realitätsangemessenheit und Hoffnung auf weitere Entwicklung und Erfolge für den Patienten gut auszubalancieren. Die Sinnkrise und die erwartete Unfähigkeit, das Leben mit den antizipierten Schwierigkeiten und Herausforderungen aushalten und bewältigen zu können, führen zur deutlich erhöhten Suizidalität beim Krankheitsbild der Abhängigkeitsstörungen oder im Gefolge zu depressiven Beeinträchtigungen ausgeprägter Art. Patienten schützen sich manchmal vor dieser Konfrontation, indem sie den vermeintlich sicheren Rahmen der Behandlung aufsuchen und die Realität möglichst aussperren wollen. So kann die Behandlung zum Drogenersatz werden und der Therapeut zum Ersatz für ein natürliches soziales Umfeld mit seinen unvermeidlichen Enttäuschungen und Stolpersteinen. Umso wichtiger sind der immer wieder erneute Einbezug der Alltagsrealität des Patienten und die aktive Gestaltung der Ablösung aus der therapeutischen Arbeitsbeziehung.

Krisen im Behandlungsverlauf zeigen häufig eine Überforderung des Patienten an. Sie können sich verschieden präsentieren: im erneuten Suchtmittelkonsum (bis hin zu lebensgefährlichen Dosierungen), im Behandlungsabbruch durch den Patienten oder der Ankündigung desselben, in der Verweigerung der Zusammenarbeit in ihren unterschiedlichen, mehr oder weniger direkten Formen. Diese Krisen werden sinnvollerweise als interaktionelles, oft dyadisches Geschehen aufgefasst. Mit dieser Sicht wird es obsolet, einen Schuldigen zu finden, und sie öffnet den Blick für Lösungsansätze im Hier und Jetzt.

Probate Mittel im Krisenmanagement sind eine anfängliche Distanzierung vom Geschehen, das Festhalten von bzw. die Verständigung auf die Fakten, die Suche nach sozialer Unterstützung und die erneute Klärung der Zielperspektive aufgrund der aktuellen Gegebenheiten. Dann kann die Thematisierung von Anlässen und Funktionalitäten der Krisenentstehung in der Analyse erfolgen. Diese Stufen können Patient und Therapeut gemeinsam durchlaufen und erarbeiten, bei einem Behandlungsabbruch durch den Patienten kann der Therapeut im Sinne seiner Burn out-Prophylaxe ein solches Vorgehen auch für sich selbst oder gemeinsam mit seinen Unterstützern in der professionellen Arbeit wählen. So einfallsreich und kreativ wie der Mensch ist in der Verfolgung seiner Bedürfnisbefriedigung und im Schutz seiner Werte, können Krisen und ungünstig verlaufende therapeutische Arbeitsbeziehungen selten vorhergesehen werden und sind daher auch kaum zu verhindern. Sie stellen aber Interpunktionen bzw. Einschnitte im Behandlungsverlauf dar, die auch in eine vertiefte Zusammenarbeit münden können.

Es sind nicht immer nur Krisen, die eine Behandlung stören oder ihre Wirksamkeit für die Zielerreichung behindern. Eine Kollusion zwischen Therapeut und Patient in einer harmonisierenden und die gegenseitigen individuellen Bedürftigkeiten in Form der primären Befriedigung kompensierenden Arbeit wird dem Patienten genauso wenig weiterhelfen und eventuell seine Störung noch verfestigen, weil dies genau genommen eine Form grenzverletzenden, ausnutzenden Verhaltens seitens des Therapeuten darstellt. Um diesen »Verführungen« aufgrund der eigenen Bedürfnisse als Therapeuten entgegen zu wirken und die Rolle gegenüber dem Patienten nicht auszunutzen, ist Supervision in einem geschützten Kontext und immer wieder die Selbstreflektion erforderlich.

Sonja geriet in eine Krise, als sich ihr Sohn deutlich von ihr distanziert und den Kontakt zunächst nicht wieder aufnehmen möchte. Er bleibt in Schuldvorwürfen verhaftet, in der er der Mutter auch die Verantwortung für die gescheiterte Ehe der Eltern einseitig zuweist. Die Erarbeitung von Akzeptanz und damit das Aufgeben der Erwartung, den Sohn überzeugen und zurück gewinnen zu müssen, sondern ihm eher Zeit zu geben, halfen Sonja allmählich aus dieser Krise heraus. Dies war für Sonja in ihrer Emotionalität eine sehr schwierige Zeit, in der auch alte, inzwischen dysfunktionale Schemata und Verhaltensweisen wieder auftauchten und die sie mithilfe ihrer Behandlungsgruppe und in Einzelgesprächen mit ihrem Therapeuten bewältigen und verändern konnte.

Adrian gelingt es im weiteren Verlauf seiner stationären Behandlung nicht, sich gegenüber einer Clique von jungen Mitpatienten abzugrenzen, die heimlich Stoff in die Klinik gebracht haben und ihm diesen wiederholt anbieten. An einem Wochenende – nach einem kritischen und sehr emotionalen Telefongespräch mit seinem Vater – konsumiert er Cannabis, zunächst unentdeckt, bis der Deal in der Kliniköffentlichkeit auffliegt und er als Mitkonsument angegeben wird. Sein Therapeut spricht ihn auf den möglichen Konsum an – nach anfänglichem Zögern offenbart er sich und kann in einer Rückfallanalyse den auslösenden Bedingungen und der entstandenen Eigendynamik auf die Spur kommen. Hieraus ergeben sich veränderte Behandlungsziele im Sinne der Selbstfürsorglichkeit für kritische emotionale Situationen und der Stärkung der sozialen Kompetenzen in Abgrenzung gegenüber und Ablehnung von Konsumangeboten. Ein Sofortmaßnahmeplan wurde entwickelt, um Adrian in kritischen Situationen über ein »Stop« und einen »Erste-Hilfe-Plan« eine Struktur an die Hand zu geben und somit die Automatik der Abläufe an verschiedenen Stellen unterbrechen zu können.

Ulli bricht die Behandlung bei seinem Psychotherapeuten nach etwa 20 Einzeltherapiestunden ab. Er ist für sich an einen Punkt gekommen, an dem er Entscheidungen treffen müsste hinsichtlich seiner weiteren Lebensplanung im Hinblick auf eine gewünschte Partnerschaft und ein Coming out seiner homosexuellen Orientierung. Es gelingt, ein abschließendes, klärendes Gespräch mit dem Therapeuten zu führen und sich darauf zu verständigen, dass Ulli zu diesem Zeitpunkt eine Auszeit vom therapeutischen Prozess braucht. Seine Teilnahme an der Selbsthilfegruppe will er fortsetzen, seine gelegentlichen Gespräche bei seiner Suchtberaterin auch. Ulli und sein Therapeut vereinbaren, dass er sich melden kann, wenn er Unterstützung wünscht. Der Therapeut wird von sich aus mit Ullis Erlaubnis nach etwa sechs Monaten telefonischen Kontakt aufnehmen. Bis zu diesem Zeitpunkt konnte Ulli ohne Suchtmittelkonsum leben und fühlt sich insgesamt – trotz persönlicher Herausforderungen – gestärkt. An seinem Arbeitsplatz wurde er in ein zweites Beschäftigungsjahr übernommen, da er die Probleme mit Team und Vorgesetztem sozialkompetent lösen konnte.

3.6 Der Abschied

Zum Ende der Zusammenarbeit ist ein guter Zeitpunkt, das miteinander Erreichte explizit zu benennen und in subjektiv bedeutsamer Weise erfahrbar zu machen, z. B. über Hilfsmittel wie z. B. die visuelle Analogskala (s. o.) oder Ergebnisse aus Abschlusstests im Vergleich zu Eingangsuntersuchungen. Auch eine gemeinsame Zielerreichungsbilanz eignet sich zur Würdigung und Verdeutlichung des Erreichten. Sich hierüber zu freuen und die wichtigsten Ingredienzien der Zusammenarbeit – auch, wie man Krisen und Rückschläge oder scheinbare Stagnation gemeistert hat – sollten noch einmal und durchaus mit Stolz für den Patienten verbunden reflektiert werden.

In die allerletzte Begegnung gehört keine negativ getönte Perspektive oder eine Prognose hinsichtlich möglicher Probleme in der Zukunft. Es verbietet sich hier, noch die abschließenden Ratschläge für eine Rückfallprophylaxe oder Rückfallunterbrechung mit auf den Weg zu geben – dies sollte vorher geschehen sein. Auch wenn der oben beschriebene Recency-Effekt möglicherweise hier andere Interpretationen nahe legen könnte: Der letztmalige Abschied aus der Zusammenarbeit sollte darauf ausgerichtet sein, was erfolgreich entwickelt und umgesetzt wurde und welchen besonderen oder einzigartigen Beitrag der Patient dafür geleistet hat. Damit wird eine positive Befindlichkeit für den Patienten geschaffen, in der er sich angenommen fühlt und die ihm in späteren Krisenzeiten wieder Anlass sein mag, erneut eine Behandlung aufzusuchen, wenn er alleine nicht mehr zurecht kommt. Außerdem wird mit diesem Vorgehen wiederum ein einflussreiches Modellverhalten gezeigt, dass man sich für Anstrengung und Erfolg belobigen soll und dies genießen darf.

Ein Abschied auf Raten im Sinne des Ausschleichens der Kontakte über größere Zeitabstände hinweg oder eine geringere Intensität der Begegnung (z. B. Verkürzung der Gesprächszeiten) sollte sorgfältig geprüft werden im Hinblick auf Vermeidung von Abschied durch den Patienten oder den Therapeuten. Wenn zu Beginn der Zusammenarbeit die Rahmenbedingungen und vereinbarten Ziele einvernehmlich geklärt waren, ergibt sich die Beendigung durch Zielerreichung oder Erreichung der für die Zusammenarbeit gesetzten Grenzen aus dem Prozess heraus. Dennoch schaffen es manche Patienten, kurz vor Schluss noch einmal eine Verschlechterung zu präsentieren. Es ist sinnvoll, dies auch im Sinne der bevorstehenden Beendigung der Arbeitsbeziehung zu reflektieren und den Patienten erneut auf das Erreichte zu orientieren.

Therapeutisch Tätige kennen dieses Phänomen in der Regel, dass sich zum Ende eines Gruppen- oder Einzelgesprächs plötzlich noch ein wichtiges Thema in den Raum stellt. Zu Beginn der Zusammenarbeit (insbesondere in Phase 1 oder 2 unseres pragmatischen Fallkonzeptmodells) kann dies als Test verstanden werden, ob der Therapeut tatsächlich an der Person des Patienten und seinem Wohlergehen interessiert ist. Manchmal spielt auch die Angst davor eine Rolle, was sich ergibt, wenn das eingebrachte Thema tatsächlich noch tiefergehend bearbeitet werden könnte. In der Mitte und am Ende einer vertrauensvollen Zusammenarbeit kann ein solches Verhalten eher anders interpretiert werden. Es kann die Angst vor dem Beziehungsende und dem Abschied als besonderer Herausforderung dahinter stehen, genauso aber auch die Befürchtung, noch nicht ausreichend stabil für ein Zurechtkommen ohne therapeutische Unterstützung zu sein. In der Phase der vertrauensvollen Zusammenarbeit kann die Einbringung des Themas auch tatsächlich als Vertrauensbeweis gesehen werden und das Zögern manchmal auf die Schonung des Therapeuten zurückzuführen sein. Wie auch immer die Interpretationen sein werden: sie sind als Arbeitshypothesen genauso individuell und »künstlich« im Sinne einer Symbolik zu bewerten wie der je individuelle Behandlungsverlauf einer jeden Therapie als Begegnung zwischen letztendlich zwei Personen als Individuen. Aus der Bewertung der aktuellen Situation heraus ergibt sich das sinnvolle Reagieren des Behandlers. Dies kann der Hinweis darauf sein, dass die zur Verfügung stehende Zeit abgelaufen ist, man sich aber eine Notiz machen wird, damit das Thema bei der nächsten Begegnung aufgegriffen werden kann; im Einzelfall kann es auch sinnvoll sein, noch zwei bis drei Minuten für das angesprochene Thema aufzubringen, um dem Patienten z. B. einen Auftrag mitzugeben für die nächste Behandlungsstunde. Selbstredend sollte ein Patient in einer tatsächlichen Krise nicht alleine gelassen werden. So ist das Ende einer Arbeitssitzung genauso sorgfältig und bedacht zu planen wie das Ende der Behandlung.

3.6 Der Abschied

> Ulli beendet seine psychotherapeutische Behandlung von seiner Seite aus – er hat einiges erreicht und möchte an diesem Punkt zurzeit nicht weiter gehen. Dies ist zu akzeptieren und das bisher miteinander Erreichte zu würdigen. Sonja beendet die stationäre Rehabilitationsmaßnahme nach zweiwöchiger Verlängerung regulär und hat sich entschieden, zunächst in ihren Heimatort in die Nähe der Geschwister zurückzukehren. Hier wird sie eine Nachsorgemaßnahme antreten in einer Suchtberatungsstelle – der Antrag wurde rechtzeitig gestellt und sie hat bereits telefonisch mit der Beratungsstelle Kontakt aufgenommen, ebenso zu einer örtlichen Selbsthilfegruppe. Sie wird bei der jüngeren Schwester vorübergehend wohnen können und sich von dort aus ein neues Zuhause aufbauen. Ihr Haus wird sie mit Unterstützung der Tochter verkaufen. Beruflich möchte sie zunächst einen Wiedereinstiegskurs für Frauen nach der Familienphase machen und wird sich vor Ort nach Möglichkeiten dafür erkundigen. Adrian beendet seine stationäre Maßnahme regulär nach 16 Wochen und wird in eine Adaptionseinrichtung nach Süddeutschland gehen. Er möchte ein Tierpflegepraktikum machen und hat sich bei einigen Tierärzten in der Region bereits beworben. Seine Wohnung in der Nähe des Vaters wird er aufgeben und sein dortiges kleines soziales Netz – mit einigen Szenekontakten – ebenfalls. Bezüglich des Alkoholkonsums ist er sich noch nicht klar, ob er auf Dauer eine Abstinenz anstrebt. Dies will er in der Adaption und eventuell danach in einer ambulanten Psychotherapie für sich noch weiter klären.

Nun wäre die zu Beginn angesprochene gemeinsame Reise schon fast zu Ende, wenn es nur um die Patienten ginge. Die Themen der Fallkonzeption und der Therapieplanung und insbesondere deren Verschränkungen reichen aber über die direkte Arbeit mit dem Patienten hinaus. Es lohnt ein Blick auf die Rahmenbedingungen und den Stellenwert von Supervision in der therapeutischen Tätigkeit (▶ Kap. 5) – diese sind gerade in der Arbeit mit Suchtkranken, ihren Systemen und ihrer besonderen Dynamik von großer Bedeutung und einflussreich. Süchtige Systeme neigen dazu, insofern ein Eigenleben zu entwickeln, als dass der Sog einer abhängigkeitserzeugenden Droge mit dem Potenzial der Entsozialisierung alle Beteiligten in die Gefahr der Verstrickung in Schuld- und Schamgefühle, der Bestrafung, der Über- und Unterverantwortlichkeit und der gefühlten Grenzenlosigkeit »entführt«. Hiervon bleiben auch Behandler nicht unberührt. Daher kommt der strukturgebenden Therapieplanung gerade in der Arbeit mit Suchtpatienten noch einmal eine ganz besondere Bedeutung zu.

4

Therapieplanung

Motto: »Kuhi no ka lima, hele no ka maka« *(Regel beim traditionellen Hawaiianischen Hula):* »Wohin die Hände sich bewegen, dahin lass die Augen folgen.«

Sinngemäß steht hinter diesem Satz die Überzeugung, dass die Zukunft von den Händen erschaffen wird und dass die Augen (zur Kontrolle und nachträglichen Bewertung des Geschaffenen) folgen und einen Sinn erkennen, erfinden oder konstruieren. Hier erscheint auch wieder das Prinzip der durch unsere Vorerfahrungen gesteuerten impliziten Wahrnehmungen und Bewertungen, aus denen wir heraus oft schon Entscheidungen getroffen haben, die wir uns erst im Nachhinein dann bewußt erklären und verständlich machen. Auch Verhalten kann entschieden sein, bevor es uns bewußt wird. Die Forschung zur impliziten Wahrnehmung und Entscheidung hat z. B. im Bereich der Behandlung bei Alkoholabhängigkeit zur Entwicklung von sogenannten Cue Exposure Extinction-Trainingsmaßnahmen geführt (so z. B. in der Arbeitsgruppe um Lindenmeyer und Wiers; Wiers et al., 2011; Gladwin et al., 2015). Hier lernen Patienten am Computer, alkoholassoziierte Reize (cues) mithilfe des Joysticks auf dem Bildschirm »wegzurücken« und nicht-alkoholassoziierte Reize zu sich »heranzuziehen« (Annäherung/Vermeidung). In ersten Untersuchungen war ein moderater positiver Zusammenhang zwischen der erfolgreichen Teilnahme am Training während einer stationären medizinischen Rehabilitationsmaßnahme gegenüber einer Kontrollgruppe ohne Teilnahme und der Abstinenzaufrechterhaltung in Nachuntersuchungen ein Jahr nach Behandlungsende aufgetreten. In die Leitlinien zur Behandlung wurde diese Interventionsform (noch) nicht als ausreichend empirisch validiert aufgenommen. Da sie jedoch nebenwirkungsarm sein dürfte, ist eine Kann-Empfehlung ausgesprochen worden. Weitere Untersuchungen müssen zeigen, ob diese implizite Lernstrategie tatsächlich zuverlässig mit einer verbesserten Abstinenzquote verknüpft ist. Grundgedanke hinter diesen Trainings ist, dass automatische Prozesse, wie z. B. alkoholbezogene Aufmerksamkeits- und Annäherungstendenzen, durch wiederholtes Training verändert werden können. Dies könnte bei empirischer Bewährung eine weitere Komponente in der Behandlung von süchtigem Verhalten werden.

Implizites Verhalten ist jedoch nicht patientenspezifisch – es ist universell menschlich. So geht es manchmal sehr erfahrenen Therapeuten auch so, dass sie aus ihrem Erfahrungsschatz heraus mehr oder weniger intuitiv das Angemessene tun und auf Nachfragen, quasi im Nachhinein, die entsprechenden Konzepte erst erläutern können. Dies ist das Ergebnis von jahrelang trainierten und immer wieder erprobten Vorgehensweisen, die sehr stark internalisiert sind und fast automatisch ablaufen. Daher können wir in der Ausbildung und im Erwerb neuer Techniken so viel von therapeutischen Vorbildern im Sinne des Modelllernens und durch Beobachtung profitieren, genauso wie durch eigenes therapeutisches Probehandeln z. B. in Rollenspielen.

In der Therapieplanung geht es in den ersten Schritten darum, die Symptome und Beschwerden des Patienten so ernst zu nehmen, dass deren Linderung Vorrang hat. Die Sorge, dass damit die Behandlungsmotivation einbrechen könnte (wenn der Leidensdruck nachlässt), ist in den allermeisten Fällen unbegründet. Die Suchtbehandlung leidet immer noch unter dem weitverbreiteten Vorurteil, dass eine Therapie nur wirksam sei, wenn sie wehtue. Dies ist wie mit der bitteren Medizin: Dahinter steckt jedoch manchmal ein Quäntchen der Überzeugung, dass der suchtkranke Patient tatsächlich auch eine Mitschuld hat daran, wie seine Krankheit entstanden und entgleist ist. Zumindest wird unterstellt, dass der Patient schon viel früher und selbständig den Verlauf hätte ändern, insbesondere die Verschlechterung hätte verhindern können. Strafende und selbstbestrafende Aspekte haben jedoch in einer professionellen Behandlung keinen Platz, im Gegenteil. Das Wohlergehen und die Linderung stehen im Vordergrund und vermitteln dem Patienten letztlich die Erfahrung, dass die eingeschlagenen Wege erfolgreich sind und der Therapeut tatsächlich auf seiner Seite steht.

An zweiter Stelle steht die Identifizierung des Behandlungsfokus, vorbereitet und gestützt durch eine differentielle Diagnostik, die sowohl die Symptome und Beschwerden als auch die Person bzw. Persönlichkeit des Patienten in ihrer Entwicklungsgeschichte und damit in ihrem Gewordensein als auch im aktuellen Status ihrer Ressourcen und Defizite orientierend abbildet. Eine klassifikatorische Einordnung in Form einer leistungsauslösenden Zuweisungsdiagnose mag verwaltungstechnisch, organisatorisch oder statistisch von Bedeutung sein, eine Handlungsanweisung oder Hilfe bei der Auswahl therapeutischer Ansatzpunkte und Methoden liefert sie nicht. Hierfür benötigt der Behandler indikationsleitende Informationen im engeren Sinne. In der Verhaltenstherapie setzen wir hier besonders auf die Analyse aufrechterhaltender Bedingungen, um hier mit Veränderungen – günstigenfalls durch den Patienten entschieden, umgesetzt und bewertet – zu beginnen. Hierzu gehören in den modernen verhaltenstherapeutischen Vorgehensweisen seit den 70er Jahren des 20. Jahrhunderts auch die Organismusmerkmale wie

Dispositionen, Lernerfahrungen, somatische und physiologische Verhaltensbereitschaften, Denken, Motivationen und Überzeugungen. Sie können jeweils danach bewertet werden, inwiefern sie hilfreich, veränderungsrelevant oder aufrechterhaltend sowie hinderlich für die therapeutische Zusammenarbeit sind. Dies führt uns wiederum zur ressourcenorientierten Planung von Veränderungen mit dem Patienten.

4.1   Ressourcen und Defizite

> »Die Welt schuldet uns nichts – sie war vor uns da« (Mark Twain, US-amerikanischer Schriftsteller; 1835–1910).

In der Therapieplanung spielen Ressourcen eine große Rolle. Nur wenn diese Ressourcen des Patienten bekannt sind, kann der Behandler mit ihm über Kosten und Nutzen von Verhaltensänderungen sprechen und mit ihm auch erarbeiten, welche Mittel er selbst zur Verfügung hat, um diese Veränderungen tatsächlich auch anzugehen und zu erreichen. Seit etwa 20 Jahren beschäftigen wir uns in der Psychotherapieforschung verstärkt neben den Defiziten auch mit diesen Ressourcen unserer Patienten (z. B. Willutzki und Teismann, 2013):

> »Ressourcenorientierung in der Psychotherapie ist eine transdiagnostisch relevante Orientierung, d. h. eine störungsübergreifende Perspektive« (Willutzki und Teismann, 2013, S. 7).

Die Ressourcenorientierung des Therapeuten wird sich durch den gesamten Behandlungsprozess ziehen und je nach Phase der Behandlung unterschiedliche Funktionen erfüllen. So ist es zu Beginn einer Behandlung eine wichtige Aufgabe, der sogenannten Demoralisierung entgegenzuwirken (Frank und Frank, 1991), da der Patient in der Regel mit Hilflosigkeit oder auch gescheiterten Veränderungsversuchen in die Behandlung eintritt. Im Phasenmodell von Howard

4.1 Ressourcen und Defizite

(1991) werden die psychischen Probleme, mit denen ein Patient in die Behandlung kommt, selbstwertsteigernd umcodiert in einstmals sinnvolle Verarbeitungs- oder Handlungsstrukturen, die über lange Zeit für den Patienten unproblematisch oder sogar adaptiv waren. Aber auch im weiteren Verlauf der Behandlung können Motivationskrisen aus unterschiedlichen Gründen auftauchen, so dass eine Ressourcenorientierung hier ein gutes Gegengewicht bilden kann. Eine frühzeitige Ressourcenorientierung kann dem Patienten helfen, sich auch für Veränderungen zu entscheiden, die scheinbar sehr kostenintensiv sind. So beschreiben Willutzki und Teismann (2013):

> »Ressourcenaktivierung fördert positive Affekte und Erwartungen und ermöglicht der Person so, sich für eine aktive Auseinandersetzung mit ihrem Problem zu entscheiden« (ebd., S.12).

Nach einem erfolgreichen Verhaltensexperiment oder einer erprobten Verhaltensänderung kann die Ressourcenbetrachtung sehr hilfreich sein. Therapeut und Patient analysieren das Geschehen und legen einen besonderen Wert auf das, was gut funktioniert hat, was der Patient mit seinem eigenen und neu ausprobierten Repertoire tatsächlich erzielen konnte. Die mit der Ressourcenaktivierung verbundenen positiven Affekte fördern nicht nur Kreativität und Durchhaltevermögen, sondern auch das Erleben von Sinnhaftigkeit, Selbstakzeptanz und Resilienz.

Wie Willutzki und Teismann ausführen, stellt die Aktivierung von Ressourcen im neuropsychologischen Zusammenhang einen günstigen Kontext her, der das Lernen erleichtert. Es kommt zum Aufbau von das Problem destabilisierenden, positiven Gedächtnisstrukturen. Die häufige Aktivierung dieser positiven Gedächtnisstrukturen hilft dabei, dass ein Bewältigungsverhalten sich stabilisiert und leichter abrufbar wird. Mit ihrem Modell der »Ressourcenzwiebel« (Willutzki et al., 2005) werden unterschiedliche inhaltliche Suchbereiche vorgestellt, die sich zwiebelartig zur Identifikation von Ressourcen aufeinander aufbauen. Eine äußere Schicht ist hierbei die »allgemeine positive Lebensbewältigung«. Dies sind Lebensbereiche, in denen die Person immer gut zurechtgekommen ist, in denen sie ihre Ziele erreicht hat und mit denen sie aktuell auch zufrieden ist. Auch im Laufe des Lebens bereits erfolgreich bewältigte Krisen enthalten Ressourcenanteile (zweite Schicht). In einer dritten Schicht geht es um die Ressourcen im Zusammenhang mit der aktuellen Problematik. Welche Behandlungsversuche wurden bereits unternommen und was hat hierbei gewirkt? Eine solche Ressource ist auch die Entscheidung zur Aufnahme einer Therapie, die Bereitschaft, Energie und Mittel einzusetzen, um etwas zu verändern. Gibt es Ausnahmen vom problematischen Verhalten? Welche Kriterien kennzeichnen diese Ausnahmen? Kann die Erkenntnis hilfreich sein in der Planung von Veränderungen? Als psychometrische Instrumente zur Erfassung von Ressourcen sind z. B. der Bochumer Ressourcenfragebogen (RESO-B; Willutzki und Stelkens, 2006) oder auch das Berner Ressourceninventar zur Erfassung von Patientenressourcen aus der Fremdbeurteilungsperspektive (FEF; Grawe, 1998) zu nennen. Die internen Konsistenzen der Subskalen dieser beiden Instrumente liegen zwischen .63 und .89, was als befriedigend bis recht gut anzusehen ist. Hier gibt es aber offensichtlich noch erheblichen Forschungsbedarf.

Auch in der Fallkonzeption wird es für den Therapeuten immer wieder wichtig sein und er wird hier im Prozess auch immer differenzierter vorgehen können, sich die Ressourcen des Patienten vor Augen zu halten, diese nutzbar zu machen und auszubauen. Dies dient der Vermeidung einer Überforderung des Patienten bzw. einer unrealistischen Einschätzung seiner Möglichkeiten. Gleichzeitig kann es den Therapeuten davor bewahren, im Patienten nur die problematischen Anteile zu sehen und damit sowohl der positiven Selbstdarstellung als auch der Nutzung von Möglichkeiten des Patienten zu wenig Aufmerksamkeit zu schenken.

In der Behandlungsstrategie unterscheiden wir prozessuale Ressourcenaktivierung und inhaltliche Aktivierung von Ressourcen (z. B. Grawe, 1998). Letztere sind die explizit vorhandenen Ressourcen des Patienten, zu denen er auch einen Wahrnehmungs- und Bewertungszugang hat. Die prozessbezogenen Ressourcen müssen dem Patienten nicht unbedingt von seiner Aufmerksamkeit her in der Wahrnehmung zugänglich sein. Sie beziehen sich auf Bewältigungsverhalten, das mehr oder weniger kontextfern zu sein scheint. So kann es z. B. sein, dass ein Patient, der Briefmarkensammler oder Modellflugzeugbauer ist, seine Ordentlichkeit und seine Fähigkeiten, Schritte aufeinander aufbauend abzuarbeiten, nicht als Ressource für sich empfindet oder im Problemlösekontext der Sucht dies nicht als hilfreich oder bedeutsam bewertet oder gar nutzen kann. In einem therapeutischen Veränderungsprozess können aber beide Fähigkeiten hilfreich für den Patienten und durch ihn eingesetzt werden. Sonja hatte in ihrer Istanalyse ein Problemkuchendiagramm und daneben ein Ressourcendiagramm erstellt. Für Ulli lagen viele seiner Ressourcen in den beiden erfolgreich abgeschlossenen Therapien und was er dort für sich gelernt hatte. Er hatte noch wenig Handlungswissen daraus abgeleitet und in seinen Alltag transferiert. Adrian machte sich im Laufe seiner stationären Therapie auf die Suche nach Interessen, Fähigkeiten und besonderen Talenten. Er hatte bislang mehr oder weniger automatisch seine Entscheidungen am vorgegebenen Kontext orientiert und für sich noch keine systematische Strategie der Lebensplanung entwickelt.

Je nachdem, wie Patienten bereits Zugang zu ihren Bedürfnissen, Problemen und Schwierigkeiten haben, wird die Auswahl geeigneter Behandlungsbausteine unterschiedlich, weil differentiell, d. h. personenorientiert sein. Die eine Behandlung der Suchtmittelabhängigkeit wird es nicht geben, dazu weiß man inzwischen zuviel über dieses komplexe Störungsbild. Eine differentielle Indikationsstellung bildet das Rückgrat einer gelingenden Zusammenarbeit in der Behandlung.

4.2 Indikationsstellung

Die Stellung einer Indikation zur Behandlung einer psychischen oder verhaltensbezogenen Störung – in diese Kategorie gehören auch die Abhängigkeitserkrankungen – ist eine fachlich herausfordernde und verantwortungsvolle Aufgabe. Die Entscheidung über Art und Dauer einer Behandlung kann nur erfolgen auf der Basis aussagefähiger diagnostischer Daten und Befunde sowie mit ausreichender klinischer Erfahrung. Sie kann selektiv (welches Behandlungssetting) oder adaptiv (Anpassung der Behandlungsstrategie im Verlauf) sein. Die Entscheidung, ob und welche Behandlung am erfolgversprechendsten und dem Patienten und seiner Problematik angemessen ist, impliziert auch die Festlegung oder Einschätzung von zeitlichen und finanziellen sowie immateriellen Aufwänden. Die Versuch-und-Irrtum-Strategie in der Behandlung von Abhängigkeitsstörungen ist aufgrund intensivierter Forschung mit klinischen Schwerpunkten und der Wahrnehmung auch internationaler Befunde, die die Konzeptentwicklung wesentlich befördert haben, überwunden. Im Jahr 2015 konnten die S3-Leitlinien für die Behandlung der Alkoholabhängigkeit publiziert werden, die empirisch fundierte und wirksame Interventionsmethoden benennen, aber auch noch auf der Basis klinischer Konsensbildung Raum für weitere Optimierungen lassen (Arbeitsgemeinschaft wissenschaftlich-medizinischer Fachgesellschaften; AWMF, 2015). Andere suchtspezifische Leitlinien liegen auf niedrigerem Niveau vor oder sind in der Neubearbeitung bzw. Aktualisierung begriffen. Die Bezeichnung S3 bedeutet hierbei, dass es ausreichend empirisch fundierte Behandlungsmethoden gibt, die nach dem aktuellen Kenntnisstand der wissenschaftlichen Evaluierung zu empfehlen sind, weil sie nachgewiesenermaßen wirksam sind.

So machen die aktuellen, auf das deutsche Versorgungssystem bezogenen S3-Leitlinien zur Behandlung der Alkoholabhängigkeit folgende Empfehlungen auf dem sogenannten A-Niveau (ausreichend empirisch belegt gemäß zum Zeitpunkt der Leitlinienerstellung aktueller Publikationslage):

1. Die generelle Wirksamkeit postakuter Interventionsformen ist erwiesen und sollte Patienten nach der Entzugsphase als nahtlose weiterführende Behandlung angeboten werden.
2. Abstinenz bei postakuten Interventionsformen für Abhängigkeitserkrankte gilt als primäres Therapieziel (bei Nichterreichbarkeit: Schadensminimierung durch Konsumreduktion).

3. Empfohlene Behandlungen mit entsprechenden empirischen Wirkungsbelegen im einzelnen sind:
   a. Motivationale Interventionsformen
   b. Kognitive Verhaltenstherapie
   c. Verhaltenstherapie mit und ohne Kontingenzmanagement
   d. Tiefenpsychologisch fundierte Kurztherapie
   e. Angehörigenarbeit
   f. Paartherapie
   g. Patientengruppen
   h. Pharmakotherapeutische Behandlung mit Acamprosat oder Naltrexon bei entsprechender Indikationsstellung und im Einzelfall, zusätzlich zur psychosozialen Beratung

Des Weiteren benennt die aktuelle S3-Leitlinie zur Behandlung der Alkoholabhängigkeit folgende Empfehlungen aufgrund klinischer Konsensbildung (ohne ausreichende, publizierte, empirische Fundierung, aber durch entsprechenden Expertenkonsens gestützt):

1. Komorbidität soll berücksichtigt und mitbehandelt werden.
2. Bei höherem Lebensalter soll aufgrund der guten Prognose eine Entwöhnungsbehandlung angeboten werden.
3. Bei bestehender Erwerbslosigkeit soll eine Reintegration ins Arbeitsleben gefördert werden.
4. Weil eine unterschiedliche Wirksamkeit der Settings ambulant, ganztägig ambulant und stationär nicht nachgewiesen ist, soll eine differentielle Indikationsentscheidung im Einzelfall erfolgen.
5. Behandlungsdauer und -intensität sollen sich am Schweregrad der Erkrankung orientieren.
6. Neurokognitives Training und Cue Exposure Extinction Training können angeboten werden.
7. Eine Entwöhnung sollte als Komplexbehandlung angeboten werden mit verschiedenen Interventionen durch ein multiprofessionelles Team. (Quelle: http://www.awmf.org/uploads/tx_szleitlinien/076-001l_S3-Leitlinie_Alkohol_2015-04.pdf)

Ein wesentlicher Teil der Therapieplanung fußt auf einer sorgfältigen selektiven Indikationsstellung (welche Art von Behandlung, welcher Ort, welches Setting) sowie einer anschließenden differentiellen Entscheidung (welche Methoden, Priorisierung der Themen/Diagnosen, wieviel Zeit, welche Ziele auf der Verhaltensebene). Ersteres erfolgt in der Regel nach orientierender Analyse der Voraussetzungen und Möglichkeiten – oft anhand von Screeningverfahren und klinischer Eindrucksbildung –, letzteres in der Anfangsphase einer Behandlungsbeziehung. Sowohl in der selektiven als auch der differentiellen Therapieplanung spielen gemeinsam mit dem Patienten abgestimmte Ziele eine bedeutende, weil motivationsfördernde und richtungsweisende Rolle (▶ Kap. 2.1.4). Allerdings werden sich die relativ groben Zielsetzungen (z. B. Schadensminimierung im Hinblick auf körperliche und psychische Gesundheit, Abstinenzstabilisierung, Integration in Berufsleben, Arbeitsplatz und gesellschaftliches Leben) in der differentiellen Phase deutlich konkretisieren müssen, damit psychotherapeutische Methoden zielführend und ausreichend auf das Individuum abgestimmt eingesetzt werden können.

Die selektive Indikationsstellung orientiert sich am Störungsbild und damit in der Regel in Deutschland an einer ICD10-Diagnose, die bei psychischen Störungen – zu denen auch die »Psychischen und Verhaltensstörungen durch psychotrope Substanzen«; F1X.1 (Substanzbrauch) oder F1X.2 (Substanzabhängigkeit) gehören – aus den im Kapitel V (F) des Diagnoseklassifikationssystems aufgeführten Symptomangaben abgeleitet wird und damit die Grundlage für die Zuweisung zu einem speziellen Therapiesetting bildet (therapieauslösende Bedingung). Die neuere Entwicklung im DSM 5 (Diagnostic and Statistical Manual of the American Medical Association, Version 5; APA, 2015) sieht die Aufgabe des kategorialen Prinzips »abhängig – nicht abhängig« bei den substanzbezogenen Störungen vor und schlägt ein Kontinuum von abstinentem, normalem, riskantem über den schädlichen zum abhängigen Konsummuster (leichte – mittelgradige – schwere Abhängigkeitsstörung) vor. Dies ist mit einigen Vorteilen verbunden, z. B. die bessere Differenzierung und das

Verlassen des »Alles oder Nichts«-Prinzips. Allerdings steht auch zu befürchten, dass sich die Schwelle bezüglich der behandlungsbedürftigen Substanzabhängigkeit entweder nach unten verschiebt (mehr Fälle werden als »behandlungsbedürftig« mit Medikamenten oder psychotherapeutischen Interventionen identifiziert, was zu einer Erhöhung des Anteils falsch positiv eingeschätzter Patienten führt) oder gar nach oben (weniger Fälle werden als eindeutig behandlungsbedürftig, auch im Sinne der Schadensbegrenzung, definiert; falsch negativ diagnostizierte substanzabhängige Personen; s. a. Schuhler & Vogelgesang, 2015).

Diese selektive Indikationsstellung kann auf unterschiedliche Art und Weise zustande kommen. Wir wissen, dass sehr viele Menschen mit psychischen und Verhaltensstörungen zunächst in der primärärztlichen Versorgung vorstellig werden. Dies sind dann in der Regel Befindlichkeitsstörungen und andere, für die Person krankheitswertige Symptome, die alleine für sich genommen die Diagnose einer psychischen Störung nicht rechtfertigen würden. Aus entsprechend aufwändig durchgeführten epidemiologischen Studien lässt sich ableiten, dass die meisten psychischen Beeinträchtigungen als solche in der primärmedizinischen Versorgung zunächst einmal nicht erkannt, zumindest oft nicht einer psychotherapeutisch orientierten Behandlung zugänglich gemacht werden. So verhält es sich z. B. auch mit den Suchtstörungen und den suchtnahen Verhaltensstörungen. Hier dauert es in der Regel zehn und mehr Jahre, bis eine spezifische Behandlung empfohlen oder angestrebt wird (vgl. z. B. Fachverband Sucht, 2015). In den letzten Jahren und Jahrzehnten beobachten wir jedoch aufgrund einer Reihe von Untersuchungen zur Frühintervention und auch der entsprechenden Leitlinienentwicklung, dass die Sensibilisierung im Gesundheitsversorgungsbereich bezüglich der psychotherapeutisch zugänglichen Störungsbilder in Deutschland erfreulich voranschreitet. Damit könnten lange Verläufe bei Patienten, bis sie in eine entsprechend spezifische Behandlung kommen, abgekürzt und Chronifizierungen vermieden werden. Andererseits haben wir uns immer wieder mit dem Vorwurf oder der Behauptung auseinander zu setzen, dass das hochschwellige Behandlungsangebot für die Sucht (medizinische Rehabilitation und gezielte Psychotherapie) zu wenige Plätze vorhält und damit nicht bedarfsgerecht ausgebaut sei. Auch werden die vergleichsweise hohen Hürden mit dazu beitragen, dass Betroffene den aufwändigen und oft langwierigen Weg einer Antragsstellung für einschlägige Behandlungen scheuen oder zwischendurch aufgeben. Hier ist es sinnvoll, leichtere Zugangswege zu finden, wie sie in den Projekten des »nahtlosen Zugangs« zu postakuten Behandlungsformen derzeit im Suchtbereich entwickelt werden.

Die Psychotherapierichtlinien für die ambulante Psychotherapie haben ebenfalls folgerichtig inzwischen eine Erweiterung des Zugangs für Menschen mit substanzbezogenen Störungen in ihrem Geltungsbereich vorgesehen. Seit 2012 ist es in Deutschland möglich, einen Patienten mit entsprechender Komorbidität bis zu zehn Stunden psychotherapeutisch zu Lasten der Krankenkasse im Primärversorgungsbereich zu behandeln mit dem Ziel, eine Abstinenz vom Suchtmittel für die Dauer der Behandlung zu erreichen und aufrecht zu erhalten. Hiervon werden vor allem Menschen mit einem riskanten oder schädlichen Konsum profitieren. Aber auch Menschen mit einem abhängigen Konsummuster könnten hierdurch früher erreicht und einer geeigneten suchtspezifischen Behandlung zugeführt werden. Voraussetzungen dafür sind Schwellenerniedrigungen im Zugang zu spezifischen Behandlungsangeboten, insbesondere der medizinischen Rehabilitationsmaßnahmen bei Abhängigkeitsstörungen, wie sie z. B. durch die Berechtigung niedergelassener Psychotherapeuten zur Stellung eines entsprechenden Leistungsantrags vorgehalten werden könnten. Auch die unkompliziertere Zuweisung durch die niedergelassenen Ärzte in der Primärgesundheitsversorgung in ebenfalls niedrigschwelligere ambulante oder stationäre Angebote zur Klärung von Reha-Bedürftigkeit und Reha-Fähigkeit könnte Chronifizierung fördernde, lange Erkrankungszeiten abkürzen.

In der selektiven Indikationstellung kennen wir den sogenannten bottom-up-Ansatz. Dieser wird auch »stepped care« genannt als »schrittweises Vorgehen von niedrigschwelligen und weniger kostenintensiven zu intensivierteren, aufwändigeren Behandlungskomponenten. Der Vorteil einer solchen Vorgehensweise ist, dass zunächst mit der Minimalintervention begonnen wird. Erst wenn diese nicht wirkt bzw. nicht ausreichend ist, folgt die nächstintensivere Stufe der Interventionskette. Gefahren, die hierhin liegen, sind dabei folgende:

1. Wenn eine niedrigschwellige Einflussnahme nicht ausreichend ist, der Krankheitsprozess aber fortschreitet, ist Zeit verschenkt und möglicherweise eine Chronifizierung oder Verschlimmerung in Kauf genommen.
2. Nicht nur durch den fortschreitenden Prozess der Erkrankung bei zu geringer Behandlungstiefe kann sich der Gesamtzustand verschlechtern. Die gerade bei Suchterkrankungen fortschreitende soziale Desintegration »vernichtet« Ressourcen. Gescheiterte Behandlungsversuche führen zur Demotivierung von Patient und sozialem Bezugssystem.
3. Der Ansatz geht u. U. »halbherzig« an eine Problemlösung heran und benötigt dann Behandlungsketten zur Nachbesserung.
4. Es wird eher eine symptomorientierte Lösung verfolgt mit der Gefahr der Problemverschiebung (»Herumdoktern« an Epiphäomenen statt Beseitigung von aufrechterhaltenden Problemen).

Eine individuell indikative Zuweisung zur in der Behandlungsdichte und -tiefe angemessenen Vorgehensweise erfordert einen zunächst höheren Aufwand zur Entscheidungsfindung für ein gezieltes Behandlungsangebot. Dieser top-down-Ansatz (oder auch best first) kann wie folgt charakterisiert werden:

1. Er ist höherschwellig im Sinne der Erreichbarkeit (Problem der Verbesserung von Zugangswegen und die »Mitnahme« des Betroffenen und seines relevanten Umfelds im Prozess).
2. Er kann nicht flächendeckend angeboten werden und erfordert daher Mobilität (v. a. des Betroffenen, aber auch der Komponenten im Hilfesystem, in dem die beteiligten Akteuere über eine gute Kenntnis des differenzierten Behandlungssystems verfügen

und der jeweils vorhandenen Behandlungsmöglichkeiten der einzelnen Segmente, z. B. einen guten Überblick über Behandlungsketten).
3. Er ist in der Regel aufwändiger und teurer bezüglich des Vorhaltens differenzierter Behandlungskomponenten, die nicht immer gleichmäßig ausgelastet sind (Aspekte der Belegungssteuerung und Struktursicherung).
4. Er braucht oft ein »künstliches Feld«, um Alltagserprobung zu sichern (hierin sind wir in den psychotherapeutischen, den sozialberaterischen und den ergotherapeutischen Bestandteilen der medizinischen Rehabilitation bei Suchterkrankungen bereits gut ausgestattet).

Das zweite Standbein der Therapieplanung ist die differentielle Indikationsstellung. Diese fußt auf einer störungsspezifischen differenzierten Diagnostik (somatisch und psychometrisch orientierte Verfahren, aber auch ausführliche klinische Anamnese und Analysen). Genauso wichtig sind die für eine Behandlung erforderlichen Kompetenzen und Ressourcen eines Patienten. In der psychotherapeutischen Primärversorgung sind die Feststellung und Würdigung dieser zur Veränderung erforderlichen Kompetenzen inzwischen guter Standard. Der Blick auf die bestehenden Problemlöse- und Veränderungskompetenzen eines Patienten und sein Zugang zu Umweltressourcen in der medizinischen Rehabilitation – und hier insbesondere bei den Abhängigkeitsstörungen – sind ebenfalls notwendige Bestandteile einer erfolgversprechenden Therapieplanung. An dieser Stelle kommt spätestens auch die Einbeziehung komorbider Störungen ins Spiel, da laut allgemeiner fachlicher Überzeugung, gestützt durch die Behandlungsleitlinien, diese mitzubehandeln sind. Durch die Mitbehandlung sollte zumindest die Stabilisierung des komrobiden Störungsbildes erreicht und eventuell eine Weiterbehandlung unter ausreichender Abstinenzstabilität eingeleitet werden. Die häufigsten komorbiden Krankheitsbilder sind Angststörungen, Depressionen, Postraumatische Belastungsstörungen und ihre Chronifizierungen sowie auch die Aufmerksamkeitsdefizitstörung mit und ohne Hyperaktivität (s. z. B. Ridinger, 2016; Schneider & Wetterling, 2015; Moggi, 2012).

An dieser Stelle greift wieder die Verschränkung der Therapieplanung zur Fallkonzeption. Diese erfordert explizit die ganzheitliche Sicht einer Person: Ressourcen und Defizite, Bewältigungs- und Copingstrategien, die in der Vergangenheit funktional und hilfreich waren und als Ausgangsmaterial für den Aufbau neuer Kompetenzen dienen können, kritische Lebensereignisse, die das Vertrauen der Person in sich selbst und eine äußere Unterstützung beeinträchtigt haben mögen oder gerade auch aktiviert haben, aber auch die Analyse der sozialen Netzwerke eines Patienten im Hinblick auf Unterstützungs- oder Gefährdungspotentiale.

Indikationsstellung beschäftigt sich immer mit einem Blick in die Zukunft und einer Extrapolation des Vorhandenen in zeitlich Nachfolgendes. Damit ist sie eine Prognose (Vorausschau) im wahrsten Sinne des Wortes, da auch eingeschätzt werden muss, welche Interventionen mit welchen voraussichtlichen Veränderungen und Entwicklungen korrespondieren. Welche Veränderungsmethoden erhöhen die Wahrscheinlichkeit der Zielerreichung? Wie gehen wir mit begrenzten Ressourcen an Zeit und Methoden um? Welche Taktung benötigt ein Veränderungsprozess, um Über- und Unterforderungen zu vermeiden? Therapieplanung bedeutet daher auch immer, die zur Verfügung stehenden Zeiträume beim Patienten für die Umsetzung, aber auch die Realisierungsmöglichkeiten im jeweils bestehenden Setting zu berücksichtigen und einzuschätzen. Eine Unterforderung des Klienten und damit ein Verschenken von Potentialen wären ebenso fatal wie eine Überforderung. Letzteres führt genauso zum Misserfolgserlebnis für den Patienten, gleichermaßen auch für den Behandler.

> **Kleiner Exkurs zum Umgang mit Zeit**
> Das bekannte Parkinsongesetz beschreibt ein menschliches Phänomen, das in unterschiedlichsten Zusammenhängen zu beobachten ist. Es besagt, dass Menschen sich für die Erledigung von

> Aufgaben so viel Zeit nehmen, wie ihnen subjektiv und/oder objektiv zur Verfügung steht. Experimentell lässt sich dies ganz gut demonstrieren. Wenn man Personen in einer Versuchsgruppe eine Aufgabe stellt, z. B. das Malen eines Bildes, ihnen dazu Materialien zur Verfügung stellt und ihnen anschließend in zwei Untergruppen unterschiedlich viel Zeit zur Verfügung lässt, um diese Aufgabe zu erledigen, dann wird sich der Zufriedenheitsgrad mit dem Ergebnis auch damit erhöhen, ob sie diese Zeit tatsächlich für sich nutzen konnten. Dies bedeutet, dass ein Bild in 30 Minuten gemalt, weil dies der Vorgabe entsprach, eine Versuchsperson genauso zufrieden stellt wie ein Bild, dass von einer Versuchsperson in einer anderen Gruppe mit dem Dreifachen oder Vierfachen dieses Zeitkontingents erstellt wurde. Bricht man jedoch vor Ablauf der Zeit die Aufgabe ab, wird sich die Unzufriedenheit mit dem Ergebnis ebenfalls bei beiden Versuchsteilnehmern mit unterschiedlicher Zeitressource vergleichbar zeigen. Wir alle kennen dieses Phänomen wahrscheinlich mehr oder weniger, auch, wenn es darum geht, z. B. für eine Prüfung zu lernen oder eine bestimmte Hausarbeit zu erledigen. Bei unangenehmen, unliebsamen Tätigkeiten tritt dieses Phänomen sogar verstärkt auf. Wenn ich weiß, dass der Abgabetermin für ein bestimmtes Arbeitsergebnis erst in drei Monaten liegt, werde ich je nach meiner Arbeitsorganisation früher oder später damit beginnen, es aber andererseits auch wahrscheinlich eher für unmöglich halten, vorher zufriedenstellend fertig zu sein. Wird die zur Verfügung stehende Zeit verkürzt, z. B. durch vorgezogene Terminierung, werden sich in der Regel Unzufriedenheiten mit dem Erreichten einstellen.

Bezogen auf die Therapieplanung ist es nur empfehlenswert, diese tatsächlich so früh wie möglich gemeinsam mit dem Patienten zu besprechen und in Abschnitte zu unterteilen sowie im Prozess flexibel Anpassungen vorzunehmen. Es ist empfehlenswert, Oberziele zu vereinbaren (motivierende Wirkung) und diese in Teilziele oder verschiedene Zielaspekte zu unterteilen. Es können solche Ziele in der Behandlung verfolgt werden, die im Einflussbereich des Patienten liegen. Dies kann der Aufbau von Verhaltensweisen bezogen auf sich selbst, Aufgabenerledigung oder den Umgang mit anderen sein, die Verbesserung von Selbstkontrolle, die Veränderung emotionaler Befindlichkeiten ohne Suchtmittel, der Umgang mit Krisen, Risiken und Gefährdungen, die Erschließung von Ressourcen in sozialverträglicher und selbstunschädlicher Art und Weise und vieles mehr. Oftmals ergibt sich in der Zusammenarbeit die Notwendigkeit von Kurskorrekturen. So stellen sich vereinbarte Ziele letztendlich nicht als so zielführend heraus wie ursprünglich eingeschätzt (weil z. B. unerwartete, nicht berücksichtigte Nebenwirkungen auftreten), die aufzuwendenden »Kosten« erhöhen sich unerwartet, es treten Lebensumstände oder -veränderungen ein, die eine Kurskorrektur erfordern (z. B. wenn sich der Partner trennt oder die Arbeitsstelle gekündigt wird, aber auch positive Veränderungen wenn z. B. eine neue Partnerschaft entsteht). Im Sinne der adaptiven Korrektur von Interventionen bzw. von Zielflexibilität erfolgen dann Anpassungen im Vorgehen an die geänderten Umstände. Dabei ist es wichtig, Zeitkontingente im Auge zu behalten und Zeiten aktiv zu strukturieren, damit Zeitdruck und Frustrationen vermieden werden.

4.3 Kurskorrekturen

»Es gibt drei Wege zum klugen Handeln: durch Nachdenken – der Edelste, durch Nachahmen – der Leichteste, durch Erfahrung – der Bitterste« (Konfuzius, chinesischer Philosoph, 551–479 vor Chr.).

Ein einmal eingeschlagener Weg und eine entsprechende Vorplanung können sich im Verlauf der Zusammenarbeit als nicht mehr sinnvoll oder funktional erweisen. Um dies rechtzeitig zu erkennen, unterstützen Zielerreichungseinschätzungen den Therapieverlauf, die auch verdeutlichen können, wenn es scheinbar oder tatsächlich stagniert. Hier sind nicht die Lernplateaus gemeint, die sich nach einer aufsteigenden Lernkurve manchmal zeigen und die für eine Konsolidierung des Erlernten auch wichtig sind. Wenn der Patient aber mehr oder weniger plötzlich nicht mehr pünktlich kommt, Termine absagt oder verschiebt, Vereinbarungen zu Hausaufgaben und Übungen nicht (mehr) einhält, dann kann eine Analyse der Zusammenarbeit und des Grads der Zielerreichung und auch der Zielerreichbarkeit nützlich sein. Bedeutsam ist das Eintreten ins Gespräch miteinander, wenn solche Veränderungen in der Zusammenarbeit deutlich werden. Der Therapeut ist auch hier Modell für den Patienten, indem er Wahrgenommenes und Störungen anspricht und eine Haltung zur Lösungsorientierung einnimmt.

Wenn kritische Lebensereignisse während der Behandlung eintreten, haben diese in der Regel Vorrang als Thema. Es heißt aber nicht, dass damit die getroffenen Zielvereinbarungen obsolet würden, im Gegenteil. Die Fragen »Wie verändert sich nun die Problemorientierung?«, »Was bedeutet die eingetretene Veränderung für die Lösungsorientierung und die langfristige Zielsetzung?«, »Welche Motivatoren sind hinzugekommen oder weggefallen?« oder auch »Welche der bisher erreichten Lösungen werden stabilisiert, welche neu erworbenen Verhaltensweisen helfen mir in der Situation weiter?« unterstützen bei einer eventuell erforderlichen Kurskorrektur in der Zusammenarbeit.

Kurskorrekturen können auch den Rahmen einer Behandlung betreffen. So kann es während einer ambulanten Behandlung zu solchen Krisen kommen, dass eine intensivierte Unterstützung und ein stärker schützender Rahmen erforderlich werden. Umgekehrt kann es auch sein, dass das stationäre Setting nicht mehr erforderlich ist und der Patient in seinem alltäglichen Lebensumfeld den Transfer des Erlernten gut oder gar besser selbständig umsetzen kann.

Ein einschneidender Kurskorrekturanlass ist in der Abhängigkeitsbehandlung der Rückfall in das Konsumverhalten. Dies wirft manchmal Schatten voraus, die oft erst in der Rückschau als solche Vorboten bewertet werden können. In der Regel ist ein Rückfall in altes, überwunden geglaubtes – manchmal hinter sich gelassen gehofftes – Verhalten ein Zeichen der Überforderung. Diese kann interpersonell in der Beziehungsentwicklung (zum Therapeuten oder anderen relevanten Personen), in der fehlenden Verfügbarkeit neuen Verhaltens (Aufmerksamkeitseinschränkungen, Belastungen und Stresserfahrungen) oder eine durch Einflüsse von außen labilisierte Sicherheit ausgelöst werden. Trägt die therapeutische Arbeitsbeziehung eine solche Belastung und gelingt eine Kurskorrektur über gemeinsame Analyse und Neuplanung, eventuell auch über eine weitere, kurzfristige Teilziele berücksichtigende Vorgehensweise, kann eine solche Krise tatsächlich zum positiven Wendepunkt einer Zusammenarbeit werden.

Merke
Kurskorrekturen können aus positiven oder negativen Anlässen erforderlich werden. Sie bieten neue Chancen der weiteren Zusammenarbeit (z. B. nach Rückfall), können aber auch zur Beendigung einer Zusammenarbeit führen.

Kurskorrekturen vorzunehmen ist kein Zeichen von Schwäche, sondern eher eine Kompetenz in Form einer ausreichenden Zielflexibilität und verantwortlichen Planung zur Verfügung stehender Mittel. Nicht jeder Stolperstein wird Anlass zur Kurskorrektur sein, manchmal ist Ermutigung zum Durchhalten und die begründete Hoffnung auf Erreichbarkeit angezeigt. Allerdings ist in der Kurskorrektur der Therapeut wiederum Modell für den Patienten, Realitäten zu prüfen und seine Vorgehensweisen den Möglichkeiten anzupassen.

5

Dokumentation, Evaluation und Supervision therapeutischer Arbeit

Jede therapeutische Betätigung erfordert eine aussagefähige Dokumentation zur Sicherung der Nachvollziehbarkeit der Interventionen und der Reaktionen bzw. des Umgangs des Patienten damit im Therapieverlauf. In der therapeutischen Akte sowie der Zusammenstellung von Ausgangssituation, Verlauf und Ergebnissen sind folgende Bestimmungsstücke in dieser oder ähnlicher Formulierung für die Dokumentation zur Nachvollziehbarkeit sinnvoll:

1. Angaben zur Behandlungsmotivation und Angaben zur spontan berichteten und erfragten Symptomatik,

2. Lebensgeschichtliche Entwicklung und Krankheitsanamnese (Familienanamnese, biographische Anamnese, aktuelle soziale Situation, Krankheitsanamnese),
3. Psychischer Befund (psychopathologischer Befund, testpsychologischer Befund) sowie somatischer Befund,
4. Verhaltens- und Bedingungsanalyse, einschließlich Makro- und Mikroanalyse,
5. Diagnose und Differentialdiagnose (einschließlich der Diskussion bezüglich des Ausschlusses anderer Diagnosen),
6. Therapieziele (mit dem Patienten konsentiert) und Prognose (einschließlich der Ressourcen, die zur Verfügung stehen)
7. Behandlungsplan (im Sinne der Festlegung von Interventionen zur Erreichung der Ziele),
8. Behandlungsverlauf hinsichtlich der Besonderheiten und
9. Behandlungsergebnis aus Patienten- und Therapeutensicht (incl. testpsychologische Abschlussdiagnostik).

Ist ein Behandlerteam gemeinsam in die Therapie eingebunden, so dient die Dokumentation – neben der gesetzlichen Forderung nach Nachvollziehbarkeit von Behandlungsschritten und der Reaktionen des Patienten darauf sowie abrechnungstechnischer Anforderungen – immer auch einer Sicherstellung des Informationsflusses untereinander und als Voraussetzung für etwaige Behandlerwechsel im Krankheits- oder sonstigen Verhinderungsfall. Dabei sollte die Art der Dokumentation so sparsam, aber auch so aussagefähig wie möglich sein. In qualitativ hochwertigen (psycho-)therapeutischen Ausbildungen wird der Dokumentation viel Aufmerksamkeit gewidmet. Sie genießt manchmal keinen guten Ruf unter den Ausbildungskandidaten, die mehr Interesse an konkreten Interventionsmethoden und dem Umgang mit Patienten und Krisenbewältigungen zeigen als sich mit lästigen, aber notwendigen Dokumentationspflichten zu beschäftigen. Dabei ist eine gute und sorgfältige Dokumentation immer auch eine Möglichkeit, sich vom Behandlungsverlauf und aus der therapeutischen Situation distanzierend einen Überblick zu schaffen und mit diesem Abstand die eigene

Behandlungsplanung und die eigenen Ressourcen sowie mögliche Sackgassen oder Beziehungsfallen besser zu erkennen. Im Abschlussbericht einer Behandlung hat der Therapeut die Gelegenheit, den Prozess noch einmal vertiefend zu reflektieren, sich aus der Arbeitsbeziehung zu verabschieden und Gelungenes wertschätzend in den Fokus zu nehmen. Eine gute Dokumentationsstruktur und -kultur erweisen sich auf lange Sicht nicht nur als burnout-präventiv; jede reflektierende Vor- oder Nachbearbeitung therapeutischer Interventionseinheiten bietet Potenzial im Sinne einer neuronalen Bahnung für den Therapeuten im Sinne der Erfahrungssicherung. Etwas auf dem Papier (oder in der elektronischen Akte) geordnet vor sich zu haben, ordnet auch die eigenen inneren Strukturen in Bezug auf den Patienten.

Neben der im Einzelfall gemeinsam mit dem Patienten durchgeführten Evaluation der Zielerreichung und der Effekte einer Behandlung soll zum Schluss noch eine kurze Randbemerkung zur Evaluierung therapeutischer Programme gemacht werden. Yalom (2002) geht hiermit sehr harsch in die Kritik:

»Die EVT-Forschung (empirisch valuierte Therapie) geht von vielen falschen Voraussetzungen aus: dass sich langfristige Probleme durch eine kurze Therapie lösen lassen, dass Patienten nur ein definierbares Symptom haben, das sie bei Beginn der Therapie akkurat benennen können, dass die einzelnen Elemente einer effizienten Therapie voneinander zu trennen sind, und dass ein schriftlicher, systematischer Leitfaden es minimal ausgebildeten Personen erlaubt, eine wirkungsvolle Therapie durchzuführen« (S. 241).

Ganz so wenig nützlich sind die empirisch evaluierten Behandlungsmanuale für die Kernsymptome bestimmter Störungsbilder inzwischen nicht mehr zu bewerten. Sie sind vielmehr wichtige Steinbrüche für den erfahrenen Therapeuten in der Anreicherung von Behandlungsmethoden und der Überwachung eines angemessenen Ablaufs und bieten eine Vielzahl von hilfreichen Arbeitsmaterialien. Insbesondere führen sie oft kurz und knapp in die wissenschaftlichen Neuerungen bezüglich der Diagnostik und Behandlung einer Störung ein. Für den therapeutischen Anfänger geben sie eine Struktur fachgerechten Handelns vor und verringern damit Unsicherheiten und Überforderungen seitens des Therapeuten. Allerdings zeigt die Behandlungsverlaufsforschung, dass sich erfahrene Therapeuten selten manualgesteuert in der Behandlung verhalten. Gerade auch die Aspekte der therapeutischen Arbeitsbeziehung, ihre Qualität für nachholende Erfahrungen für den Patienten und ihre Bedeutung für den Gesamterfolg einer Behandlung sind nicht manualisiert abzuarbeiten. Selten treffen wir in der Behandlungspraxis auch den Patienten an, der isoliert ein eingegrenztes Störungsbild aufweist. Darüber hinaus können Aktualitäten eine Behandlungsplanung und deren Verlauf unterbrechen oder modifizieren. Sinnvoll ist es jedoch durchaus, z. B. im Falle einer Angststörung oder Phobie, eine geplante Exposition einer angstauslösenden Situation regelgerecht unter Beachtung aller erforderlichen Vorbereitungsschritte durchzuführen. Hierbei helfen Manuale auch dem in der Behandlung erfahrenen Psychotherapeuten sehr weiter. Die Bedeutung der Dokumentation ist nicht zu unterschätzen: Psychotherapie ist ein mächtiges Instrument, das sorgfältig und verantwortungsvoll sowie fachlich auf dem neuesten Stand eingesetzt werden und durch eine entsprechende Dokumentation der Überprüfung prinzipiell zugänglich sein muss.

Die Besonderheit komplexer Behandlungsansätze, wie sie z. B. in der medizinischen Rehabilitation durchgeführt werden, ist allerdings mit den gängigen statistisch-wissenschaftlichen Forschungsmethoden kaum oder nur schwierig anzugehen. Einfache Erfolgsmaße, wie sie z. B. als Abstinenzaufrechterhaltung über einen gewissen Zeitraum oder dauerhafter Verbleib im Arbeitsleben angegeben werden, stellen oft nur kleine Teilaspekte der Wirksamkeit multiprofessioneller Behandlungsprogramme dar. Häufig werden psychotherapeutische, soziotherapeutische und gegebenenfalls spezifische pharmakologische Interventionen in Kombination angewendet. Eine Trennung der Effekte und gegenseitiger Beeinflussung ist kaum möglich. In Meta-Analysen, welche die Effektivität von Behandlungen untersuchen, gehen jedoch vorwiegend Arbeiten ein, in denen nur ein Behandlungsverfahren anhand strukturierter Manuale für das therapeutische Vorgehen umgesetzt wird (Rist, 2009). Kombinierte

Behandlungen finden selten Eingang, sind zudem schwieriger und nur sehr viel aufwändiger unter kontrollierten, randomisierten Bedingungen zu untersuchen. Die erste große deutsche Katamnesestudie für die Behandlung von Alkoholabhängigkeit (Küfner, Feuerlein & Huber, 1988), die in der Mehrzahl den Behandlungserfolg damals vorherrschender tiefenpsychologisch ausgerichteter Entwöhnungseinrichtungen im Rahmen der medizinischen Rehabilitation untersuchte, ist naturgemäß durch das Fehlen einer Kontrollgruppe gekennzeichnet und erfüllt als Feldstudie nicht die Kriterien, um in Meta-Analysen aufgenommen zu werden. Ähnlich ergeht es den umfangreichen katamnestischen Untersuchungen, die regelmäßig seit 1996 z. B. vom Fachverband Sucht vorgelegt werden und die die Effizienz der Behandlung alkohol-, medikamenten- und drogenabhängiger Menschen in unterschiedlichen Settings beschreiben (s. a. Bachmeier et al., 2015). Um in eine Meta-Analyse aufgenommen zu werden, müssen Studien neben den metrisch sauber operationalisierten Erfolgsmaßen auch unter kontrollierten Bedingungen durchgeführt werden mit einer Patientenzuordnung zu verschiedenen Behandlungsbedingungen, für die »Zufallscharakter« weitgehend herzustellen ist (am besten über placebo-kontrollierte Kontrollgruppendesigns). Dies ist in der Versorgungsforschung jedoch nicht ansatzweise umsetzbar.

Auch aus diesen Gründen ist bei der Übertragung von Ergebnissen aus in kontrollierten Laboruntersuchungen gefundenen Wirksamkeiten auf den Einsatz im Versorgungsbereich höchste Vorsicht geboten. Die interne Validität der experimentellen Designs geht zu Lasten der externen und damit der Realität der Behandlung eher entsprechenden Validitätsart. So ergeben sich z. B. unter anderen folgende Kritikpunkte: Die in den Meta-Analysen zusammengefassten Studien können aus unterschiedlichen Patientenpopulationen und Behandlungssettings stammen und werden über mittelwertsorientierte Statistiken oder korrelative Zusammenhangsberechnungen gemischt. Zudem werden oft schwerer erkrankte Patienten von den Untersuchungen ausgeklammert, da z. B. erforderliche Medikation oder zusätzliche Symptome oder Beeinträchtigungen nicht herausgerechnet werden können oder gar den Einbezug in eine Studie aus ethischen Gründen verbieten. Kurze, einfache psychotherapeutische Behandlungskomponenten und übersichtliche pharmakotherapeutische Interventionen sind von daher in ihrer Wirkung wesentlich besser dokumentiert und evaluiert als aus verschiedenen Bestandteilen zusammengesetzte komplexe Behandlungen. Der Nachweis der Effektivität einer therapeutischen Maßnahme, belegt durch mehrere kontrollierte Studien, beweist nicht deren Überlegenheit gegenüber einer komplexeren Behandlungsmethode, für die noch keine oder keine ausreichende Anzahl kontrollierter Untersuchungen vorliegt. Sie sind einfach nicht vergleichbar. Ob eine nachgewiesene therapeutische Wirksamkeit (efficacy) unter den jeweils sehr unterschiedlichen Bedingungen der Praxis tatsächlich vorhanden ist (effectiveness), muss häufig offen bleiben. Allerdings kann eine in der Versorgung angesiedelte Wirksamkeitsüberprüfung durchaus einzelne Komponenten herausgreifen (im Sinne eines »add on«-Modells mit Kontroll- oder Wartegruppen), wie dies z. B. bei der CBM-Methode (cognitive bias modification; ▶ Kap. 2.1.5) erfolgt ist. Um im Feld bestimmte Behandlungselemente zu überprüfen, bedarf es sorgfältig geplanter Implementierungsstudien, die aufwändig und teuer sind, einen langen Atem erfordern und daher in der Schnelllebigkeit der akademischen Wissenschaft weniger interessant erscheinen.

In der Arbeit mit und für Menschen – vor allem, wenn sie sich in einer Notlage oder psychisch bedrohlichen Situation befinden – sind Helfer unterschiedlichen Gefahren von Überforderung und Überlastung ausgesetzt. Dies betrifft auch andere als den psychotherapeutischen Kontext im engeren Sinne. Grob unterteilt, handelt es sich um Aspekte des Könnens (»Verfüge ich über geeignete, problemangemessene Wissens- und Handlungskompetenzen?«), der Motivation (»Sind meine Möglichkeiten erfolgversprechend?«, »Erhalte ich Wertschätzung für das, was ich tue?«, »Überwiegt mein persönlicher Gewinn (Geld, Reputation/Anerkennung, persönliche Weiterentwicklung, Freude und andere gute Gefühle) meine Anstrengungen oder entspricht ihnen zumindest?«) sowie der Belastbarkeit (»Ist die

Aufgabe mit den zur Verfügung stehenden Mitteln zu bewältigen?«, »Reichen meine Kräfte?«). Hierin unterscheiden sich Patient und Therapeut prinzipiell nicht am Anfang ihrer gemeinsamen Therapie-Reise, die alle diese Fragen für jeden der Beteiligten an sich selbst als auch an den jeweils anderen aufwirft.

Auf das Können (die Vermittlung von störungsspezifischem, diagnostischem und Behandlungswissen) richtet die Ausbildung zum Behandler einen starken Fokus. Die konzeptuelle Verbindung zum theoretisch verankerten Behandlungsansatz incl. des Störungsmodells und das Wissen um die grundlegenden Methoden der praktizierten Behandlungsmethode sind Gegenstand jeder (psycho-)therapeutischen Ausbildung. Ihre Verinnerlichung und Routinisierung erfordern Training und den Aufbau eines Erfahrungsschatzes. Aber auch die Selbsterfahrung (ständig zu vertiefende Kenntnis zu eigenen Reaktionspräferenzen und Werthaltungen sowie Wissen um eigene automatisierte/routinisierte Verhaltensweisen im professionellen Kontext) sowie die Reflektion in einem super- oder intervisorischen Rahmen sind wesentliche Faktoren einer Qualitätssicherung sowohl in der Ausbildung, insbesondere jedoch in der therapeutischen Arbeit im Alltag des Behandlers. Hierzu ist eine begleitende strukturierte Super- oder Intervision nützlich und erforderlich. Die professionell gestützte Durcharbeitung und Überprüfung der Angemessenheit der therapeutischen Vorgehensweise sowie der Arbeitsbeziehung mit einem Patienten können sowohl interkollegial (insbesondere bei fortgeschrittener Expertise) als auch in einem Lehrsupervisionskontext erfolgen. Die Balintgruppe ist ein Beispiel eines gemischten Ansatzes auf der Basis humanistischer und systemischer Therapieverfahren mit inter- und supervisorischen Anteilen. Sie ist in ihrer Wirksamkeit vielfältig erprobt und in ihrer Effektivität für die teilnehmenden Behandler immer wieder belegt worden (zum Modell: Balint, 1954; 2001). Auch die in der Gesprächspsychotherapie und der Verhaltenstherapie weit verbreiteten Einzelsupervisionen mit Coachinganteilen sowie die dort üblichen Gruppenintervisionen werden von den Teilnehmern in der Regel als sehr hilfreich und unterstützend angesehen (für einen Überblick über unterschiedliche

Supervisionsansätze s. a. Borcsa & Wittich, 2015; zu Effekten von Live-Supervision s. a. Jakob, Weck at al., 2015). Auch diese sind nachweislich effektiv in der Aufrechterhaltung und Optimierung der Behandlungsqualität und im Hinblick auf die Unterstützung und Nutzbarmachung von Ressourcen der Behandler.

> **Merke**
> Supervision und Selbsterfahrung dienen der Qualitätssicherung der therapeutischen Arbeit – sie sind Teil der Arbeitszeit.

Warum ist Supervision kein Luxus, sondern ein für die Qualitätssicherung und die Psychohygiene des Behandlers erforderliches Element jeden (psycho-)therapeutischen Handelns? Eine Antwort berücksichtigt mehrere Facetten: Die supervisorische Begleitung dient unter anderem der Reflektion der therapeutischen Arbeitsbeziehung mit dem Patienten und etwaigen Mitbehandlern, der Aufdeckung blinder Flecken beim Therapeuten, der Entwicklung alternativer Hypothesen zu Entstehung und Veränderung problematischen Verhaltens und der emotionalen Entlastung des Behandlers. Dabei spielt die Fallkonzeption als theoretischer Rahmen für die Entwicklung und den Fortschritt einer Behandlung eine zentrale, ordnende Rolle.

In diesem Sinne kann die Therapieplanung als ein paralleler Prozess zur Fallkonzeption verstanden werden. Während letztere den umfassenden Rahmen zur Verfügung stellt einschließlich der Aspekte der Passung zwischen Behandler und Patient und der Qualität der Arbeitsbeziehung sowie der wechselnden, motivationalen Befindlichkeiten eines Patienten im Prozess, stellt erstere den miteinander erarbeiteten Plan und den sich entwickelnden Ablauf einer Behandlung (Makro- und Mikroplanung) unter Einsatz diagnostischer, interventionsbezogener und prozessbegleitend evaluierender Bestandteile dar. Die Therapieplanung selbst wird sich an den Erfordernissen der zu verändernden Einstellungs- und Verhaltensweisen orientieren, an den Möglichkeiten, Wünschen, Defiziten und Ressourcen des Patienten

5 Dokumentation, Evaluation und Supervision therapeutischer Arbeit

Abb. 5.1: Behandlung: Wege und Nebenwege. Supervision und Coaching als Begleiter in »Gatsbys Garden«. Der Garten ist benannt nach F.Scott Fitzgeralds (US-amerikanischer Schriftsteller, 1896–1940) Roman »Der große Gatsby« (Foto: Funke, 2015; privat).

sowie an den zur Verfügung stehenden Rahmenbedingungen, die auch die Kompetenzen des Therapeuten beinhalten. Fallkonzeption und Therapieplanung sind somit wichtige Instrumente für eine zielorientierte, übergeordnete Strategie und immer auch Gegenstand von Dokumentation und Supervision.

6

Womit die Reise endet

Fallkonzeption und Therapieplanung sind für die regelgerecht durchgeführte Behandlung eines Patienten notwendige Voraussetzungen und Rahmenbedingungen. Gerade in der Behandlung so komplexer Störungen wie der Abhängigkeitserkrankungen gerät der Therapeut immer wieder an die Grenzen seiner Fähigkeit und Belastbarkeit. Drei Fallbeispiele haben gezeigt, wie sich die Behandlung entwickeln kann und welch entscheidenden Einfluss der Therapeut mit seinem reflektierten Vorgehen hier hat. So würde ich auch gerne wieder bei diesen Akteuren in der Behandlung Abhängigkeitskranker enden. Ein erfahrener Kollege und Psychotherapeut hat einmal sinngemäß gesagt:

»Wenn Du als Therapeut in der Sucht über mehrere Jahre erfolgreich gearbeitet hast, wirst Du vermutlich alles gesehen haben an Störungsbildern und Komorbiditäten, was das ICD (und das Leben) zu bieten hat. Außerdem hast Du fast alle möglichen therapeutischen Krisen in Verlauf und Beziehung erlebt und (meist) erfolgreich gemeistert. Dann bist Du für alles, was im psychotherapeutischen Beruf noch kommen mag, gut vorbereitet.«

Mit diesen ermutigenden Worten für alle im Suchtbereich Tätigen, aber auch für alle an Aus- und Fortbildung interessierten Kollegen, sich in der Suchtbehandlung umzusehen und sich auf Klienten/Patienten mit Suchtproblemen einzulassen, endet die Reise. Und wenn es gelungen ist, die Nützlichkeit und Faszination von sorgfältiger Fallkonzeption und Therapieplanung zu vermitteln, ist das Ziel erreicht.

Literatur

APA (American Psychiatric Association) (2015) Diagnostic and statistical manual of mental diseases DSM5. Washington: APA

Arbeitsgemeinschaft wissenschaftlich-medizinischer Fachgesellschaften (AWMF) (Hrsg.) (2015) S3-Leitlinie »Screening, Frühintervention und Behandlung der Alkoholabhängigkeit« (Kurzfassung). http://www.awmf.org/uploads/tx_szleitlinien/076-001k_S3_Alkohol_2016-02_01.pdf; Zugriff am 08.10.2016

Babor, T. F., de la Fuente, J. R., Saunders, J. & Grant, M. (1992) The alcohol use disorders identification test: guidelines for use in primary health care. Genf: World Health Organization.

Bachmeier, R., Bick, S., Funke, W., Herder, F., Jung, C., Kemmann, D., Kersting, S., Lange, N., Medenwald, J., Mielke, D., Missel, P., Schneider, B., Seeliger, C., Verstege, R. & Weissinger, V. (2015) Effektivität der stationärem Suchtrehabilitation – FVS-Katamnese des Entlassjahrgangs 2012 von Fachkliniken für Alkohol- und Medikamentenabhängige. Sucht aktuell, 22 (1), 53–67.

Balint, M. (1954) Training general practitioners in psychotherapy. British Medical Journal,1, 115–120.

Balint, M. (1973) Therapeutische Aspekte der Regression. Die Theorie der Grundstörung. Reinbek: Rowohlt.

Balint, M. (2001^{10}) Der Arzt, sein Patient und die Krankheit. Stuttgart: Klett-Cotta.

Bandura, A. (1977) Self-efficacy: Toward a unifying theory of behavioral change. Psychological Review, 84 (2), 191–215.

Beltz-Weihmann, E. & Metzler, P. (1993) Fragebogen zum Funktionalen Trinken. Göttingen: Hogrefe.

Borcsa, M. & Wittich, A. (2015) Ich sehe was, was Du nicht siehst ... (Editorial zum Schwerpunktheft Supervision) Psychotherapie im Dialog, 1, 12–13.

Breil, J. (2010) Hausaufgaben in der Psychotherapie. Lengerich: Pabst.

Caspar, F. (2007^{3}) Beziehungen und Probleme verstehen: Eine Einführung in die psychotherapeutische Plananalyse. Bern: Huber.

Caspar, F. (Hrsg.) (1996) Psychotherapeutische Problemanalyse. Tübingen: dgvt-Verlag.

Davidson, R. J. & Kaszniak, A. W. (2015) Conceptual and methodological issues in research on mindfulness and mediation. American Psychologist, 70 (7), 581–592.

Deutsche Rentenversicherung (Hrsg.) (2015[10]) Entwöhnungsbehandlung – Ein Weg aus der Sucht. http://www.deutsche-rentenversicherung.de/Allgemein/¬de/Inhalt/5_Services/03_broschueren_und_mehr/01_broschueren/01_national/¬entwoehnungsbehandlung.pdf?__blob=publicationFile&v=20 (Zugriff am 22.09.2016)

Drucker, P. F. (1998) Die Praxis des Managements. Stuttgart: Econ.

Eifert, G.H. (2011) Akzeptanz- und Commitment-Therapie (ACT). Göttingen: Hogrefe.

Epstein, S. (1979) Entwurf einer integrative Persönlichkeitstheorie. In: S.-H. Filipp (Hrsg.) Selbstkonzept-Forschung. (S. 15–45). Stuttgart: Klett-Cotta.

Epstein, S. (1990) Cognitive-experiental self-theory. In: L. A. Pervin (Hrsg.) Handbook of personality: Theory and research. (S. 165-192) New York: Guilford.

Fachverband Sucht (Hrsg.) (2015) Basisdokumentation Sucht. (= Reihe: Qualitätsförderung in der Entwöhnungsbehandlung Band 22). Bonn: Fachverband Sucht.

Faßbinder, E. & Jacob, G. (2014) Stuhldialoge in der Psychotherapie. Beltz Video Learning. Weiheim: Beltz (DVD).

Feuerlein[†], W., Küfner, H., Ringer, C. & Antons, K. (1999^2; Erstauflage 1979) Münchner Alkoholismustest (MALT). Göttingen: Testzentrale.

Fiegenbaum, W. (1985) Psychologische Therapie in der Praxis. Stuttgart: Kohlhammer.

Fiegenbaum, W., Freitag, M. & Franke, B. (1992) Kognitive Vorbereitung auf Reizkonfrontationstherapie. In: J. Margraf & J. C. Brengelmann (Hrsg.) Die Therapeut-Patient-Beziehung in der Verhaltenstherapie. (S. 89–108). München: Röttger.

Fiehler, R. (1990) Kommunikation und Emotion: theoretische und empirische Untersuchungen zur Rolle von Emotionen in der verbalen Interaktion. Berlin: de Gruyter.

Frank, J. D. & Frank, J. B. (1991). Persuasion and healing. Baltimore: John Hopkins University Press.

Franke, A. & Witte, M. (2009) Das HEDE-Training. Manual zur Gesundheitsförderung auf Basis der Salutogenese. Bern: Hans Huber.

Freyberger, H.J. (2016) Indikation zur Gruppenpsychotherapie. Psychotherapeut, 61, 314-317.

Funke, W. (1997) Der ideale Therapeut: Zur Tabuisierung des Scheiterns. In: A. Heigl-Evers, I. Helas & H.C. Vollmer (Hrsg.) Die Person des Therapeuten. S. 141-153. Göttingen: Vandenhoeck & Ruprecht.

Funke, W., Funke, J., Klein, M. & Scheller, R. (1987) Das Trierer Alkoholismusinventar (TAI). Göttingen: Hogrefe.

Funke, W., Garbe, D. & Heu, J. (2005) Entwicklung eines Schweregradindexes für Patient(inn)en mit Störungen durch psychotrope Substanzen. In: J. Hoyer (Hrsg.) Klinische Psychologie und Psychotherapie 2005. (= 4. Workshopkongress für Klinische Psychologie und Psychotherapie/23. Symposium der Fachgruppe Klinische Psychologie der Deutschen Gesellschaft für Psychologie vom 5. bis 7. Mai 2005 in Dresden) (S. 65) Lengerich: Pabst (Abstractband).

Funke, W., Garbe, D. & Heu, J. (2009) Differentieller Behandlungsbedarf: Zur Validierung eines praxistauglichen Schweregradindex. Vortrag anlässlich des 22. Kongresses des Fachverbands Sucht in Heidelberg vom 15.-17.06.2009 im Forum 2 (Präsentation power point).

Funke, W. & Schroeder, W. (2015) Qualität durch Können, Verbindlichkeit und Respekt. Behandlungskonzept der Kliniken Wied (2. leichte geänderte Version). Wied: Kliniken Wied.

Gahleitner, S. B., Gerlich, K. & Hinterwallner, H. (2015) Mit Risiken und Nebenwirkungen fachgerecht umgehen. Ein Plädoyer für dialogisches Vorgehen in der Psychotherapie. Psychotherapie im Dialog, 4, 61–65.

Gladwin, T. E., Rinck, M., Eberl, C., Becker, E. S., Lindenmeyer, J. et al. (2015) Mediation of cognitive bias modification for alcohol addiction via stimulus specific alcohol avoidance association. Alcoholism, clinical and experimental research, 39 (1), doi: 10.1111/acer.12602.

Grawe, K. (1998). Psychologische Therapie. Göttingen: Hogrefe.

Grawe, K. (2004). Neuropsychotherapie. Göttingen: Hogrefe.

Grawe, K., Grawe-Gerber, M., Heiniger, B., Ambühl, H. & Caspar, F. (1996) Schematheoretische Fallkonzeption und Therapieplanung – Eine Anleitung für Therapeuten. In: F. Caspar (Hrsg.) Psychotherapeutische Problemanalyse. (S. 189–224). Tübingen: dgvt-Verlag.

Grosse Holtforth, M. & Grawe, K. (2002) FAMOS Fragebogen zur Analyse Motivationaler Schemata. Manual. Göttingern: Hogrefe.

Grosse Holtforth, M. & Grawe, K. (2003) Der Inkongruenzfragebogen (INK) – Ein Instrument zur Analyse motivationaler Inkongruenz. Zeitschrift für Klinische Psychologie und Psychotherapie, 32 (4), 315–323.

Hadley, S. W. & Strupp, H. H. (1983) Evaluation of treatment in psychotherapy: Naivité or necessity? Professional Psychology, 8, 478–490.

Hautzinger, M. (1997/2000) Kognitive Verhaltenstherapie der Depressionen. Weinheim: Beltz PVU.

Herrle, J. & Kühner, C. (1994) (Hrsg.) Depression bewältigen – Ein kognitivverhaltenstherapeutisches Gruppenprogramm nach P.M. Lewinsohn. Weiheim: Beltz.

Hinsch, R. & Pfingsten, U. (2015) Gruppentraining sozialer Kompetenzen (GSK). Grundlagen, Durchführung, Anwendungsbeispiele. Weinheim: PVU.

Hirschhausen von, E. (2011). Das Glück kommt selten allein. Das Pinguin-Prinzip. http://www.hirschhausen.com/glueck/die-pinguingeschichte.php. (Zugriff am 22.09.2016)

Hoffmann, E. (20032) Progressive Muskelentspannung, ein Trainingsprogramm. Göttingen: Hogrefe.

Hoffmann, S. O., Rudolf, G., Strauß, B. (2008) Unerwünschte und schädliche Wirkungen von Psychotherapie. Eine Übersicht mit einem Entwurf eines eigenen Modells. Psychotherapeut, 53, 4-16.

Howard, K.I., Lueger, R.J., Maling M.F. & Martinovich, Z. (1993). A phase model of psychotherapy outcome: causal mediation of change. Journal of Consulting and Clinical Psychology, 61 (4), 678–685.

Jacob, G. & Arntz, A. (2014) Schematherapie. Göttingen: Hogrefe.

Jakob, M., Weck, F., Schornick, M., Krause, T. & Bohus, M. (2015). Wenn der Supervisor zuschaut. Qualitative Analyse der Akzeptanz von Live-Supervision. Psychotherapeut, 60 (3), 210–215.

Kahnemann, D. (2011) Thinking, fast and slow. New York: Farrar, Straus and Giroux (deutsch: Schnelles Denken, langsames Denken. Siedler eBooks).

Kanfer[†], F. H., Reinecker, H. & Schmelzer, D. (2012^5) Selbstmanagement-Therapie. Ein Lehrbuch für die klinische Praxis. Heidelberg: Springer.

Karasu, T. B. (1986) The specifity versus nonspecifity dilemma: Toward identifying therapeutic change agents. The American Journal of Psychiatry, 143, 687–695.

Koll, M. (2015) Die Bedeutung des Sernse of Coherence für die therapeutische Arbeit mit Alkoholabhängigen. Eine empirische Untersuchung in den Kliniken Wied. Masterarbeit. Köln: Katholische Hochschule Nordrhein-Westfalen, Standort Köln.

Küfner, H., Feuerlein, W. & Huber, M. (1988) Die stationäre Behandlung von Alkoholabhängigen: Ergebnisse der 4-Jahreskatamnesen, mögliche Konsequenzen für Indikationsstellung und Behandlung. Suchtgefahren, 34, 157–272.

Lang, T. & Fiegenbaum, W. (2010) Klinische Psychologie. In: U. P. Kanning, L. von Rosenstiel & H. Schuler (Hrsg.) Jenseits des Elfenbeinturms: Psychologie als nützliche Wissenschaft. (S. 243–257).Göttingen: Vandenhoeck & Ruprecht.

Lange, N., Neeb, K., Missel, P., Bick, S., Bachmeier, R., Brenner, R., Deller, H., Fölsing, S., Funke, W., Klein, T., Kramer, D., Löhnert, B., Obendiek, J.-H., Schneider, B., Steffen, D., Wehler, A. & Weissinger, V. (2015) Effektivität der ambulanten Suchtrehabilitation – FVS-Katamnese des Entlassjahrgangs 2012 von Ambulanzen für Alkohol- und Medikamentenabhängige. Sucht aktuell, 22 (1), 76–93.

Lewinsohn, P. M. (1974). A behavioral approach to depression. In: R. J. Friedmann & M. M. Katz (Hrsg.), Psychology of Depression. Contemporary Theory and Research (S. 157 – 178). Oxford, England: John Wiley & Sons.

Luoma, J. B., Hayes, S. C. & Walser, R. D. (2009) ACT-Training. Handbuch der Acceptance and Commitment Therapie. Ein Lernprogramm in zehn Schritten. Paderborn: Junfermann.

Lutz, R. (1999) Beiträge zur Euthymen Therapie. Freiburg: Lambertus.

Lutz, W. & Bittermann, A. (2010) Wie, wann und warum verändern sich Menschen in der Psychotherapie? Forschung zu integrativen und allgemeinen Ansätzen in der Psychotherapie. Psychotherapie im Dialog, 11 (1), 80–85.

Mayfield, D., McLeod, G. & Hall, P. (1974) The CAGE questionnaire: Validation of a new alcoholism screening instrument. American Journal of Psychiatry, 131, 1121–1123.

Meichenbaum, D. (2012^3) Interventionen bei Stress: Anwendung und Wirkung. Bern: Huber.

Miller, W. R. & Rollnick, S. (2009^3) Motivierende Gesprächsführung. Lambertus: Freiburg.

Moggi, F. (Hrsg.) (2012^2) Doppeldiagnosen. Komorbidität psychischer Störungen und Sucht. Bern: Hans Huber/Hogrefe.

Nestoriuc, Y. (2015) Risiken und Nebenwirkungen psychotherapeutischer Behandlung. Wie und warum sollten sie erfasst werden? Psychotherapie im Dialog, 4 (2015), 36–39.

Neudeck, P. (2015) Expositionsverfahren. Techniken der Verhaltenstherapie. Weinheim: Beltz.

Nosper, M. (2011) Individualisierte Rehabilitation Abhängigkeitskranker. Ein Phasenmodell für die Flexibilisierung der Rehabilitationsdauer. Medizinischer Dienst der Krankenkassen, Rheinland-Pfalz.

Prior, M. (2007^7) MiniMax-Interventionen. Heidelberg: Carl Auer.

Ridinger, M. (2016) ADHS und Sucht im Erwachsenenalter. Stuttgart: Kohlhammer.

Rist, F. (2000) Effektivität und Effizienz der Behandlung von Suchtkrankheiten. In: T. Poehlke, I. Flenker, A. Follmann, G. Kremer & F. Rist (Hrsg.) Suchtmedizinische Versorgung. Band 1: Grundlagen der Behandlung. (S. 73-83). Berlin: Springer.

Robotham, M. (2016) Der Schlafmacher. Psychothriller. Goldmann: e-book.

Rogers, C. R. (1976) Entwicklung der Persönlichkeit. Stuttgart: Klett .

Rogers, C. R. (1981) Der neue Mensch. Stuttgart: Klett-Cotta.

Rost, W.-D. (2009) Psychoanalyse des Alkoholismus: Theorie, Diagnostik, Behandlung. Gießen: Psychosozial-Verlag.

Sachse, R. (2006) Therapeutische Beziehungsgestaltung. Göttingen: Hogrefe.

Schneider, B. & Wetterling, T. (2015) Sucht und Suizidalität. Stuttgart: Kohlhammer.

Schuhler, P. & Vogelgesang, M. (2015) Schädlicher Gebrauch von Alkohol und suchtpotenten Medikamenten in der stationären psychosomatischen Rehabilitation: Spezifische Differenzierung in Diagnose und Therapie. Teil I: Diagnose, Motivierung, Exploration der Funktionalität. Zielfindung und Skizzierung des therapeutischen Vorgehens. Sucht aktuell, 22 (1), 9–17.

Schumacher, J., Gunzelmann, T. & Brähler, E. (2000) Deutsche Normierung der Sense of Coherence Scale. Diagnostica, 46 (4), 208–213.

Singer, S. & Brähler, E. (2007) Die Sense of Coherence Scale. Testhandbuch zur deutschen Version: Göttingen: Vandhoeck & Ruprecht.

Weissinger, V. & Schneider, R. (2015) Förderung der Teilhabe Abhängigkeitskranker am Arbeitsleben – Eine träger- und organisationsübergreifende Aufgabe. Sucht aktuell, 22 (1), 27–46.

Weltgesundheitsorganisation (WHO) (Hrsg.) (2001) International classification of fuctioning, disability and health. New York: WHO.

Wiers, R. W., Eberl, C., Rinck, M., Becker, E. S., & Lindenmeyer, J. (2011). Retraining automatic action tendencies changes alcoholic patients' approach bias for alcohol and improves treatment outcome. Psychological Science, 22 (4), 490–497. doi: 10.1177/0956797611400615.

Wilken, B. (2015^7) Methoden der kognitiven Umstrukturierung. Ein Leitfaden für die psychotherapeutische Praxis. Stuttgart: Kohlhammer.

Willutzki, U. & Teismann, T. (2013) Ressourcenaktivierung in der Psychotherapie. = Fortschritte der Psychotherapie Band 52. Göttingen: Hogrefe.

Witte, H. E. & Petersen, S. (Hrsg.) (2010) Sozialpsychologie, Psychotherapie und Gesundheit. Lengerich: Pabst.

Yalom, I. D. (2002). Der Panama-Hut oder Was einen guten Therapeuten ausmacht. München: Goldmann.

Young, J. E., Klosko, J. S. & Weishaar, M. E. (2005) Schematherapie. Ein praxisorientiertes Handbuch. Paderborn: Junfermann.

Zarbock, G. (2008) Praxisbuch Verhaltenstherapie. Grundlagen und Anwendungen biografisch-systemischer Verhaltenstherapie. Lengerich: Pabst.

Stichwortverzeichnis

A

Abstinenzfähigkeit   52, 67–68, 79, 132

D

Diagnose
– Kriterien der Suchtmittelabhängigkeit   43
– Selbstdiagnose   105
Diagnostik   16, 45, 90
– Geneogramm   45
– Screening   78, 166
– Screeningverfahren   42
– Verlauf   106
Dokumentation   27

E

Emotionsregulation   101
– doppelte   17
Evaluation   18, 59, 71, 82, 106, 152, 178, 180
– Katamnese   108
– Urteilsbildung   47
– Ziele   61, 112

K

Komorbidität   26, 34, 50, 90, 101, 165, 170
– Angst   101
– Depression   101

M

Motivierende Gesprächsführung   41, 138
– Hausarzt   53
– Motivationsstabilisierung   99

N

Netzwerk
– Behandlungsangebote   110
– Paartherapie   165
– soziales   21, 51, 96, 165, 171
Neuropsychotherapie   58, 114, 158, 161, 165
– Hausaufgaben   123, 126

P

Pharmakotherapie
– Entzug   51
– Substitution   31
Psychotherapie   34, 52, 62
– Abbruch   111
– ACT: Akzeptanz- und Commitmenttherapie   102
– Alltagstransfer   36, 57, 109
– ambulante   25, 60
– Arbeitsbeziehung   84
– Beendigung   111
– Beziehung   115
– Expositionsverfahren   101
– Grundannahmen   27

195

- Grundhaltungen 35, 101, 115, 138, 179
- Nebenwirkungen 74, 76
- Schematherapie 103, 123
- stationäre 51
- systemische Methoden 102, 139, 150
- verhaltenstherapeutisch 29, 165
- Ziele 82

R

Reduzierter Konsum 67, 79
Rehabilitation 37, 52, 62
- ambulante 24, 77
- Auftrag 61
- Evaluation 107
- medizinische 23, 60, 168, 179
- stationäre 76
Ressourcen 49, 159
- Selbsthilfe 110

S

S3-Leitlinien 34, 164
- Screening 42
Selbsthilfe 23, 52

Selbstmanagement 58, 95, 110
- Grundannahmen 59
- Kontraindikationen 70
- Verbesserung 68
- Voraussetzungen 69
Selbstwirksamkeitserwartung 20, 55, 79, 83, 86, 88, 110, 117
- des Therapeuten 113, 139
Supervision 28, 35, 49, 61, 85, 128–129, 135, 151, 182

V

Verhaltensanalyse 89, 93, 132, 159
- vertikale 142

Z

Ziele 53, 86
- Annäherungsziele 120
- der Behandlung 54, 69, 166
- gute Arbeitsbeziehung 54, 57, 73
- Hierarchie 100
- Kriterien 94
- Vereinbarung 93
- Ziel-Werte-Klärung 71, 95

Anhang

AUDIT-Fragebogen

> Ein Glas Alkohol entspricht:
>
> 0,33 Liter Bier
> 0,25 Liter Wein oder Sekt
> 0,02 Liter Spirituosen

a) Wie oft trinken Sie Alkohol?

☐ Nie   ☐ Etwa 1 mal pro Monat   ☐ 2-4 mal pro Monat   ☐ 2-3 mal pro Woche   ☐ 4 mal oder öfter pro Woche

b) Wenn Sie an einem Tag Alkohol trinken, wie viel alkoholhaltige Getränke trinken Sie dann typischerweise?

☐ 1 oder 2   ☐ 3 oder 4   ☐ 5 oder 6   ☐ 7 oder 8   ☐ 10 oder mehr

	Nie	Seltener als einmal pro Monat	Einmal im Monat	Einmal pro Woche	Täglich oder fast täglich
c) Wie oft haben Sie an einem Tag mehr als 6 alkoholische Getränke getrunken?	☐	☐	☐	☐	☐
d) Wie oft haben Sie im letzten Jahr festgestellt, dass Sie mehr getrunken haben, als Sie eigentlich wollten?	☐	☐	☐	☐	☐
e) Wie oft haben Sie im letzten Jahr im Zusammenhang mit dem Alkoholtrinken eine Aufgabe nicht erledigt, die man eigentlich von Ihnen erwartet hatte?	☐	☐	☐	☐	☐
f) Wie oft haben Sie im letzten Jahr morgens Alkohol getrunken, um in Schwung zu kommen?	☐	☐	☐	☐	☐
g) Wie oft fühlten Sie sich im letzten Jahr schuldig oder hatten ein schlechtes Gewissen aufgrund Ihres Alkoholtrinkens?	☐	☐	☐	☐	☐
h) Wie oft im letzten Jahr waren Sie aufgrund des Alkoholtrinkens nicht in der Lage, sich an Ereignisse der letzten Nacht zu erinnern?	☐	☐	☐	☐	☐

	Nein	Ja, aber nicht im letzten Jahr	Ja, im letzten Jahr
i) Wurden Sie oder jemand anders schon einmal verletzt, weil Sie Alkohol getrunken hatten?	☐	☐	☐
j) Hat sich schon einmal ein Verwandter, ein Freund, ein Arzt oder jemand anders über Ihr Alkoholtrinken Sorgen gemacht oder Ihnen vorgeschlagen, weniger zu trinken?	☐	☐	☐

© Suchtforschungsverbund Baden-Württemberg, UKL Freiburg

Anhang 1: AUDIT: Screening von Alkoholkonsum als riskant, schädlich oder abhängig
(© Suchtforschungsverbund BadenWürttemberg, UKL Freiburg)

PatientInneninformation – Bitte sorgfältig lesen!

Liebe Patientin, lieber Patient,
bitte lesen Sie folgendes Informationsblatt aufmerksam durch. Es enthält wichtige Hinweise darüber, was Sie bei der Anwendung einer psychotherapeutischen Behandlung beachten sollten. Wenden Sie sich bei Fragen bitte an Ihren Psychotherapeuten/Ihre Psychotherapeutin.

PSYCHOTHERAPEUTISCHE BEHANDLUNG

Was ist Psychotherapie?
Psychotherapie ist ein eigenständiges Heilverfahren im Gesundheitsbereich für die Behandlung von psychischen, psychosozialen oder psychosomatisch bedingten Verhaltensstörungen und Leidenszuständen. Sie besteht gleichberechtigt neben anderen Heilverfahren, wie z. B. der medizinischen oder der klinisch-psychologischen Behandlung. Die Ausübung der Psychotherapie ist durch das österreichische Psychotherapiegesetz geregelt. Im Zentrum stehen das Gespräch und der Austausch zwischen PsychotherapeutIn und PatientIn. Je nach psychotherapeutischer Methode kann dieser Austausch durch Übungen und andere Interventionen unterstützt und gefördert werden.

Formen der Psychotherapie?
Einzel-, Paar-, Familien- und Gruppentherapie.

Wie und wodurch wirkt Psychotherapie und wie verläuft sie?
Psychotherapie kann kurativ (heilend), palliativ (lindernd), gesundheitsfördernd, präventiv (vorbeugend) und persönlichkeitsentwickelnd wirken. Belegte Wirkfaktoren sind therapeutische Beziehung, einfühlendes Verstehen, emotionale Annahme und Stütze durch den Psychotherapeuten/die Psychotherapeutin.

Darüber hinaus wirkt Psychotherapie durch die Förderung des emotionalen Ausdrucks, die Förderung von Einsichts- und Sinneserleben, die Förderung kommunikativer Kompetenz und Beziehungsfähigkeit, die Förderung der Bewusstheit, Selbstregulation, die Förderung von Lernmöglichkeiten, Lernprozessen und Interessen, ebenso durch die Förderung kreativer Erlebnismöglichkeiten sowie die Erarbeitung von positiven Zukunftsperspektiven. Sehr entscheidend sind auch die Förderung eines positiven persönlichen Wertebezuges sowie die Förderung tragfähiger sozialer Netzwerke und Erfahrungen der Zusammengehörigkeit.

In der Regel verläuft Psychotherapie folgendermaßen: Der/die PatientIn beschreibt in einem Erstkontakt die Beschwerden; dabei sollten auch seine/ihre Erwartungen und Motivationen besprochen werden. Danach erfolgen die therapeutischen Interventionen, manchmal unter Einbezug des Umfelds und der Lebensgeschichte des Patienten/der Patientin. In einer gemeinsamen Reflexion zwischen PatientIn und TherapeutIn wird das zuvor Bearbeitete integriert, um die Umsetzung des Erfahrenen und Erlernten im Alltag zu fördern. Eine ambulante Psychotherapie – wie hier beschrieben – ist in einigen Aspekten zu unterscheiden von einer stationären Psychotherapie, in der der/die PatientIn z. B. durch ein TherapeutInnenteam betreut wird.

Wann wird Psychotherapie durchgeführt?
- Bei psychischen Störungen oder psychiatrischen und psychosomatischen Erkrankungen aller Altersgruppen: Persönlichkeitsstörungen, Depressionen, posttraumatischen Stresszuständen, Suchtproblemen, Verhaltensstörungen, Sexualstörungen, Schulversagen, Ängsten (Phobien, Panikattacken), Lernstörungen, Dissozialität, Ablösungs-, Trennungs- und Verlustproblematiken und ihren somatischen und psychischen Folgen.

- Bei Störungen und Erkrankungen infolge allgemeiner Lebens- bzw. Veränderungskrisen, in denen der/die PatientIn das Gefühl hat, damit alleine nicht mehr zurechtzukommen.

- Für die Begleitung von Schwerstkranken und Sterbenden.

- Unterstützend bei einer medikamentösen Behandlung.

In welchen Fällen reicht Psychotherapie nicht bzw. nur unter Vorbehalt aus?
Begrenzungen in der psychotherapeutischen Behandlung sind dann gegeben, wenn Störungsbilder zuerst bzw. begleitend eine medizinische Maßnahme erfordern.

Worauf sollten Sie bei Beginn einer Psychotherapie achten?
In Österreich gibt es 23 anerkannte wissenschaftlich-psychotherapeutische Methoden (laut www.bmg.gv.at: 28.08.2014), die sich grob in vier Richtungen zusammenfassen lassen: tiefenpsychologisch-psychodynamisch, humanistisch, systemisch und verhaltenstherapeutisch.

Es wird empfohlen, sich vor Beginn der Therapie über die verschiedenen psychotherapeutischen Verfahren zu informieren (siehe Broschüre des Gesundheitsministeriums, Homepage des Bundesverbandes für Psychotherapie bzw. Netzwerk Psychosomatik).

Der Beginn einer Psychotherapie soll auf die freie Entscheidung des Patienten/der Patientin hin erfolgen. Er/sie soll das Gefühl haben, dem Therapeuten/der Therapeutin vertrauen zu können.

Das psychotherapeutische Verfahren sollte mit seinen Methoden, Techniken und Rahmenbedingungen von dem Patienten/der Patientin gut annehmbar sein.

Zu Beginn der Therapie hat der/die PsychotherapeutIn mit dem Patienten/der Patientin in einem partnerschaftlichen Übereinkommen auszuhandeln, warum Psychotherapie in

Anhang 2: »Beipackzettel für Psychotherapie« (© Donau-Universität Krems; www.donau-uni.ac.at/psymed/risk)

Anhang

Anspruch genommen wird, welche Ziele im Rahmen der Therapie erreicht werden sollen und woran der Therapieerfolg nach Abschluss der Behandlung gemessen werden soll. Ein von PatientInnen mitgestalteter Therapieprozess hat sich für die Gesundung als hilfreich erwiesen.

Wie oft? Frequenz und Dauer der psychotherapeutischen Behandlung

Frequenz und Dauer hängen vom jeweiligen Störungsbild bzw. von der Lebenssituation des Patienten/der Patientin ab und fallen je nach angewandter Methode unterschiedlich aus.

Die Dauer der psychotherapeutischen Behandlung ist zu begründen.

Der/die PatientIn kann jederzeit die Therapie beenden oder den Therapeuten/die Therapeutin wechseln, sollte dies aber mit dem aktuellen Psychotherapeuten/der aktuellen Psychotherapeutin vorher besprechen.

Was müssen PatientInnen beachten? Rechte und Pflichten bei einer psychotherapeutischen Behandlung und besondere Hinweise

- Zu Beginn ist ein „Therapievertrag" (mündlich oder schriftlich) bezüglich Vorgangsweise und Ziel(e) der Psychotherapie zwischen PatientIn und PsychotherapeutIn zu vereinbaren.

- Die Höhe des Honorars und der Zahlungsmodus sollen im Verlauf des Erstgesprächs geklärt werden. Es gibt auch die Möglichkeit, Psychotherapie von der Krankenkasse bezahlt zu bekommen.

- In der Therapie ist der respektvolle Umgang mit den Wünschen des Patienten/der Patientin unabdingbar.

- Der/die PatientIn hat ein Recht darauf, dass der/die PsychotherapeutIn Fragen zum therapeutischen Vorgehen beantwortet.

- PsychotherapeutInnen dürfen nicht ihre persönlichen, wirtschaftlichen oder sexuellen Interessen gegenüber PatientInnen verfolgen.

- Die Psychotherapie sollte langfristig soziale Kontakte fördern und nicht belasten.

- Der/die TherapeutIn hat laut dem Psychotherapiegesetz Berufspflichten wie z. B. Fortbildung und Verschwiegenheit. Jeder/jede PsychotherapeutIn soll zudem regelmäßig Supervision in Anspruch nehmen.

- Esoterische Verfahren dürfen im Rahmen von Psychotherapie nicht angewendet werden.

Wechselwirkungen von Psychotherapie

Wenn der/die PatientIn zur selben Zeit mehrere Psychotherapien oder psychosoziale Beratungen in Anspruch nimmt, kann dies zu unerwünschten Wirkungen führen. Ausnahmen können dann angezeigt sein, wenn in Absprache mit dem Therapeuten/der Therapeutin im selben Zeitrahmen eine Gruppenpsychotherapie in Anspruch genommen wird.

Neben-Wirkungen von Psychotherapie

- Es kann Phasen der Symptomverschlechterung geben.

- Es können Phasen von Selbstüberschätzung und/oder Selbstzweifel eintreten.

- Partnerschaftliche, familiäre und freundschaftliche Beziehungen können sich verändern, verbessern oder verschlechtern.

- Berufliche Veränderungen in positiver und negativer Weise können auftreten.

In der Therapie ist dies mit dem Psychotherapeuten/der Psychotherapeutin zu besprechen.

Welche unerwünschten Wirkungen können durch Psychotherapie auftreten?

- Finanzielle und zeitliche Belastung.

- Verstrickungen in der Beziehung zum Psychotherapeuten/zur Psychotherapeutin – die psychotherapeutische Beziehung ist keine private, sondern eine bezahlte Arbeitsbeziehung.

- Wenn unerwünschte Wirkungen und/oder keine Veränderungen in Richtung der gestellten Therapieziele eintreten, wird Folgendes empfohlen:

1. Ansprechen der Problematik mit dem Psychotherapeuten/der Psychotherapeutin

Wenn keine zufriedenstellende Reaktion von Seiten des Therapeuten/der Therapeutin erfolgt:

2. Ansprechen der Problematik mit anderen fachlich kompetenten Personen, z. B. in Beratungsstellen etc.

3. Eventuell nochmalige/zusätzliche medizinische Abklärung.

4. Einen PsychotherapeutInnenwechsel in Betracht ziehen.

Für Fragen stehen sowohl Ihr/Ihre PsychotherapeutIn als auch die jeweiligen Landesverbände des Österreichischen Bundesverbands für Psychotherapie (ÖBVP) zur Verfügung: www.psychotherapie.at

Donau-Universität Krems
Department für Psychotherapie und Biopsychosoziale Gesundheit
Dr.-Karl-Dorrek-Straße 30, 3500 Krems, Austria
www.donau-uni.ac.at/psymed

Version_10_September 2014 auf Basis des Forschungsprojektes „Risiken, Nebenwirkungen und Schäden durch Psychotherapie" 2007–2012

Anhang 2: »Beipackzettel für Psychotherapie« (© Donau-Universität Krems; www.donau-uni.ac.at/psymed/risk) – Fortsetzung

Vorgeschichten zu den Fallgeschichten

Fallgeschichte 1: Ulli
Ulli, 24 Jahre alt, ledig, Lehre als Maler und Lackierer im zweiten Lehrjahr abgebrochen, drogenabhängig seit dem 16. Lebensjahr (Cannabis, Amphetamine, Alkohol), zwei stationäre Behandlungen (medizinische Rehabilitation) regulär beendet, letztere nach Adaption.

Die Vorgeschichte
Die letzte Behandlung lag gerade vier Monate zurück. Ulli hatte es geschafft, während der Adaptionsmaßnahme einen Arbeitsplatz in einer großen Gärtnerei und Landschaftsbaufirma in O. zu bekommen, die ihn während seines dortigen Praktikums als interessierten und geschickten Mitarbeiter kennengelernt hatten. Nach der ersten stationären Maßnahme war Ulli bereits auf der Heimfahrt in eine kritische Situation gekommen, die am ersten Tag in den Rückfall mündete. Am Heimatbahnhof hatte ihn einer seiner früheren Cliquenmitglieder angesprochen und ihm als Willkommensgruß ein paar Pillen angeboten, die er zwar nicht sofort genommen hatte. Aber als es abends zuhause in seinem Zimmer, das er noch bei den Eltern hatte, langweilig und erdrückend wurde, konnte er nicht widerstehen. Dann ging es relativ schnell, so dass er nach wenigen Wochen erneut in die Entgiftung gehen musste, weil es ihm auch körperlich zunehmend schlechter ging und vor allem die Eltern Druck machten. Die qualifizierte Entzugsbehandlung verhalf ihm dazu, einen erneuten Anlauf in einer stationären Rückfallbehandlung anzugehen, in deren Anschluss er eine Adaptionsmaßnahme durchführte. Von hier aus konnte er den beschriebenen Arbeitsplatz antreten, zunächst mit einem Arbeitsvertrag über 40 Stunden pro Woche für ein Jahr. Er hatte in O. eine kleine Zweizimmerwohnung gefunden, in der er sich mit dem Nötigsten einrichtete. Die Hilfe der Eltern hatte er abgelehnt, da er es – wie in der Therapie vorher entwickelt – selbst versuchen wollte, sein Leben in den Griff zu bekommen. Er hatte noch nicht

viel Kontakt in der neuen Stadt, 200 km vom Elternhaus entfernt. Außer den Arbeitskollegen, mit denen er enger zu tun hatte, und zwei Bekannten aus der gemeinsamen Adaptionszeit gab es niemanden, mit dem er eine vertrautere Beziehung hatte. Einmal pro Woche suchte er die Ehemaligengruppe der Adaptionseinrichtung auf. Als es auf der Arbeit zu einem dummen Missverständnis kam, in dessen Folge er vom direkten Vorgesetzten zu Unrecht eines Fehlers beschuldigt wurde, gelang es ihm zwar zunächst, eine wütende Zurückweisung zu unterdrücken. Mit Wut im Bauch ging er aber nach Feierabend nach Hause und verschloss sich in seiner Wohnung. Am nächsten Morgen meldete er sich krank und vertrödelte den Tag. Am darauffolgenden Tag ging er zwar wieder zur Arbeit, aber es war irgendwie anders geworden. In den folgenden Wochen fehlte er ein bis zwei Tage pro Woche, weil er sich »nicht gut« fühlte; die Stimmung am Arbeitsplatz wurde zunehmend kritischer für ihn, da Kollegen ärgerlich reagierten auf seine Unzuverlässigkeit, mussten sie doch auch seine Arbeit mitmachen und einer sogar seinen Urlaub wegen ihm verschieben, als er freitags fehlte und es nicht klar war, ob er montags wieder am Arbeitsplatz erscheinen würde. Ulli fühlte sich zunehmend unter Druck, konsumiert hatte er noch nicht, aber öfter schon mal daran gedacht, wie es wäre, wenn er einfach mal alles loslassen könnte, aussteigen aus dem normalen Alltagstrott mit täglich demselben. Die Tage zu Hause verbrachte er mit Fernsehen, Computerspielen, Hausarbeiten und viel Schlaf.

Endlich sprach ihn jemand aus seiner Ehemaligengruppe darauf an, ob alles in Ordnung sei, weil er ein-, zweimal gefehlt hatte und auch nicht mehr so optimistisch und unbeschwert wirke wie zuvor. Ja, es gebe etwas Ärger am Arbeitsplatz, aber sonst sei alles in Ordnung. Der Freund riet ihm, dass er sich Hilfe holen solle, bevor er wieder losziehe und irgendetwas mache, was er später bereue. Etwas widerwillig, aber doch gerührt von der Besorgnis des Kumpels und allmählich auch genervt von allem entschied sich Ulli, die Suchtberatungsstelle in O. zu kontaktieren, die er bisher noch nicht aufgesucht hatte.

Fallgeschichte 2: Sonja

Sonja, 56 Jahe alt, geschieden, zwei Kinder (25 männlich und 27 weiblich), Frisörin (Gesellenbrief), seit der Geburt des ältesten Kindes Hausfrau.

Die Vorgeschichte

Sonja stammt aus einer bäuerlichen Familie im Süden Deutschlands. Von ihren drei Geschwistern (eine ältere sowie eine jüngere Schwester und ein jüngerer Bruder) ist sie die einzige, die aufgrund Partnerschaft und Heirat die Heimat verlassen hat und mit ihrem Mann Jakob, den sie während der Ausbildung zur Frisörin als 17-Jährige kennengelernt hatte, in K., einer Großstadt etwa 400 km von ihrem Heimatort entfernt, zwei gemeinsame Kinder (Mark, 25, und Ingrid, 27) großzog. Ihr Mann war aufgrund seiner beruflichen Entwicklung nach Westdeutschland gewechselt und sie war mit den beiden kleinen Kindern (damals 5 und 7 Jahre alt) mitgegangen. Mit der beruflichen Karriere ihres Mannes konnte sich die Familie ein eigenes Haus in einem Vorort leisten. Als die Kinder 15 und 17 Jahre alt waren, wurde der Ehemann im europäischen Ausland eingesetzt und Sonja blieb mit den Kindern in Deutschland. Ihr Mann kam alle vier bis sechs Wochen für ein verlängertes Wochenende nach Hause. Dies war für einige Jahre die Zeit, in der sich das gemeinsame gesellige Leben des Ehepaars hauptsächlich am Wochenende abspielte, und da es keine finanziellen Sorgen gab, leisteten sie sich ein- bis zweimal im Jahr einen gemeinsamen Urlaub, bei dem auch die inzwischen im Studium/der Ausbildung befindlichen Kinder mit ihren jeweiligen Freunden teilnahmen. In diese Zeit fiel für Sonja eine erste starke Konsumperiode bezüglich Alkohol – im geselligen Rahmen zunächst, aber dann auch hin und wieder an den Abenden oder Wochenenden, an denen sie alleine zu Hause war. Der Kontakt zu den Nachbarn war freundlich, aber lose, das Paar hatte gemeinsame Freunde, man sah und besuchte sich an den Wochenenden in der Regel als Paare. Die Kinder verließen fast zeitgleich das Elternhaus, als Sonja 49 Jahre alt war. Der Sohn Mark wechselte in seinem Studium zum Geologen den Ort und ging kurz darauf für ein Jahr in die USA, die Tochter Ingrid hatte ihre Ausbildung zur Krankenschwester abgeschlossen und ging zum Medizinstudium in eine norddeutsche Großstadt. Kurz danach teilte Jakob seiner Frau mit, dass er sich trennen wolle. Er habe in einem seiner letzten beruflichen Einsätze in Estland eine Frau kennengelernt, mit der ihn viel verbinde und mit der er sich eine Zukunft vorstellen könne. Er zog aus dem gemeinsamen Haus aus und hinterließ Sonja überrascht und zunehmend verzweifelt.

Nun begann eine Leidenszeit für Sonja. Sie begann schon tagsüber mit dem Trinken und ging kaum noch aus dem Haus. Die gelegentlichen Anrufe ihres Mannes, in denen es hauptsächlich um Organisatorisches ging, sowie die sporadischen Kontakte mit den Kindern beantwortete sie knapp und gefasst. Jakob hatte vorgeschlagen, dass sie sich zunächst bezüglich der Trennung über alles Erforderliche einigen sollten, um Kosten zu sparen, er wolle sich auch auf eine für Sonja sehr großzügige Regelung einlassen. Daher hatten sie den Kindern zunächst noch keine Information über die Trennung gegeben. Je näher aber das nächste Weihnachtsfest kam, umso wichtiger wurde es Sonja, die Kinder zu informieren, da sie ihnen keine Normalität vorspielen wollte und konnte. So entschloss sie sich, zunächst ihre Tochter einzuweihen und führte mit ihr ein Telefonat, in dem sie sich selbst für ihre Naivität, aber auch ihren Mann für sein Verhalten heftig anklagte.

Die Tochter und auch der Sohn konnten wenig auf die verzweifelnde und anklagende Mutter eingehen, machten sich jedoch zunehmend Sorgen um deren Gesundheit aufgrund des depressiven Rückzugs und der Vernachlässigung von sich selbst, Haus und Garten sowie aufgrund ihres Alkoholkonsums, dessen Auswirkungen nicht mehr verborgen blieben. Der Hausarzt – ein langjähriger Freund der Familie – zeigte viel Verständnis für Sonja in ihrer Trauer, Wut und Verzweiflung. Schließlich riet er ihr, nachdem die Kinder Kontakt zu ihm aufgenommen und die desolate Situation zu Hause geschildert hatten, zu einer psychosomatischen Rehabilitation, nachdem der medikamentöse Behandlungsversuch mit Antidepressiva nicht wirklich zu einer Veränderung der Situation geführt hatte.

Fallgeschichte 3: Adrian
Adrian, 36 Jahre alt, geschieden, keine Kinder, Fachabitur, Schreinerlehre nach einem Jahr abgebrochen, Gelgenheitsjobs in den letzten Jahren, Drogenabhängigkeit (Kokain, Amphetamine, Cannabis), Tabakabhängigkeit und Alkoholmissbrauch.

Die Vorgeschichte
Adrian hat mit 22 Jahren geheiratet, seine Frau Andrea hatte er bereits in der Schule kennengelernt. Sie waren zunächst gut befreundet in der gleichen sport- und aktivitätenorientierten Clique Gleichaltriger zusammen unterwegs gewesen und machten dort auch parallel die ersten Konsumerfahrungen mit Alkohol und illegalen, leistungssteigernden Substanzen. Seine Frau stammt aus einer angesehen Unternehmerfamilie eines nur zehn Kilometer entfernten Nachbarortes. Die Familien kannten sich bereits länger aufgrund ähnlicher gesellschaftlicher Interessen. Man begegnete sich anläßlich der lokalen, sozial bedeutsamen Ereignisse – auch nach Trennung und Scheidung von Adrians Eltern ergaben sich keine wesentlichen Veränderungen und die neue Partnerin des Vaters wurde schnell integriert. Die Eltern der beiden jungen Leute verstanden sich gut und so nahm man erfreut die partnerschaftliche Entwicklung wahr und förderte diese. Vor allem Adrians Vater wünschte sich eine Stabilisierung seines Sohnes durch dessen zielstrebige und selbstbewußte Partnerin. Andrea absolvierte nach dem Abitur zunächst eine Lehre zur Bankkauffrau in einer örtlichen Bank, bevor sie mit 22 – im Jahr der Hochzeit mit Adrian – ein Studium der Betriebswirtschaftslehre an der nahe gelegenen Hochschule aufnahm. Adrian, dem eine Karriere als Arzt aufgrund des knapp bestandenen Abiturs zunächst nicht mehr realistisch offen stand und der seine sportlichen Leistungen aktuell nicht mehr in Richtung Professionalisierung ausbauen konnte – auch als erste Folge vernachlässigten Trainings und von Leistungseinbußen aufgrund des häufigen Cannabiskonsums – wurde nach einigen Monaten des Untätigseins vom Vater in die Schreinerlehre bei einem benachbarten Betrieb vermittelt. Diese brach er nach einem Jahr ab, da er häufiger gefehlt hatte, nicht wirklich Spaß an der

Tätigkeit entwickeln konnte und sich auch zunehmend im Tagesablauf auf seinen Drogenkonsum beschränkte. Andrea – bereits durch Studium und erste Arbeitsstelle nur noch sporadisch zuhause – trennte sich schließlich endgültig nach fünfjähriger Ehe und reichte die Scheidung ein, die dann nach drei Jahren ausgesprochen wurde.

Zur Finanzierung des Konsums, aber auch auf der Suche nach einem sozialen Lebensraum wurde Adrian im weiteren Verlauf wiederholt auffällig wegen Drogenbesitzes und des Handels mit kleineren Mengen. Nach ersten Bewährungsstrafen, die auch mit der juristischen Unterstützung eines vom Vater beauftragten Anwalts erreicht werden konnten, gipfelte eine wiederholte Auffälligkeit in einer Auflage des Gerichts, sich einer stationären Behandlung zu unterziehen. In der regionalen Suchtberatungsstelle wurden entsprechende Antragsformalitäten sowie die Vorbereitung auf eine Maßnahme durchgeführt. Adrian hatte den Wunsch, wohnortfern eine Rehabilitationsmaßnahme durchzuführen, um dem belastenden familiären Umfeld, aber auch der vertrauten Drogenszene zu entkommen. Er schrieb auf Anraten seiner Suchtberaterin mehrere Kliniken an und hatte zwei Vorstellungsgespräche bezüglich einer zeitnahen Aufnahmemöglichkeit. Der Leistungsträger stimmte seiner Wahl der Einrichtung zu, so dass er seine erste stationäre Maßnahme nach einer kurzen Entzugsbehandlung von acht Tagen nahtlos antreten konnte.

Monika Ridinger

ADHS und Sucht im Erwachsenenalter

2016. 177 Seiten mit 4 Abb. und 1 Tab. Kart.
€ 29,-
ISBN 978-3-17-023938-8

Sucht: Risiken – Formen – Interventionen

ADHS ist ein weit verbreitetes Phänomen, welches häufig von der Kindheit bis ins Erwachsenenalter bestehen bleibt und das Risiko für eine Suchtentwicklung erhöht. Liegen beide Störungen vor, erfordert dies von Betroffenen, dem sozialen Umfeld und den Betreuenden Verständnis und kreative Lösungen. Hier setzt die Idee dieses Buches an! Anhand praktischer Fallbeispiele sind aktuelle wissenschaftliche Ergebnisse mit Handlungswissen verknüpft. Neurobiologische Veränderungen und deren Auswirkungen auf Denken, Fühlen und Verhalten werden anschaulich dargestellt. So bietet dieses Werk für Betroffene und auf diesem Feld Tätige einen Fundus an Informationen über die komplexen Zusammenhänge und Behandlungsmöglichkeiten bei ADHS mit und ohne Sucht im Erwachsenenalter.

Leseproben und weitere Informationen unter www.kohlhammer.de

W. Kohlhammer GmbH
70549 Stuttgart

Marc Walter/Daniel Sollberger
Sebastian Euler

Persönlichkeits-störungen und Sucht

2015. 212 Seiten mit 6 Abb.
und 12 Tab. Kart.
€ 35,-
ISBN 978-3-17-026096-2

Sucht: Risiken – Formen – Interventionen

Individuelle Persönlichkeitseigenschaften sind an der Entwicklung einer Suchtstörung beteiligt. Gefährdet sind besonders Personen mit Selbstwertproblemen und Schwierigkeiten in der Emotionsregulation. Probleme in diesen Bereichen gehen häufig mit einer Persönlichkeitsstörung einher. Die Diagnose einer Komorbidität von Persönlichkeitsstörung und einer Suchterkrankung hat Auswirkungen auf die Therapie.
Dieses Buch stellt verschiedene Modelle der Persönlichkeitsstörungen und die Ausprägungen der Suchterkrankungen vor und ordnet beide Störungsbilder einander zu. Anschließend werden Therapieindikation und Möglichkeiten der fallbezogenen Psychotherapie für diese Doppeldiagnose entwickelt und diskutiert.

Leseproben und weitere Informationen unter www.kohlhammer.de

W. Kohlhammer GmbH
70549 Stuttgart